MAGIA E TÉCNICA, ARTE E POLÍTICA

Walter Benjamin, nascido em Berlim, a 15 de julho de 1892, foi um dos mais notáveis intelectuais alemães do século XX. Graduado em Filosofia pela Universidade de Freiburg im Breisgau, doutorou-se em 1919 com a tese *O conceito de crítica de arte no Romantismo alemão*. No início dos anos 1920, em meio à efervescência cultural e às turbulências políticas da República de Weimar, aproximou-se de Adorno e Horkeimer, então jovens pensadores empenhados na crítica da cultura e da razão capitalistas. Essa aproximação e o diálogo intenso que travou ao longo de toda a vida com esse grupo de teóricos, em especial com Adorno, não impediram que elaborasse uma reflexão original e particularíssima — nem sempre bem aceita pelo meio universitário germânico. Prova disso foi o fato de ter sido desaconselhado a apresentar sua tese de livre-docência sobre as origens do barroco alemão, com o que viu frustrado seu intento de ingressar na carreira acadêmica.

Em virtude da ascensão do nazismo em seu país, Benjamin vai para Paris, Ibiza e enfim Dinamarca, onde escreve uma das versões de "A obra de arte na época de sua reprodutividade técnica". Na capital francesa, às vésperas da invasão pelo exército alemão, termina "Sobre o conceito da História". Quando a invasão se consuma, Benjamin tenta fugir para a Espanha. Dificuldades para ingressar no país e o avanço das tropas nazistas levam-no a suicidar-se a 26 de setembro de 1940, na cidade fronteiriça de Port Bou.

WALTER BENJAMIN

OBRAS ESCOLHIDAS
VOLUME I

MAGIA E TÉCNICA, ARTE E POLÍTICA

Ensaios sobre literatura
e história da cultura

Tradução
Sérgio Paulo Rouanet
Revisão Técnica
Márcio Seligmann-Silva
Prefácio
Jeanne Marie Gagnebin

Copyright © by Shrkamp Verlag

Nenhuma parte desta publicação pode ser gravada, armazenada em sistemas eletrônicos, fotocopiada, reproduzida por meios mecânicos ou outros quaisquer sem autorização prévia da editora.

1ª edição, 1985
8ª edição revista, 2012
4ª reimpressão, 2022

Diretora Editorial	Maria Teresa B. de Lima
Editor	Max Welcman
Produção Gráfica	Laidi Alberti
Preparação e Revisão de Texto	Max Welcman
Projeto Gráfico e Capa	Paula Paron e Maurício Albuquerque
Diagramação	Paula Paron
Foto de Capa	Walter Benjamin Archiv, Hamburger Stiftung zur Förderung von Wissenschaft und Kultur

---

Dados Internacionais de Catalogação na Publicação (CIP)
(Câmara Brasileira do Livro, SP, Brasil)

Benjamin, Walter, 1892-1940.
Magia e técnica, arte e política: ensaios sobre literatura e história da cultura / Walter Benjamin; tradução Sérgio Paulo Rouanet; prefácio Jeanne Marie Gagnebin – 8ª Ed. revista – São Paulo: Brasiliense, 2012 – (Obras Escolhidas v. 1)

ISBN 978-85-11-15628-7
1. Arte – Filosofia 2. Cultura – História 3. Filosofia alemã
4. História – Filosofia 5. Literatura – História e crítica
I. Titulo. II. série

94-3074   CDD-193

Índice para catálogo sistemático:
1. Benjamin: Filosofia alemã 193

EDITORA BRASILIENSE
Rua Antônio de Barros, 1586 – Tatuapé – CEP 03401-001
São Paulo – SP – www.editorabrasiliense.com.br

SUMÁRIO

PREFÁCIO   7
Walter Benjamin ou a história aberta —
Jeanne Marie Gagnebin

O SURREALISMO   21
O último instantâneo da inteligência europeia

A IMAGEM DE PROUST   37

ROBERT WALSER   51

A CRISE DO ROMANCE   55
Sobre *Berlin Alexanderplatz*, de Döblin

TEORIAS DO FASCISMO ALEMÃO   63
Sobre a coletânea *Guerra e guerreiros*,
editada por Ernst Jünger

MELANCOLIA DE ESQUERDA   77
A propósito do novo livro de poemas de Erich Kästner

QUE É O TEATRO ÉPICO?   83
Um estudo sobre Brecht

PEQUENA HISTÓRIA DA FOTOGRAFIA   97

A DOUTRINA DAS SEMELHANÇAS   117

EXPERIÊNCIA E POBREZA   123

O AUTOR COMO PRODUTOR   129
Conferência pronunciada no Instituto para o
Estudo do Fascismo em Paris, 27 de abril de 1934

FRANZ KAFKA   147
A propósito do décimo aniversário de sua morte

A OBRA DE ARTE NA ERA DE SUA   179
REPRODUTIBILIDADE TÉCNICA
Primeira versão

O NARRADOR   213
Considerações sobre a obra de Nikolai Leskov

SOBRE O CONCEITO DA HISTÓRIA   241

APÊNDICES   253

LIVROS INFANTIS ANTIGOS E ESQUECIDOS   254

HISTÓRIA CULTURAL DO BRINQUEDO   263

BRINQUEDO E BRINCADEIRA   267
Observações sobre uma obra monumental

PREFÁCIO

WALTER BENJAMIN OU A HISTÓRIA ABERTA

Aqui estão, finalmente editadas em português, as famosas teses "Sobre o conceito da História",[1] último escrito de Walter Benjamin, publicadas após sua morte, em 1940. Não pretendo, no âmbito desta breve introdução, fazer delas uma interpretação exaustiva. Prefiro escolher um aspecto essencial mas pouco estudado da filosofia de Benjamin, sua teoria da narração. Se nos lembrarmos de que o termo *Geschichte*, como "história", designa tanto o processo de desenvolvimento da realidade no tempo como o estudo desse processo ou um relato qualquer, compreenderemos que as teses "Sobre o conceito da História" não são apenas uma especulação sobre o devir histórico "enquanto tal", mas uma reflexão crítica sobre nosso discurso a respeito da história (das histórias), discurso esse inseparável de uma certa prática. Assim, a questão da escrita da história remete às questões mais amplas da prática política e da atividade da narração. É esta última que eu gostaria de analisar: o que é contar uma história, histórias, a História? Questão que Benjamin estuda nas teses e em diversos de seus ensaios literários, muito oportunamente publicados neste mesmo volume.

Benjamin, que, conforme sabemos por meio do depoimento de seu amigo G. Scholem, escreveu as teses sob o impacto do acordo de agosto de 1939 entre Stalin e Hitler, critica duas maneiras aparentemente

---

1- Neste volume, cf. pp. 241-252. Citado a partir de agora como "teses".

opostas de escrever a história que, na realidade, têm sua origem em uma estrutura epistemológica comum: a historiografia "progressista", mais especificamente a concepção de história em vigor na social-democracia alemã de Weimar, a ideia de um progresso inevitável e cientificamente previsível (Kautsky), concepção que, conforme demonstra Benjamin, provocará uma avaliação equivocada do fascismo e a incapacidade de desenvolver uma luta eficaz contra sua ascensão: mas também a historiografia "burguesa" contemporânea, ou seja, o historicismo, oriundo da grande tradição acadêmica de Ranke a Dilthey, que pretenderia reviver o passado através de uma espécie de identificação afetiva do historiador com seu objeto. Sem me deter na análise crítica de Benjamin, já amplamente comentada[2], eu gostaria de destacar, aqui, duas conclusões. Em primeiro lugar, segundo Benjamin, a historiografia "burguesa" e a historiografia "progressista" se apoiam na mesma concepção de um tempo "homogêneo e vazio" (teses 13 e 14), um tempo cronológico e linear. Trata-se, para o historiador "materialista" — ou seja, de acordo com Benjamin, para o historiador capaz de identificar no passado os germes de uma outra história, capaz de levar em consideração os sofrimentos acumulados e de dar uma nova face às esperanças frustradas —, de fundar um outro conceito de tempo, "tempo de agora" (*Jetztzeit*), caracterizado por sua intensidade e sua brevidade, cujo modelo foi explicitamente calcado na tradição messiânica e mística judaica.

Em lugar de apontar para uma "imagem eterna do passado", como o historicismo, ou, dentro de uma teoria do progresso, para a de futuros que cantam, o historiador deve constituir uma "experiência" (*Erfahrung*) com o passado (tese 16). Estranha definição de um método materialista! Permitam-me, então, analisar brevemente esse conceito central da filosofia benjaminiana. Com efeito, ele atravessa toda a sua obra: desde um texto de juventude intitulado "*Erfahrung*",[3] mais tarde um ensaio sobre o conceito de experiência em Kant ("*Ueber das Programm der kommenden*

2- Cf. notadamente *Materialien zu Benjamins "Thesen 'Ueber den Begriff der Geschichte'* ", editado por P. Bulthaup, Suhrkamp, 1975, Frankfurt/Main. Cf. também Jürgen Habermas, "Crítica conscientizante ou salvadora" in Habermas, *Sociologia*, São Paulo, Ática, 1980, org. Barbara Freitag e S. P. Rouanet.
3- "Experiência", 1913, trad. in W. Benjamin, *A criança, o brinquedo, a educação*, São Paulo, Summus, 1984, trad. de M. V. Mazzari.

Philosophie"),[4] diversos textos dos anos de 1930 ("Experiência e pobreza", "O narrador", os trabalhos sobre Baudelaire)[5] e, finalmente, as teses de 1940. Benjamin exige a cada vez a ampliação desse conceito, contra seu uso redutor. Assim, no texto de 1913, típico do espírito da "*Jugendbewegung*", contesta a banalização dos entusiasmos juvenis em nome da experiência pretensamente superior dos adultos; no texto sobre Kant, critica "um conceito de conhecimento de orientação unilateral, matemática e mecânica"[6] e gostaria de pensar um conhecimento que tornasse possível "não Deus, é claro, mas a experiência e a doutrina de Deus".[7] Nos textos fundamentais dos anos de 1930, que eu gostaria de citar mais longamente, Benjamin retoma a questão da "Experiência", agora dentro de uma nova problemática: de um lado, demonstra o enfraquecimento da *Erfahrung* no mundo capitalista moderno em detrimento de um outro conceito, a *Erlebnis*, experiência vivida, característica do indivíduo solitário; esboça, ao mesmo tempo, uma reflexão sobre a necessidade de sua reconstrução para garantir uma memória e uma palavra comuns, malgrado a desagregação e o esfacelamento do social. O que nos interessa aqui, em primeiro lugar, é o laço que Benjamin estabelece entre o fracasso da *Erfahrung* e o fim da arte de contar, ou, dito de maneira inversa (mas não explicitada em Benjamin), a ideia de que uma reconstrução da *Erfahrung* deveria ser acompanhada de uma nova forma de narratividade. A uma experiência e uma narratividade espontâneas, oriundas de uma organização social comunitária centrada no artesanato, opor-se-iam, assim, formas "sintéticas" de experiência e de narratividade, como diz Benjamin referindo--se a Proust[8], frutos de um trabalho de construção empreendido justamente por aqueles que reconheceram a impossibilidade da experiência tradicional na sociedade moderna e que se recusam a se contentar com

---

4- "Sobre o programa da Filosofia a vir", in W. Benjamin, *Gesammelte Werke* 11-1, p. 157 e ss., Frankfurt/Main, Suhrkamp, 1977.

5- "Experiência e pobreza", neste volume p. 123 e ss. "O narrador", neste volume p. 213 e ss.; também in "Os Pensadores", Abril Cultural, 1980, trad. de Modesto Carone, p. 57 e ss. "Sobre alguns temas em Baudelaire", mesmo vol. da Editora Abril.

6- "Einseitig mathematisch-mechanisch orientierten Erkenntnisbegriff" ("Ueber das Programm...", *op. cit.*, p. 168).

7- "Damit soll durchaus nicht gesagt sein dass die Erkenntnis Gott, wohl aber durchaus dass sie die Erfahrung und Lehre von ihm allererst ermöglicht", *idem*, p. 164.

8- "Sobre alguns temas em Baudelaire", *op. cit.*, p. 30 (a tradução diz "artificialmente").

a privacidade da experiência vivida individual (*Erlebnis*). Este aspecto "construtivista", essencial nas "teses" ("A historiografia marxista tem em sua base um princípio construtivo" – Tese 17), deve ser destacado, para evitar que a teoria benjaminiana sobre a experiência seja reduzida à sua dimensão nostálgica e romântica, dimensão essa presente, sem dúvida, no grande ensaio sobre "O narrador", mas não de maneira exclusiva. Com efeito, se consideramos os diversos textos dessa época, e, mais particularmente, dois textos frequentemente paralelos como "Experiência e pobreza" e "O narrador", observamos que o diagnóstico de Benjamin sobre a perda da experiência não se altera, embora sua apreciação varie. Idêntico diagnóstico: a arte de contar torna-se cada vez mais rara porque ela parte, fundamentalmente, da transmissão de uma experiência no sentido pleno, cujas condições de realização já não existem na sociedade capitalista moderna. Quais são essas condições? Benjamin distingue, entre elas, três principais:

a) a experiência transmitida pelo relato deve ser comum ao narrador e ao ouvinte. Pressupõe, portanto, uma comunidade de vida e de discurso que o rápido desenvolvimento do capitalismo, da técnica, sobretudo, destruiu. A distância entre os grupos humanos, particularmente entre as gerações, transformou-se hoje em abismo porque as condições de vida mudam em um ritmo demasiado rápido para a capacidade humana de assimilação. Enquanto no passado o ancião que se aproximava da morte era o depositário privilegiado de uma experiência que transmitia aos mais jovens, hoje ele não passa de um velho cujo discurso é inútil.

b) Esse caráter de comunidade entre vida e palavra apoia-se ele próprio na organização pré-capitalista do trabalho, em especial na atividade artesanal. O artesanato permite, devido a seus ritmos lentos e orgânicos, em oposição à rapidez do processo de trabalho industrial, e devido a seu caráter totalizante, em oposição ao caráter fragmentário do trabalho em cadeia, por exemplo, uma sedimentação progressiva das diversas experiências e uma palavra unificadora. O ritmo do trabalho artesanal inscreve-se em um tempo mais global, tempo onde ainda se tinha, justamente, tempo para contar. Finalmente, de acordo com Benjamin, os movimentos precisos do artesão, que respeita a matéria que transforma, têm uma relação profunda com a atividade narradora: já que esta também é, de certo modo, uma maneira de dar forma à imensa matéria narrável, participando assim da ligação secular entre a mão e a voz, entre o gesto e a palavra.

c) A comunidade da experiência funda a dimensão prática da narrativa tradicional. Aquele que conta transmite um saber, uma sapiência, que seus ouvintes podem receber com proveito. Sapiência prática, que muitas vezes toma a forma de uma moral, de uma advertência, de um conselho, coisas com que, hoje, não sabemos o que fazer, de tão isolados que estamos, cada um em seu mundo particular e privado. Ora, diz Benjamin, o conselho não consiste em intervir do exterior na vida de outrem, como interpretamos muitas vezes, mas em "fazer uma sugestão sobre a continuação de uma história que está sendo narrada".[9] Essa bela definição destaca a inserção do narrador e do ouvinte dentro de um fluxo narrativo comum e vivo, já que a história continua, que está aberta a novas propostas e ao fazer junto. Quando esse fluxo se esgota porque a memória e a tradição comuns já não existem, o indivíduo isolado, desorientado e desaconselhado (o mesmo adjetivo em alemão: *ratlos*), reencontra então o seu duplo no herói solitário do romance, forma diferente de narração que Benjamin, após a *Teoria do romance*, de Lukács, analisa como forma característica da sociedade burguesa moderna.

O depauperamento da arte de contar parte, portanto, do declínio de uma tradição e de uma memória comuns, que garantiam a existência de uma experiência coletiva, ligada a um trabalho e a um tempo partilhados, em um mesmo universo de prática e de linguagem. A degradação da *Erfahrung* descreve o mesmo processo de fragmentação e de secularização que Benjamin, na mesma época, analisa como a "perda da aura" em seu célebre ensaio sobre "A obra de arte na era de sua reprodutibilidade técnica".[10] O próprio Benjamin fala dos "paralelos" entre esse ensaio e "O narrador" em uma carta a Adorno, de 4 de junho de 1936: "Recentemente

---

9- "O narrador", p. 213.

10- "A obra de arte na era de sua reprodutibilidade técnica", neste volume p. 179 e ss.; também no vol. Abril, p. 4 e ss.

escrevi um trabalho sobre Nikolai Leskov ('O Narrador') que, se não possui a profundidade do trabalho de teoria estética ('A obra de arte na era de sua reprodutibilidade técnica'), apresenta alguns paralelos com a 'perda da aura', devido ao fato de que a arte de contar está chegando ao fim".[11] A mesma ambivalência na apreciação caracteriza a atitude de Benjamin diante desse duplo depauperamento: ele é sentido como uma perda dolorosa, sentimento evidente em "O narrador", mas não completamente ausente em "A obra de arte...", malgrado a ambição "materialista" deste último escrito; mas ele é, ao mesmo tempo, reconhecido como um fato ineludível que seria falso querer negar, salvaguardando ideais estéticos que já não têm qualquer raiz histórica real. Mais: o reconhecimento lúcido da perda leva a que se lancem as bases de uma outra prática estética; Benjamin cita o Bauhaus, o Cubismo, a literatura de Döblin, os filmes de Chaplin, enumeração — discutível, sem dúvida — cujo ponto comum é a busca de uma nova "objetividade" (*Sachlichkeit*), em oposição ao sentimentalismo burguês que desejaria preservar a aparência de uma intimidade intersubjetiva.

Essas tendências "progressistas" da arte moderna, que reconstroem um universo incerto a partir de uma tradição esfacelada, são, em sua dimensão mais profunda, mais fiéis ao legado da grande tradição narrativa do que as tentativas previamente condenadas de recriar o calor de uma experiência coletiva (*Erfahrung*) a partir das experiências vividas isoladas (*Erlebnisse*). Essa dimensão, que me parece fundamental na obra de Benjamin, é a da abertura. O leitor atento descobrirá em "O narrador" uma teoria antecipada da obra aberta. Na narrativa tradicional essa abertura se apoia na plenitude do sentido — e, portanto, em sua profusão ilimitada; em Umberto Eco e, parece-me, também na doutrina benjaminiana da alegoria, a profusão do sentido, ou, antes, dos sentidos, vem ao contrário, de seu não acabamento essencial. O que me importa aqui é identificar esse movimento de abertura na própria estrutura da narrativa tradicional. Movimento interno, representado na figura de Scherazade, movimento infinito da memória, notadamente popular. Memória infinita cuja figura moderna e individual será a imensa tentativa proustiana, tão decisiva para Benjamin.

11- Citado em W. Benjamin, *Gesammelte Schriften*, 11-3, p. 1277.

Cada história é o ensejo de uma nova história, que desencadeia uma outra, que traz uma quarta etc.; essa dinâmica ilimitada da memória é a da constituição do relato, com cada texto chamando e suscitando outros textos.[12] Mas há também um segundo movimento, que, se está inscrito na narração, aponta para mais além do texto, para a atividade da leitura e da interpretação. Aqui Benjamin cita Heródoto,[13] "pai da história" e pai de inúmeras histórias, referência importante para nosso objetivo, já que na figura de Heródoto enquanto protótipo do narrador tradicional, vemos também como a escritura da história está enraizada na arte (e no prazer) de contar, como Paul Veyne, bem mais tarde, destacaria.[14] Ora, a força do relato em Heródoto é que ele sabe contar sem dar explicações definitivas, que ele deixa que a história admita diversas interpretações diferentes, que, portanto, ela permaneça aberta, disponível para uma continuação de vida que dada leitura futura renova:

> Heródoto não explica nada.[15] Seu relato é dos mais secos. Por isso essa história do antigo Egito ainda é capaz, depois de milênios, de suscitar espanto e reflexão. Ela assemelha-se a essas sementes de trigo que durante milhares de anos ficaram fechadas hermeticamente nas câmaras das pirâmides e que conservam até hoje suas forças germinativas.[16]

Notemos, aqui, que justamente aquilo que foi criticado muitas vezes em Heródoto, a saber, a ausência de um esquema global de interpretação e de explicação, como teremos, por exemplo, em Tucídides, é, para Benjamin, não uma falha, mas uma riqueza. Mesmo se Heródoto funciona, aqui, antes de mais nada como aquele que conta (*Erzähler*),

---

12- Cf. T. Todorov, "Les hommes-récits", *in Poétique de la prose*, Paris, Seuil, 1971.

13- "O narrador", p. 197.

14- Paul Veyne, *Comment on écrit l'histoire*, Paris, Seuil, 1971.

15- Trata-se da história de Psammenites (Heródoto, *Enquête*, III, 14). Benjamin contou-a a diversos amigos e anotou as diferentes interpretações. Não é completamente verdadeiro que "Heródoto não explica nada". Refere-se à própria explicação de Psammenites sobre sua atitude. É verdade que Heródoto não fornece nenhuma explicação por conta própria.

16- "O narrador", p. 220.

não como historiador, podemos testar a hipótese de que uma tal sobriedade na explicação também é recomendada por Benjamin para o historiador verdadeiramente atento ao passado, principalmente aos seus elementos decretados negligenciáveis e fadados ao esquecimento. Testemunha-o esta defesa do cronista contra o historiador clássico:

> O cronista que narra os acontecimentos, sem distinguir entre os grandes e os pequenos, leva em conta a verdade de que nada do que um dia aconteceu pode ser considerado perdido para a história. (Tese 3)

No momento em que a experiência coletiva se perde, em que a tradição comum já não oferece nenhuma base segura, outras formas narrativas tornam-se predominantes. Benjamin cita o romance e a informação jornalística. Os dois têm em comum a necessidade de encontrar uma explicação para o acontecimento, real ou fictício. A informação deve ser plausível e controlável; já o romance parte da procura do sentido — da vida, da morte, da história. Ora, de acordo com Benjamin, que, aqui, segue Lukács, a questão do sentido só pode ser colocada, paradoxalmente, a partir do momento em que esse sentido deixa de ser dado implicitamente e imediatamente pelo contexto social. Aquiles não se questiona sobre o sentido da vida porque sua existência segue certas regras determinadas, aceitas e reconhecidas por todos os seus companheiros e por ele próprio em primeiro lugar (em compensação, ele se colocará outras questões, que, hoje, não compreendemos: por exemplo a da morte gloriosa). O romance coloca em cena um herói desorientado (*ratlos*), e toda a ação se constitui como uma busca, seu sucesso ou seu fracasso. O leitor do romance persegue o mesmo objetivo; busca assiduamente na leitura o que já não encontra na sociedade moderna: um sentido explícito e reconhecido. Por isso ele espera com impaciência pela morte do herói, verdadeira ou figurada pelo final do relato, para poder provar para si que este último não viveu em vão e portanto, reflexivamente, ele, leitor, tampouco. Assim, a questão do sentido traz a necessidade de concluir, de pôr um fim na história. Enquanto a narrativa antiga se caracterizava por sua abertura, o romance clássico, em sua necessidade de resolver a questão do significado da existência, visa à conclusão. Essa oposição, desenvolvida em "O narrador", é, entretanto, recolocada em causa no romance contemporâneo, como o próprio Benjamin vai demonstrar em seus ensaios literários. Selecionarei aqui dois exemplos privilegiados desse não acabamento essencial, os de Proust e Kafka.

A influência de Proust sobre seu tradutor Benjamin é de tal ordem que este se vê obrigado, durante algum tempo, a renunciar à sua leitura para não cair em "uma dependência de drogado que impediria... sua própria produção".[17] Proust realiza, com efeito, a proeza de reintroduzir o infinito nas limitações da existência individual burguesa. Esse infinito, que o comprimento da obra e da frase proustianas configura, interna-se na vida desse parisiense elegante pelos caminhos convergentes da memória e da semelhança. A experiência vivida de Proust (*Erlebnis*), particular e privada, já não tem nada a ver com a grande experiência coletiva (*Erfahrung*) que fundava a narrativa antiga. Mas o caráter desesperadamente único da *Erlebnis* transforma-se dialeticamente em uma busca universal: o aprofundamento abissal na lembrança despoja-o de seu caráter contingente e limitado que, em um primeiro momento, tornara-o possível. "Pois um acontecimento vivido é finito, ou pelo menos encerrado na esfera do vivido, ao passo que o acontecimento lembrado é sem limites, porque é apenas uma chave para tudo o que veio antes e depois."[18] A grandeza das lembranças proustianas não vem de seu conteúdo, pois a bem da verdade a vida burguesa nunca é assim tão interessante. O golpe de gênio de Proust está em não ter escrito "memórias", mas, justamente, uma "busca", uma busca das analogias e das semelhanças entre o passado e o presente. Proust não reencontra o passado em si — que talvez fosse bastante insosso —, mas a presença do passado no presente e o presente que já está lá, prefigurado no passado, ou seja, uma semelhança profunda, mais forte do que o tempo que passa e que se esvai sem que possamos segurá-lo. A tarefa do escritor não é, portanto, simplesmente relembrar os acontecimentos, mas "subtraí-los às contingências do tempo em uma metáfora".[19]

17- Citado por Peter Szondi, *Satz und Gegensatz*, Frankfurt/Main, Suhrkamp, 1976, p. 80.
18- "A imagem de Proust", neste volume p. 37.
19- Marcel Proust, *À la recherche du temps perdu*, Pléiade, 1954, vol. III, p. 889.

Se relemos as teses "Sobre o conceito da História" à luz destas poucas observações, poderemos observar quanto o método do historiador "materialista", de acordo com Benjamin, deve à estética proustiana. A mesma preocupação de salvar o passado no presente graças à percepção de uma semelhança que os transforma a ambos: transforma o passado porque este assume uma forma nova, que poderia ter desaparecido no esquecimento; transforma o presente porque este se revela como sendo a realização possível dessa promessa anterior, que poderia ter-se perdido para sempre, que ainda pode se perder se não a descobrirmos, inscrita nas linhas do atual. Daí, também, a importância, sobre a qual não me estenderei aqui, do conceito de semelhança na filosofia de Benjamin (cf. *"Lehre vom Aehnlichen"*, "Doutrina da semelhança" [p. 108 ss.]).

Se Proust personifica a força salvadora da memória, Kafka faz-nos entrar no domínio do esquecimento, tema chave da leitura benjaminiana. Poderíamos dizer, também, que se Proust representa a tentativa — árdua — de uma rememoração integral, Kafka instalou-se sem tropeços e sem lágrimas na ausência de memória e na deficiência do sentido. É daí que vem, segundo Benjamin, sua extraordinária modernidade, ao mesmo tempo cruel e serena. Em uma carta a Gershom Scholem, em que critica a interpretação que Max Brod faz de Kafka, Benjamin escreve:

> A obra de Kafka representa uma doença da tradição. A sabedoria tem sido às vezes definida como o lado épico da verdade. Com isso a verdade é designada como um patrimônio da tradição; é a verdade em sua consistência hagádica. É esta consistência da verdade que se perdeu. Kafka estava longe de ser o primeiro a enfrentar esta situação. Muitos se acomodaram a ela, aferrando-se à verdade, ou àquilo que eles consideravam como sendo a verdade; com o coração mais pesado ou então mais leve, renunciaram à sua transmissibilidade. A verdadeira genialidade de Kafka foi ter experimentado algo inteiramente novo: ele sacrificou a verdade para apegar-se à sua transmissibilidade, ao seu elemento hagádico. Os escritos de Kafka são

por sua própria natureza parábolas. Mas sua miséria e sua beleza é o fato de terem precisado tornar-se mais do que parábolas. Eles não se colocam singelamente aos pés da doutrina, como a Hagada em relação à Halacha. Depois de terem se deitado, erguem uma poderosa pata contra ela.[20] (Trad. manuscrita de M. Carone, com algumas modificações.)

Não é por acaso que Benjamin utiliza aqui categorias teológicas, justamente para criticar a interpretação trivialmente teologizante de Max Brod. Na religião judaica a Halacha é o texto sagrado da lei divina, palavra originária e fundamental, lembrada e reatualizada nos comentários da Hagada. Ora, mesmo no discurso teológico que remete à verdade primeira e essencial, oriunda do verbo divino, nesse paradigma do discurso verdadeiro ocidental fundado em um sentido ao mesmo tempo originário e último, surge uma dúvida: sob o amontoado de comentários, notas e glosas, desaparece a palavra primária. Não que ela tenha se apagado, mas poder-se-ia dizer que não somos mais capazes de distingui-la das outras inúmeras palavras legadas pela tradição— como no contexto diverso de "A obra de arte na era de sua reprodutibilidade técnica" já não sabemos distinguir o manuscrito originário/original da(s) cópia(s). Ou ainda, como diz Benjamin, a "consistência" da verdade foi submergida por sua transmissão: arrastada por seu próprio movimento, a tradição torna-se autônoma em relação ao sentido inicial no qual, originalmente, tinha suas raízes. Esse movimento é, profundamente, o da metáfora, que parte do sentido "literal" mas acaba abandonando-o e até, de transposição em transposição, prescindindo dele. Assim, na bela imagem de Benjamin, as "Parábolas" (*Gleichnisse*) de Kafka, que no início estão deitadas docilmente, como pequenas feras mansas, aos pés da doutrina, acabam não apenas tornando-se independentes como derrubando a Halacha com um violento coice. Em lugar de atrelar-se a uma verdade primeira, cada vez mais distante e fugaz, Kafka concentra-se em um comentário perpétuo, criando uma figura de discurso místico cujo núcleo de iluminação está ausente. Discurso

---

20- W. Benjamin, *Briefe*, Frankfurt/Main, Suhrkamp, 1966, vol. II, p. 763.

infinitamente aberto sobre outros comentários, sobre outros textos que já não remetem a um texto sagrado. Poderíamos arriscar um paradoxo e dizer que a obra de Kafka, o maior "narrador" moderno, segundo Benjamin, representa uma "experiência" única: a da perda da experiência, da desagregação da tradição e do desaparecimento do sentido primordial. Kafka conta-nos com uma minúcia extrema, até mesmo com certo humor, ou seja, com uma dose de jovialidade (*Heiterkeit*),[21] que não temos nenhuma mensagem definitiva para transmitir, que não existe mais uma totalidade de sentidos, mas somente trechos de histórias e de sonhos. Fragmentos esparsos que falam do fim da identidade do sujeito e da univocidade da palavra, indubitavelmente uma ameaça de destruição, mas também — e ao mesmo tempo — esperança e possibilidade de novas significações. À imagem do pai em seu leito de morte, evocada por Benjamin no início de seu ensaio "Experiência e pobreza", que lega aos filhos uma experiência certa e imutável, corresponde o imperador moribundo de "A muralha da China", um conto de Kafka de que Benjamin gostava especialmente.[22] Se lembrarmos que o signo do imperador, o sol desenhado sobre o peito do mensageiro, é, desde Platão, o símbolo do Absoluto, temos de reconhecer como é irreversível o deslocamento que nos distancia dessa imagem de verdade e de palavra, deslocamento que o romance de Kafka, em uma espécie de vertigem controlada, conta-nos suavemente:

> O imperador — assim dizem — enviou a ti, súdito solitário e lastimável, sombra ínfima ante o sol imperial, refugiada na mais remota distância, justamente a ti o imperador enviou, do leito de morte, uma mensagem. Fez ajoelhar-se o mensageiro ao pé da cama e sussurrou-lhe a mensagem no ouvido; tão importante lhe parecia, que mandou repeti-la em seu próprio ouvido. Assentindo com a cabeça, confirmou a exatidão das palavras. E diante da turba reunida para assistir à sua morte —

21- Idem, p. 764.

22- W. Benjamin, "Franz Kafka, Beim Bau der Chinesischen Mauer", in *Ges. Schriften*, 11-2, p. 676 e ss. Ensaio que, infelizmente, não consta deste volume.

haviam derrubado todas as paredes impeditivas, e na escadaria em curva ampla e elevada, dispostos em círculo, estavam os grandes do império — diante de todos, despachou o mensageiro. De pronto, este se pôs em marcha, homem vigoroso, incansável. Estendendo ora um braço, ora outro, abre passagem em meio à multidão; quando encontra obstáculo, aponta no peito a insígnia do sol; avança facilmente, como ninguém. Mas a multidão é enorme; suas moradas não têm fim. Fosse livre o terreno, como voaria, breve ouvirias na porta o golpe magnífico de seu punho. Mas, ao contrário, esforça-se inutilmente; comprime-se nos aposentos do palácio central; jamais conseguirá atravessá-los; e se conseguisse, de nada valeria; precisaria empenhar-se em descer as escadas; e se as vencesse, de nada valeria; teria que percorrer os pátios; e depois dos pátios, o segundo palácio circundante; e novamente escadas e pátios; e mais outro palácio; e assim por milênios; e quando finalmente escapasse pelo último portão — mas isto nunca, nunca poderia acontecer — chegaria apenas à capital, o centro do mundo, onde se acumula a prodigiosa escória. Ninguém consegue passar por aí, muito menos com a mensagem de um morto. Mas, sentado à janela, tu a imaginas, enquanto a noite cai.[23] (Trad. de Lucia Nagib.)

Jeanne Marie Gagnebin, Campinas, 1985

23- Esta história volta duas vezes à obra de Kafka: como o conto independente "Uma mensagem imperial" (*"Eine kaiserliche Botschaft"*) e dentro do conto maior "Durante a construção da muralha da China" (*"Beim Bau der chinesischen Mauer"*).

O SURREALISMO

O ÚLTIMO INSTANTÂNEO DA INTELIGÊNCIA EUROPEIA

As correntes espirituais podem atingir um declive suficientemente íngreme para que o crítico possa instalar nelas uma espécie de usina geradora. No caso do surrealismo, esse declive é gerado pela diferença de nível entre a França e a Alemanha. O movimento que brotou na França, em 1919, entre alguns intelectuais — citemos de imediato os mais importantes: André Breton, Louis Aragon, Philippe Soupault, Robert Desnos, Paul Éluard — pode ter sido um estreito riacho, alimentado pelo úmido tédio da Europa de após-guerra e pelos últimos regatos da decadência francesa. Os tão sábios eruditos que ainda hoje são incapazes de determinar "as origens autênticas" do movimento e limitam-se a dizer que a respeitável opinião pública está sendo mais uma vez mistificada por um *clique* de literatos, assemelham-se a uma junta de técnicos que, após muito analisarem uma fonte, chegam à convicção de que este pequeno córrego não poderá jamais impulsionar turbinas.

O observador alemão não está situado na fonte. É esta a sua oportunidade. Ele está situado no vale; é capaz de avaliar as energias do movimento. Para ele, que enquanto alemão está familiarizado com a crise de inteligência, ou melhor, do conceito humanista de liberdade, que conhece o tipo de vontade frenética de ultrapassar o estágio das eternas discussões e chegar a todo preço a uma decisão desperta nessa crise, e que teve de experimentar na própria carne sua posição altamente vulnerável entre a fronda anarquista e a disciplina revolucionária, para este não haveria nenhuma desculpa se considerasse, a partir da aparência mais superficial, esse movimento como "artístico" ou "poético". E, mesmo que tenha sido assim no começo, já desde o início Breton declarou sua vontade de romper com uma prática que entrega ao público os precipitados literários de uma certa forma de existência, sem revelar essa forma mesma. Numa formulação mais concisa e mais dialética, porém, podemos dizer: o domínio da literatura foi aqui explodido a partir de dentro, na medida em que um grupo homogêneo de homens levou a "vida literária" até os limites extremos do possível. E podemos tomá-los ao pé da letra, quando afirmam que a *Saison en enfer*, de Rimbaud, não tem mais segredos para eles. Pois esse livro é de fato o texto original do movimento (pelo menos no que diz respeito ao período recente, já que há precursores mais antigos, dos quais falaremos a seguir). Para exprimir o que está em jogo, não há comentário mais cortante e mais definitivo que o escrito por Rimbaud à margem do seu próprio exemplar da *Saison*, depois do verso "Sur la soie des mers et des fleurs arctiques": elas não existem ("Elles n'existent pas").

Em sua *Vague des rêves*, em 1924, quando a evolução do movimento não podia ainda ser prevista, Aragon mostrou em que substância imperceptível e remota se incrustou originalmente o núcleo dialético que mais tarde amadureceu no surrealismo. Hoje essa evolução pode ser observada. Pois não resta dúvida de que o estágio heroico do qual Aragon nos legou o catálogo já está ultrapassado. Há sempre um instante em tais movimentos em que a tensão original da sociedade secreta precisa explodir numa luta material e profana pelo poder e pela hegemonia, ou fragmentar-se e transformar-se, como manifestação pública. O surrealismo está atualmente passando por essa fase de transformação. No tempo, porém, em que irrompeu sobre seus criadores sob a forma de uma vaga onírica de inspiração, ele parecia totalmente integral, definitivo, absoluto. Tudo o que tocava se integrava nele. A vida parecia digna de ser vivida apenas quando se dissolvia, em cada um, o limiar entre o sono e a vigília, permitindo a passagem em massa de figuras ondulantes, oscilantes, e a linguagem só parecia autêntica quando o som e a imagem, a imagem e o som, se interpenetravam com exatidão automática, de forma tão feliz que não sobrava a mínima fresta para inserir a pequena moeda a que chamamos "sentido". A imagem e a linguagem têm precedência. Saint-Pol-Roux afixa em sua porta, pela manhã, ao recolher-se para dormir, um aviso: "Le poète travaille". Breton anota: "Silêncio. Quero passar onde ninguém jamais passou — silêncio!... Seguir-te-ei, linguagem amada". Ela tem precedência.

E não apenas com relação ao sentido. Também com relação ao Eu. Na estrutura do mundo, o sonho afrouxa a individualidade, como um dente oco. Este afrouxamento do Eu pela embriaguez é ao mesmo tempo a experiência viva e fecunda que permitiu a esses homens fugir ao fascínio da embriaguez. Não é este o lugar para descrever a experiência surrealista em toda a sua especificidade. Mas quem percebeu que não se trata, nas obras desse círculo, de literatura, mas de algo distinto — manifestação, palavra, documento, blefe, ou, se se quiser, falsificação, tudo menos literatura —, sabe também, com isso, que são experiências que estão aqui em jogo, não teorias, e muito menos fantasmas. E essas experiências não se limitam de modo algum ao sonho, ao consumo de haxixe ou de ópio. É um grande erro supor que só podemos conhecer das "experiências surrealistas" os êxtases religiosos ou os êxtases produzidos pela droga. Lenin chamou a religião de ópio do povo, aproximando assim essas duas esferas muito mais do que agradaria aos surrealistas. Voltaremos mais tarde à revolta amarga e apaixonada contra o catolicismo em cujo bojo Rimbaud, Lautréamont e Apollinaire engendraram o surrealismo. A superação autêntica e criadora da iluminação religiosa, porém, certamente não se dá através do narcótico. Ela se dá numa *iluminação profana*, de inspiração materialista e antropológica, à qual o haxixe, o ópio, entre outros, podem servir de propedêutica (embora perigosa. E a propedêutica das religiões é mais rigorosa). Nem sempre o surrealismo esteve à altura dessa iluminação profana, e à sua própria altura. Justamente as obras que a anunciam com o máximo de vigor, o incomparável *Paysan de Paris*, de Aragon, e *Nadja*, de Breton, revelam desvios perturbadores neste aspecto. Assim, há uma passagem primorosa em *Nadja* sobre "os arrebatadores dias parisienses de pilhagem por ocasião do episódio de Sacco e Vanzetti", após a qual Breton nos assegura que nesses dias o Boulevard Bonne-Nouvelle cumpriu a promessa estratégica de revolta contida desde sempre em seu nome. Mas aparece também a Mme. Sacco, que não é a mulher da vítima de Fuller, e sim uma vidente, domiciliada na Rue des Usines, 3, e que narra a Paul Éluard que não se deve esperar nada de bom de Nadja. Concedemos aos caminhos aventurosos do surrealismo, que percorre tetos, para-raios, calhas, varandas, estuques — o escalador de fachadas deve saber fazer o melhor uso de todos os ornamentos —, também o direito de entrar no úmido quarto dos fundos do espiritismo. No entanto, não nos agrada ouvi-lo bater à janela para interrogar acerca de seu futuro. Quem não gostaria de estar certo de que esses filhos adotivos da Revolução romperiam radicalmente com tudo o que se passa nesses conventículos de damas caridosas, de majores reformados, de traficantes emigrados?

No mais, o livro de Breton é muito apropriado para ilustrar alguns traços fundamentais dessa "iluminação profana". Ele descreve *Nadja* como um *"livre à porte battante"*, um "livro de portas batentes". (Em Moscou, hospedei-me em um hotel cujos quartos eram quase todos ocupados por lamas tibetanos, que tinham vindo à cidade para participar de um congresso conjunto das igrejas budistas. Impressionou-me, nos corredores, o número de portas que ficavam sempre entreabertas. O que a princípio parecia um simples acaso, acabou por inquietar-me. Descobri então que os hóspedes destes quartos eram membros de uma seita, que tinham feito voto de nunca permanecer em espaços fechados. O leitor de *Nadja* pode compreender o choque que senti na ocasião.) Viver numa casa de vidro é uma virtude revolucionária por excelência. Também isso é embriaguez, um exibicionismo moral, que nos é extremamente necessário. A discrição no que diz respeito à própria existência, antes uma virtude aristocrática, transforma-se cada vez mais num oportunismo de pequeno-burgueses arrivistas. *Nadja* encontrou a síntese autêntica e criativa entre o romance de arte e o *roman à clef*.

Basta, aliás, levar a sério o amor para descobrir, também nele, uma "iluminação profana", como nos mostra *Nadja*. "Na ocasião", conta-nos o autor, "(isto é, durante o convívio com *Nadja*) interessava- me muito a era de Luís VII, por ser o tempo das 'cortes de amor', e eu buscava imaginar, com a maior intensidade, como a vida era encarada nesse tempo". Um autor contemporâneo dá-nos informações mais precisas sobre o amor provençal, que se aproxima surpreendentemente da concepção surrealista. Lê-se, no excelente *Dante como poeta do mundo terreno,* de Erich Auerbach, que "todos os poetas do estilo novo têm amantes místicas. Todos experimentam peculiares aventuras de amor muito semelhantes, a todos o Amor concede ou recusa dádivas que mais se assemelham a uma iluminação que a um prazer sensual, e todos pertencem a uma espécie de sociedade secreta, que determina sua vida interna, e talvez também a externa". Essas características são estranhamente associadas à dialética da embriaguez. Não seria cada êxtase em *um* mundo sobriedade pudica no mundo complementar? A que outro fim visa o amor cortês — e é ele, e não o amor comum, que liga Breton à jovem telepata — senão demonstrar que, num mundo que não confina apenas com as criptas do Sagrado Coração ou com os altares de Maria, mas também com a alvorada antes de uma batalha ou depois de uma vitória, a castidade pode ser também um estado de transe?

No amor esotérico, a dama é de todos os seres o mais inessencial. É o que ocorre também em Breton. Ele aproxima-se mais das coisas de que Nadja está perto, que da própria Nadja. E quais são as coisas de que ela está perto? Para o Surrealismo, nada pode ser mais revelador que a lista canônica desses objetos. Onde começar? Breton pode orgulhar-se de uma surpreendente descoberta. Foi o primeiro a ter pressentido as energias revolucionárias que transparecem no "antiquado", nas primeiras construções de ferro, nas primeiras fábricas, nas primeiras fotografias, nos objetos que começam a extinguir-se, nos pianos de cauda, nas roupas de mais de cinco anos, nos locais mundanos de reunião, quando a moda começa a abandoná-los. Esses autores compreenderam melhor do que ninguém a relação entre esses objetos e a Revolução. Antes desses videntes e intérpretes de sinais, ninguém havia percebido de que modo a miséria, não somente a social como também a arquitetônica, a miséria dos interiores, as coisas escravizadas e escravizantes, transformam-se em niilismo revolucionário. Para não mencionar o *Passage de l' opéra,* de Aragon, o casal Breton e Nadja conseguiu converter, se não em ação, pelo menos em experiência revolucionária, tudo o que sentimos em tristes viagens de trem (os trens começam a envelhecer), nas tardes dominicais desoladas nos bairros proletários das grandes cidades, no primeiro olhar através das janelas respingadas pela chuva de uma nova residência. Eles fazem explodir as poderosas forças "atmosféricas" ocultas nessas coisas. Como creem que seria uma vida que se deixasse determinar, num momento decisivo, pela última e mais popular modinha?

O truque que rege esse mundo de coisas — é mais honesto falar em truque do que em método — consiste em trocar o olhar histórico sobre o passado por um olhar político.

> Abri-vos, túmulos, vós, mortos das pinacotecas, cadáveres detrás de biombos, nos palácios, castelos e mosteiros, eis o porta-chaves feérico, que tem em mãos um molho com as chaves de todas as épocas, que sabe manejar as fechaduras mais astuciosas, e que os convida a penetrar o mundo de hoje, misturando-vos aos carregadores, aos mecânicos enobrecidos pelo dinheiro, a instalar-vos em seus automóveis, belos como armaduras de cavaleiros, a tomar lugar nos grandes expressos internacionais, a confundir-vos com todas essas pessoas, ainda hoje orgulhosas de seus privilégios. Mas a civilização fará delas uma pronta justiça.

Esse discurso foi atribuído a Apollinaire por seu amigo Henri Hertz. Apollinaire foi o inventor dessa técnica. Ele a aplicou em sua novela *L'hérésiarque* com um calculismo maquiavélico, para mandar pelos ares a religião católica (da qual ele seguia interiormente sendo adepto).

No centro desse mundo de coisas está o mais onírico dos seus objetos, a própria cidade de Paris. Mas somente a revolta desvenda inteiramente o seu rosto surrealista (ruas desertas, em que a decisão é ditada por apitos e tiros). E nenhum rosto é tão surrealista quanto o verdadeiro rosto de uma cidade. Nenhum quadro de De Chirico ou de Max Ernst pode comparar-se aos traços agudos de suas fortalezas internas, que precisam primeiro ser conquistadas e ocupadas, antes que se possa controlar seu destino e, em seu destino, no destino das suas massas, o próprio destino. Nadja é uma exponente dessas massas e daquilo que as inspira em sua atitude revolucionária: "la grande inconscience vive et sonore qui m'inspire mes seuls actes probants dans le sens où toujours je veux prouver, qu'elle dispose à tout jamais de tout ce qui est à moi". É aqui, portanto, que podemos encontrar o catálogo dessas fortalezas, a começar pela Place Maubert, onde, mais que em qualquer outra parte, a sujeira conservou intacto seu poder simbólico, até o Théatre Moderne, que para meu desconsolo não cheguei a conhecer. Mas na descrição do bar no primeiro andar, feita por Breton — "tão sombrio, com seus impenetráveis caramanchões em forma de túneis — um salão no fundo de um lago" —, existe algo que me faz recordar aquele aposento, tão mal compreendido, do antigo Prinzeß-Café. Era o quarto dos fundos no primeiro andar, com seus casais banhados em luz azul. Nós o chamávamos "A anatomia"; era o último refúgio do amor. A fotografia intervém, em tais passagens de Breton, de maneira altamente singular. Ela transforma as ruas, portões, praças da cidade em ilustrações de um romance popular, arranca a essa arquitetura secular sua evidência banal para aplicá-la, com uma intensidade absolutamente primitiva, aos episódios, às quais se refere, assim como nos velhos romances destinados às camareiras, com citações textuais acompanhadas do número de página. E, em todos os lugares de Paris que aparecem aqui, o que se passa entre essas pessoas se move como uma porta giratória.

Também a Paris dos surrealistas é um "pequeno universo". Ou seja, no universo grande, no cosmos, as coisas têm o mesmo aspecto. Também ali existem encruzilhadas, das quais cintilam sinais fantasmagóricos através do trânsito; também ali se inscrevem na ordem do dia inconcebíveis analogias e acontecimentos entrecruzados. É esse espaço que a lírica surrealista descreve. E isso deve ser notado, mesmo que apenas para afastar o inevitável mal-entendido do *l'art pour l'art*. Pois o *l'art pour l'art* foi raramente tomado em sentido literal, tendo sido quase sempre uma bandeira, sob a qual circula uma mercadoria que não pode ser declarada, por não ter ainda um nome. Seria o momento de empreender uma obra que como nenhuma outra iluminaria a crise artística da qual somos testemunhas: uma história da literatura esotérica. Tampouco é por acaso que essa história ainda não existe. Pois escrevê-la da maneira que ela exige ser escrita — não como uma obra coletiva, em que cada "especialista" contribui, em seu domínio, com "o que merece ser sabido" —, mas como a obra bem fundamentada de um indivíduo que, movido por uma necessidade interna, descreve menos a história evolutiva da literatura esotérica do que o sempre renovado aparecimento desta — escrita desse modo, ela seria uma dessas confissões científicas que encontramos em cada século. Em sua última página, figuraria a radiografia do Surrealismo. Em sua *Introduction au discours sur le peu de réalité*, Breton mostra como o realismo filosófico da Idade Média serviu de fundamento à experiência poética. Esse realismo, porém — a crença numa existência efetivamente independente dos conceitos, seja fora das coisas ou dentro delas — sempre transitou com muita rapidez do reino lógico dos conceitos para o reino mágico das palavras. E os jogos apaixonados de transformação fonética e gráfica, que já há quinze anos se espalham por toda a literatura de vanguarda, quer se os chame de futurismo, dadaísmo ou surrealismo, são experiências mágicas com palavras, e não exercícios artísticos. As seguintes palavras de Apollinaire, extraídas do seu último manifesto, *L'esprit nouveau et les poètes* (1918), mostram como a máxima, a fórmula mágica e o conceito se interpenetram:

> Não há, na poesia, uma contrapartida moderna para a rapidez e a simplicidade com as quais todos nós nos habituamos a designar com uma só palavra essencialidades tão complexas como uma multidão, uma nação, o universo. Os poetas contemporâneos, porém, preenchem essa lacuna; seus poemas sintéticos criam novos entes, cuja aparência plástica é tão composta quanto a dos termos coletivos.

Se agora Apollinaire e Breton avançam ainda mais energicamente na mesma direção e pretendem completar a anexação do surrealismo ao mundo circundante afirmando que "as conquistas da ciência se baseiam muito mais num pensamento surrealista do que num pensamento lógico", e quando, com outras palavras, fazem da mistificação, cuja culminância Breton vê na poesia (o que é defensável), o fundamento também do desenvolvimento científico e técnico, uma integração desse tipo parece demasiadamente tempestuosa. É altamente instrutivo comparar a maneira precipitada com que esse movimento é associado ao milagre incompreendido da máquina (Apollinaire: "as velhas fábulas realizaram-se em grande parte, e cabe agora aos poetas inventar novas, que poderiam por sua vez ser realizadas pelos inventores"), comparar essas fantasias sufocantes com as utopias bem ventiladas de um Scheerbart.

"Pensar na atividade humana me faz rir" — essa manifestação de Aragon mostra de maneira bastante nítida o caminho que o surrealismo teve de percorrer, de suas origens até sua politização. Com razão caracterizou Pierre Naville, que pertencia originalmente a esse grupo, em seu excelente texto, *La révolution et les intellectuels*, esse desenvolvimento como dialético. A hostilidade da burguesia contra toda manifestação de liberdade espiritual desempenha um papel decisivo nessa transformação de uma atitude extremamente contemplativa em uma oposição revolucionária. Foi essa hostilidade que empurrou o surrealismo para a esquerda. Certos acontecimentos políticos, especialmente a guerra do Marrocos, aceleraram esse desenvolvimento. Com o manifesto "Os intelectuais contra a guerra do Marrocos", publicado no *Humanité*, ganhou-se uma plataforma fundamentalmente distinta daquela exemplificada pelo famoso escândalo em torno do banquete oferecido a Saint-Pol-Roux. Nessa oportunidade, pouco depois da guerra, quando os surrealistas, protestando contra a presença de elementos nacionalistas que em sua opinião comprometiam a homenagem a um poeta por eles admirado, irromperam em gritos de "viva a Alemanha!", mantiveram-se nos limites do escândalo, ao qual, como se sabe, a burguesia é tão impermeável quanto é sensível a todo tipo de ação. Sob a influência desse clima político, é notável a convergência de opiniões entre Apollinaire e Aragon quanto ao futuro do poeta. Os capítulos "Perseguição" e "Assassinato", do *Poète assassiné*, de Apollinaire, contêm a célebre descrição de um *pogrom* de poetas. As editoras são atacadas, os livros de poemas lançados ao fogo, os poetas massacrados. E as mesmas cenas se dão ao mesmo tempo no mundo inteiro. Em Aragon, a "Imaginação", que pressente essas atrocidades, exorta suas tropas a uma última cruzada.

Para compreender tais profecias e avaliar estrategicamente as posições alcançadas pelo surrealismo, deve-se examinar o modo de pensamento difundido na assim chamada bem-intencionada inteligência burguesa de esquerda. Ele manifesta-se de maneira suficientemente nítida na atual orientação desses círculos com relação à Rússia. Não falamos aqui, naturalmente, de Béraud, que abriu o caminho para a campanha de mentiras sobre a Rússia, nem de Fabre-Luce, que segue a trilha assim aberta, trotando como um jumento obediente, carregado com todo o fardo dos ressentimentos burgueses. Mas quão problemático é até mesmo o típico papel intermediário do livro de Duhamel. O quão insuportável é a linguagem de teólogo protestante, forçadamente honesta, forçadamente cordial e simpática, de que é permeado. Como é antiquado o seu método, ditado por uma atitude embaraçada e pela ignorância linguística, de impor às coisas uma iluminação simbólica. Quão traiçoeiro é seu resumo: "a verdadeira e mais profunda revolução, que num certo sentido poderia transformar a substância da alma eslava, ainda não ocorreu". É típico dessa inteligência francesa de esquerda — como também da inteligência russa correspondente — que sua função positiva derive inteiramente de um sentimento de obrigação, não para com a revolução, mas para com a cultura tradicional. Sua produção coletiva, na medida em que é positiva, aproxima-se da dos conservadores. Política e economicamente, porém, é preciso sempre contar, nesses autores, com o perigo da sabotagem.

A característica de todas essas posições burguesas de esquerda é a sua irremediável vinculação entre moral idealista e prática política. Certos elementos centrais do surrealismo e da tradição surrealista tornam-se compreensíveis somente pelo contraste com esses pobres compromissos da "consciência moral". Até agora, não se fez grande coisa para assegurar essa compreensão. Era por demais irresistível a tentação de tomar, num inventário do esnobismo, o satanismo de um Rimbaud e de um Lautréamont como uma contrapartida do *l'art pour l'art*. Se, porém, nos decidirmos a transcender essa fachada romântica, encontraremos aí algo de aproveitável. Descobriremos que o culto do mal é um aparato, por mais romântico que seja, de desinfecção e isolamento da política, contra todo diletantismo moralizante. Armados com essa convicção, podemos talvez recuar de algumas décadas ao encontrarmos, em Breton, uma cena de horror sobre a violação de uma criança.

Entre os anos 1865 e 1875, alguns grandes anarquistas, sem que tomassem conhecimento uns dos outros, trabalharam em suas máquinas infernais. E o surpreendente é que, independentemente, ajustaram seus relógios precisamente na mesma hora, e quarenta anos depois, explodiam ao mesmo tempo na Europa Ocidental os escritos de Dostoievski, Rimbaud e Lautréamont. Poder-se-ia, para sermos mais rigorosos, selecionar da obra completa de Dostoievski exatamente a passagem que foi publicada de fato somente em 1915: "A confissão de Stavrogin", de *Os demônios*. Esse capítulo, que se aproxima estreitamente do terceiro canto dos *Chants de Maldoror*, contém uma justificação do mal que exprime certos motivos do surrealismo com mais força do que jamais conseguiram os seus propugnadores atuais. Pois Stavrogin é um surrealista *avant la lettre*. Ninguém como ele compreendeu como é ignorante a opinião pequeno-burguesa de que o bem de todas as virtudes humanas seja inspirado naquele que o pratica por Deus; ao passo que o mal, porém, provém inteiramente de nossa espontaneidade, que nisso seríamos entes autônomos, totalmente responsáveis por nós mesmos. Ninguém como ele viu a influência da inspiração também no ato mais pérfido, e justamente nele. Ele reconheceu a infâmia como algo pré-formado, sem dúvida na história do mundo, mas também em nós mesmos, como algo que nos é inculcado, até mesmo imposto, exatamente como o burguês idealista supõe ser o caso com relação à virtude. O Deus de Dostoievski não criou apenas o céu e a terra e o homem e o animal, mas também a baixeza, a vingança, a crueldade. E tampouco aqui ele permitiu ao Diabo interferir no trabalho. Por isso, todas essas coisas são para ele originárias, não "magníficas", talvez, mas sempre novas, "como no primeiro dia", e incomensuravelmente distantes dos clichês nos quais o pecado aparece para o filisteu.

A magnitude da tensão que permite a esses poetas exercer sua surpreendente influência à distância pode ser documentada, de modo verdadeiramente grotesco, pela carta que Isidore Ducasse escreveu a seu editor, em 23 de outubro de 1869, para tornar-lhe plausível a sua obra. Nessa carta, Ducasse coloca-se no mesmo plano que Mickiewicz, Milton, Southey, Alfred de Musset e Baudelaire e diz: "Naturalmente, exagerei um pouco o tom para introduzir algo de novo nessa literatura, que só canta o desespero para oprimir o leitor e fazer-lhe desejar tanto mais o bem como remédio. Assim, em última análise, canta-se apenas o bem, embora por um método mais filosófico e menos ingênuo que a velha escola, da qual Victor Hugo e alguns outros são os únicos representantes ainda vivos". Mas, se o livro errático de Lautréamont se inscreve em algum contexto, supondo que isso seja possível, seria no da insurreição. A tentativa de Soupault de, em 1927, em sua edição das obras completas do poeta, apresentar a biografia de Isidore Ducasse como uma *vita politica*, foi portanto compreensível e, tomada em si, inteligente. Infelizmente, não existe nenhuma documentação capaz de justificá-la, e aquela utilizada por Soupault baseia-se numa confusão. Em compensação, uma tentativa semelhante feita com relação a Rimbaud foi bem-sucedida, e o mérito de Marcel Coulon foi ter defendido a verdadeira imagem do poeta contra a usurpação católica de Claudel e Berrichon. Sim, Rimbaud é católico, mas o é, segundo suas próprias confissões, em sua parte mais miserável, naquela parte de si mesmo que ele não se cansa de denunciar, expondo-se a seu ódio e ao de todos, ao seu desprezo e ao de todos: a parte que o força a confessar que não compreende a revolta. Contudo, é esta a confissão de um ex-militante da Comuna, insatisfeito consigo mesmo, que, quando voltou as costas à literatura, já voltara, havia muito tempo, em seus primeiros poemas, as costas à religião. "Ódio, eu te confiei o meu tesouro", escreve ele na *Saison en enfer*. Também essas palavras poderiam servir de fundamento a uma poética do surrealismo, permitindo-lhe, melhor que a teoria da *surprise*, do "Poeta surpreendido", de Apollinaire, mergulhar suas raízes até as profundidades em que se move o pensamento de Poe.

Desde Bakunin, não houve mais na Europa um conceito radical da liberdade. Os surrealistas dispõem desse conceito. Eles são os primeiros a liquidar o fossilizado ideal de liberdade dos moralistas e dos humanistas, porque sabem que "a liberdade, que neste mundo só pode ser comprada com mil sacrifícios dolorosos, quer, enquanto durar, ser desfrutada de maneira ilimitada, em toda a sua plenitude e sem qualquer cálculo pragmático". E isto prova, a seu ver, que "a causa de libertação da humanidade, em sua forma revolucionária mais simples (que é, no entanto, justamente a libertação em todos os aspectos), é a única que vale a pena servir". Mas conseguem eles fundir essa experiência da liberdade com a outra experiência revolucionária, que somos obrigados a reconhecer, porque ela foi também nossa: com o que há de construtivo, ditatorial, na revolução? Em suma: associar a revolta à revolução? Como representar uma existência que se desdobra inteiramente no Boulevard Bonne-Nouvelle, nos espaços de Le Corbusier e de Oud?

Em todos os seus livros e iniciativas, o surrealismo circunda o mesmo tema: mobilizar para a revolução as forças da embriaguez. Podemos dizer que é essa sua tarefa mais autêntica. Para ela, não é suficiente que, conforme sabemos, um elemento de embriaguez esteja vivo em cada ato revolucionário. Essa tarefa é idêntica à tarefa anárquica. Privilegiá-la exclusivamente seria sacrificar a preparação metódica e disciplinada da revolução em favor de uma praxis que oscila entre o exercício e a véspera da festa. A isso se acrescenta uma concepção por demais estreita e não dialética da essência da embriaguez. A estética do pintor, do poeta *en état de surprise*, da arte como a reação do indivíduo "surpreendido", encontra-se inscrita em certos preconceitos românticos altamente fatídicos. Toda investigação séria dos dons e fenômenos ocultos, surrealistas, fantasmagóricos, pressupõe implicações dialéticas de que o espírito romântico não pode jamais se apropriar. Pois não nos serve de nada sublinhar patética ou fanaticamente no enigmático o seu lado enigmático; muito antes, só penetramos o mistério na medida em que o reencontramos no cotidiano, graças a uma ótica dialética que vê o cotidiano como impenetrável e o impenetrável como cotidiano. A investigação mais apaixonada dos fenômenos telepáticos, por exemplo, ensina-nos muito menos sobre a leitura (processo eminentemente telepático) do que a iluminação profana da leitura pode ensinar-nos sobre os fenômenos telepáticos. Da mesma forma, a investigação mais apaixonada da embriaguez produzida pelo haxixe ensina-nos muito menos sobre o pensamento (que é um narcótico eminente) do que a iluminação profana do pensamento pode ensinar-nos sobre a embriaguez do haxixe. O homem que lê, que pensa, que espera, o *flâneur*, pertence, do mesmo modo que o fumador de ópio, o sonhador e o ébrio, à galeria dos iluminados. E são iluminados mais profanos. Para não falar da mais terrível de todas as drogas — nós mesmos — que tomamos quando em solidão.

"Mobilizar para a revolução as energias da embriaguez" — em outras palavras: política poética? "*Noùs en avons soupé*. Tudo menos isso!" Agora — interessá-los-á tanto mais saber até que ponto uma digressão sobre a poesia poderá esclarecer as coisas. Pois o que é o programa dos partidos burgueses senão uma péssima poesia primaveril, saturada de metáforas? O socialista vê "o futuro mais belo dos nossos filhos e netos" no fato de que todos agem "como se fossem anjos", todos possuem tanto "quanto se fossem ricos" e todos vivem "como se fossem livres". Em parte alguma vê sequer um vestígio de anjos, de riqueza, de liberdade. Apenas imagens. E qual é o arcabouço imagético desses poetas da social-democracia, seu *gradus ad Parnassum*? O otimismo. Respiramos já outra atmosfera no texto de Naville, que põe na ordem do dia a "Organização do pessimismo". Em nome dos seus amigos literatos, ele lança um ultimato, diante do qual esse otimismo inconsciente de diletantes não pode deixar de revelar suas verdadeiras cores: onde estão os pressupostos da revolução? Na transformação das opiniões ou na transformação das relações externas? É essa a questão cardinal, que determina a relação entre a moral e a política e que não admite qualquer camuflagem. O surrealismo aproximou-se sempre cada vez mais de uma resposta comunista a essa pergunta. E isto significa: pessimismo absoluto. Sim, e sem exceção. Desconfiança acerca do destino da literatura, desconfiança acerca do destino da liberdade, desconfiança acerca do destino da humanidade europeia, e principalmente desconfiança, desconfiança e desconfiança com relação a qualquer forma de entendimento mútuo: entre as classes, entre os povos, entre os indivíduos. E confiança ilimitada apenas na I. G. Farben e no aperfeiçoamento pacífico da Força Aérea. Mas e agora, e então?

Aqui se justifica a intuição reivindicada pela distinção estabelecida no *Traité du style*, último livro de Aragon, entre metáfora e imagem. Uma intuição estilística feliz, que requer ampliação. Ampliação, porque é na política que ambas — metáfora e imagem — se chocam da forma mais drástica e irreconciliável. Organizar o pessimismo significa simplesmente extirpar a metáfora moral da esfera da política, e descobrir no espaço da ação política o espaço completo da imagem. Mas esse espaço da imagem não pode mais absolutamente ser medido de forma contemplativa. Se a dupla tarefa da inteligência revolucionária é derrubar a hegemonia intelectual da burguesia e estabelecer um contato com as massas proletárias, ela fracassou quase inteiramente na segunda parte dessa tarefa, pois esta não pode mais ser realizada contemplativamente. Isso não impediu a grande maioria de conceber continuamente essa tarefa como se a opção contemplativa fosse possível, e de reclamar o advento de poetas, pensadores e artistas proletários. Por outro lado, já apontava Trotski, em *Literatura e revolução*, que eles só podem surgir a partir de uma revolução vitoriosa. Na verdade, trata-se muito menos de fazer do artista de origem burguesa um mestre em "arte proletária" do que de fazê-lo funcionar, mesmo à custa de sua eficácia artística, em lugares importantes desse espaço de imagens. Não seria talvez a interrupção de sua "carreira artística" uma parte essencial dessa função?

As pilhérias que ele conta tornar-se-iam melhores. E ele as contaria melhor. Pois também na pilhéria, no insulto, no mal-entendido, em toda parte em que uma ação produz a imagem a partir de si mesma e é essa imagem, em que a incorpora e devora, em que se perde a própria proximidade de vista — aí abre-se esse espaço de imagens que procuramos, o mundo em sua atualidade completa e multifacetada, no qual não há lugar para qualquer "sala confortável", o espaço, em uma palavra, no qual o materialismo político e a criatura física partilham entre si o homem interior, a psique, o indivíduo, ou o que quer que seja que desejemos opor-lhes, segundo uma justiça dialética, de modo que nenhum dos seus membros deixe de ser despedaçado. No entanto, e justamente em consequência dessa destruição dialética, esse espaço continuará sendo espaço de imagens, e algo de mais concreto ainda: espaço do corpo. Pois não há o que fazer, a confissão se impõe: o materialismo metafísico da linha vogtiana e bukhariana não pode ser traduzido, sem descontinuidade, ao registro do materialismo antropológico, representado pela experiência dos surrealistas e também antes por um Hebel, um Georg Büchner, um Nietzsche, um Rimbaud. Fica sempre um resto. Também o coletivo é corpóreo. E a *physis*, que para ele se organiza na técnica, só pode ser engendrada em toda a sua eficácia política e objetiva naquele espaço de imagens que a iluminação profana nos tornou familiar. Somente quando o corpo e o espaço de imagens se interpenetrarem nessa *physis*, tão profundamente que todas as tensões revolucionárias se tornem enervações do corpo coletivo, e todas as enervações do corpo coletivo se tornem tensões revolucionárias; somente então terá a realidade conseguido superar-se no grau exigido pelo *Manifesto comunista*. No momento, os surrealistas são os únicos que conseguiram compreender as palavras de ordem que o *Manifesto* nos transmite hoje. Cada um deles troca a mera gesticulação pelo mostrador de um despertador, que soa, a cada minuto, durante sessenta segundos.

1929

A IMAGEM DE PROUST

1

Os treze volumes de *À la recherche du temps perdu*, de Marcel Proust, são o resultado de uma síntese impossível, na qual a absorção do místico, a arte do prosador, a verve do autor satírico, o saber do erudito e a concentração do monomaníaco se condensam numa obra autobiográfica. Já se disse, com razão, que todas as grandes obras literárias ou inauguram um gênero ou o ultrapassam, isto é, constituem casos excepcionais. Mas, mesmo entre elas, esta é uma das menos classificáveis. A começar pela estrutura, que conjuga a poesia, a memorialística e o comentário, até a sintaxe, com suas frases torrenciais (um Nilo da linguagem, que transborda nas planícies da verdade, fertilizando-as), tudo aqui excede a norma. Que esse grande caso excepcional da literatura constitua ao mesmo tempo a maior realização literária das últimas décadas é a primeira observação, muito instrutiva, que se impõe ao crítico. As condições que serviram de fundamento a essa obra são extremamente malsãs. Uma doença insólita, uma riqueza incomum, e uma disposição anormal. Nem tudo nessa vida é modelar, mas tudo é exemplar. Ela atribui à obra literária mais eminente dos nossos dias seu lugar no coração do impossível, no centro e ao mesmo tempo no ponto de indiferença de todos os perigos, e caracteriza essa grande "obra de toda uma vida" como a última, por muito tempo. A imagem de Proust é a mais alta expressão fisionômica que a crescente discrepância entre poesia e vida poderia assumir. Eis a moral que justifica nossa tentativa de evocar essa imagem.

Sabemos que Proust não descreveu em sua obra uma vida como ela de fato foi, e sim uma vida rememorada por quem a viveu. Porém esse comentário ainda é difuso, e demasiadamente grosseiro. Pois o principal, para o autor que rememora, não é absolutamente o que ele viveu, mas o tecido de sua rememoração, o trabalho de Penélope da reminiscência[1]. Ou seria talvez preferível falar do trabalho de Penélope do esquecimento? Não se encontra a memória involuntária de Proust muito mais próxima do esquecimento do que daquilo que em geral chamamos de rememoração? E não seria esse trabalho de reminiscência espontânea, em que a rememoração é a trama e o esquecimento a urdidura, muito antes o oposto do trabalho de Penélope, ao invés de sua cópia? Pois aqui é o dia que desfaz o trabalho da noite. Em cada manhã, ao acordarmos, em geral fracos e apenas semiconscientes, seguramos em nossas mãos apenas algumas franjas da tapeçaria da existência vivida, tal como o esquecimento a teceu para nós. Mas cada dia, com suas ações intencionais e, mais ainda, com suas rememorações intencionais, desfaz os fios, os ornamentos do olvido. Foi por isso que Proust transformou, ao final, seus dias em noites para dedicar todas as suas horas ao trabalho, sem ser perturbado, no quarto escuro, sob uma luz artificial, no afã de não deixar escapar nenhum dos arabescos entrelaçados.

Se *texto* significava, para os romanos, um tecido, nenhum texto é mais densamente tecido que o de Marcel Proust. Para ele, nada era suficientemente denso e duradouro. Seu editor, Gallimard, narrou como os hábitos de revisão de Proust levavam os tipógrafos ao desespero. As provas eram sempre devolvidas com as margens completamente escritas. Mas nenhum erro de impressão era corrigido; todo espaço disponível era preenchido com material novo. Assim, a lei da rememoração exercia-se também no interior da obra. Pois um acontecimento vivido é finito, ou pelo menos encerrado na esfera do vivido, ao passo que o

---

1- O uso que Benjamin propõe dos termos referentes às modalizações das narrativas do passado não encontra correspondentes precisos em português (e mesmo ele não o respeita de modo estrito). Para tentar manter a homogeneidade e coerência na tradução, tanto aqui neste ensaio como no sobre "O narrador" e nas teses sobre o conceito de história, mantivemos a tradução de *Gedächtnis* por memória, de *Erinnerung* por rememoração ou por recordação e de *Eingedenken* por reminiscência (ou, nos casos em que Benjamin está traduzindo o termo proustiano de *mémoire involuntaire* por *das ungewollte Eingedenken*, por *memória involuntária*). (N.d.R.)

acontecimento rememorado é sem limites, pois é apenas uma chave para tudo o que veio antes e depois. E, em outro sentido ainda, é a rememoração que prescreve o rigoroso modo de textura. Pois a unidade do texto está apenas no *actus purus* da própria rememoração, e não na pessoa do autor, e muito menos na ação. Podemos até mesmo dizer que as intermitências da ação são o mero reverso do *continuum* da rememoração, o padrão invertido da tapeçaria. Assim o queria Proust, e assim devemos interpretá-lo, quando afirmava preferir que toda a sua obra fosse impressa em um único volume, em coluna dupla, sem uma única quebra de parágrafo.

O que procurava ele tão freneticamente? O que estava na base desse esforço interminável? Seria lícito dizer que todas as vidas, obras e ações importantes nada mais são que o desdobramento imperturbável da hora mais banal e mais efêmera, mais sentimental e mais frágil, da vida daquele a que pertencem? E quando Proust descreveu, numa passagem célebre, essa hora sumamente individual, ele o faz de tal maneira que cada um de nós a reencontra em sua própria existência. Pouco falta para que a pudéssemos chamar de quotidiana. Ela vem com a noite, com um arrulho perdido, ou com o suspiro à balaustrada de uma janela aberta. E são imprevisíveis os encontros que nos estariam destinados se apenas não fôssemos tão complacentes com o sono. Proust não se submetia ao sono. E, no entanto, ou por isso mesmo, Jean Cocteau pôde dizer, num belo ensaio, que a cadência de sua voz obedecia às leis da noite e do mel. Submetendo-se ao seu domínio, Proust vencia a tristeza desolada de sua vida interior (que ele uma vez descreveu como "*l'imperfection incurable dans l'essence même du présent*"), e construiu, com os favos da rememoração, uma casa para o enxame dos seus pensamentos. Cocteau percebeu aquilo que deveria preocupar, em altíssimo grau, todo leitor de Proust: ele viu o desejo de felicidade — cego, insensato e frenético — que habitava esse homem. Ele irradiava de seus olhos. Não eram olhos felizes. Mas a felicidade estava presente neles, como *no jogo* ou *no amor*. Tampouco é difícil compreender por que esse dilacerante e explosivo impulso de felicidade que atravessa toda a obra de Proust passou em geral despercebido a seus leitores. O próprio Proust estimulou-os, em muitas passagens, a considerar também a sua obra na velha e cômoda perspectiva da privação, do heroísmo, da ascese. Nada é mais evidente para os alunos-modelo da vida do que uma grande realização ser fruto exclusivo do esforço, do sofrimento e da decepção. Pois que a felicidade também pudesse participar do belo seria uma bênção excessiva, com relação à qual o seu ressentimento jamais teria consolo.

Mas existe uma dupla vontade de felicidade, uma dialética da felicidade. Uma forma da felicidade em hino, outra em elegia. A felicidade como hino é o inaudito, o sem precedentes, o auge da beatitude. A felicidade como elegia é o eterno mais uma vez, a eterna restauração da felicidade primeira e originária. É essa ideia elegíaca da felicidade, que também podemos chamar de eleática, que para Proust transforma a existência em uma floresta encantada da rememoração. A ela não sacrificou apenas, em sua vida, amigos e sociedade, mas também em sua obra a ação, a unidade da pessoa, o fluxo da narrativa, o jogo da imaginação. Max Unold, que não foi o pior dos seus leitores, referindo-se ao "tédio" resultante desse procedimento, comparou as narrativas de Proust com "histórias de cocheiro":

> Ele conseguiu tornar interessantes as histórias de cocheiro. Ele diz: imagine, caro leitor, ontem eu mergulhei um bolinho numa xícara de chá, e então me lembrei que estive no campo, quando criança — para tal, ele usa oitenta páginas, e o faz de modo tão fascinante que deixamos de ser ouvintes, e cremos ser o próprio divagador.

Nessas histórias de cocheiro — "todos os sonhos habituais, tão logo são narrados, convertem-se em histórias de cocheiro" —, Unold encontrou a ponte para o sonho. Toda interpretação sintética de Proust deve ligar-se ao sonho. Um número suficiente de portas discretas conduzem a ele. É este o estudo frenético de Proust, seu culto apaixonado da semelhança. Os verdadeiros signos de seu domínio não se encontram ali, onde ele os descobre, de modo sempre desconcertante e inesperado, nas obras, nas fisionomias ou nas maneiras de falar. A semelhança entre dois seres, a que estamos habituados e com que nos ocupamos em estado de vigília, é apenas um reflexo impreciso da semelhança mais profunda que reina no mundo dos sonhos, em que os acontecimentos não aparecem jamais como idênticos, mas sempre como semelhantes: impenetravelmente semelhantes entre si. As crianças conhecem um indício desse mundo, a meia, que, quando enrolada na gaveta de roupas, tem a estrutura do mundo dos sonhos, sendo ao mesmo tempo "bolsa" e "conteúdo". E, assim como as crianças não se cansam de transformar, com um só gesto, a bolsa e o que está dentro dela numa terceira coisa — a meia —, assim também Proust não se cansava de esvaziar com um só gesto o manequim, o Eu, para evocar sempre de novo o terceiro elemento: a imagem, que saciava sua curiosidade, ou melhor, sua nostalgia. Proust ficava no leito, acabrunhado pela nostalgia, nostalgia de um mundo deformado pela semelhança, no qual irrompe o verdadeiro semblante da existência, o surrealista. A ele pertence tudo o que acontece em Proust, e a maneira cautelosa, a elegância com que esses acontecimentos se produzem. Pois eles não aparecem jamais de modo isolado, patético e visionário, mas anunciados, apoiados em múltiplos esteios, carregando consigo uma realidade frágil e preciosa: a imagem. Ela surge da estrutura das frases proustianas como surge, em Balbec, de entre as mãos de Françoise abrindo as cortinas de tule, o dia de verão, velho, imemorial, mumificado.

2

Nem sempre proclamamos em voz alta o que temos de mais importante a dizer. E, mesmo em voz baixa, não o confiamos sempre à pessoa mais familiar, mais próxima e mais disposta a ouvir a confidência. Se, portanto, não somente as pessoas, mas também as épocas, têm essa maneira inocente, ou antes, astuciosa e frívola, de comunicar seu segredo mais íntimo ao primeiro desconhecido, então, no que diz respeito ao século XIX, não foram nem Zola nem Anatole France, mas o jovem Proust, o esnobe sem importância, o trêfego frequentador de salões, quem ouviu, de passagem, do século envelhecido (como de um outro Swann, igualmente sôfrego), as mais admiráveis confidências. Somente Proust fez do século XIX um século digno de memórias. O que era antes dele uma simples período temporal, desprovido de tensões, converteu-se num campo de forças, no qual foram despertas as mais variadas correntes de autores mais tardios.

Tampouco é por acaso que a obra mais interessante desse gênero seja a de uma escritora pessoalmente próxima de Proust, como admiradora e como amiga. Já o próprio título do primeiro volume das memórias da princesa de Clermont-Tonnerre — *Au temps des équipages* — não teria sido concebível antes de Proust. No mais, a obra é o eco frágil que responde, do Faubourg Saint-Germain, ao apelo ambíguo, amoroso e desafiador de Proust. Além disso, esse texto (melódico) está cheio de alusões diretas e indiretas a Proust, tanto em sua estrutura como em seus personagens, dentre os quais o próprio romancista e alguns de seus objetos de estudo favoritos por ele observados no Ritz. Não se pode negar que estamos aqui num meio deveras feudal, e mesmo muito peculiar, com personagens como Robert de Montesquiou, que a princesa de Clermont-Tonnerre descreve magistralmente. Mas também com Proust estamos nesse meio; e como se sabe havia nele um lado que o aproximava de Montesquiou. Nada disso valeria a pena discutir — sobretudo a questão dos modelos, secundária e sem interesse para a Alemanha —, não fosse a displicência da crítica alemã. E, acima de tudo: essa crítica não podia perder a ocasião de acanalhar-se, aliando-se aos vulgares frequentadores de bibliotecas circulantes. Seus veteranos representantes apressaram-se a atribuir ao próprio Proust o esnobismo do meio por ele descrito e a caracterizar sua obra como uma questão interna francesa, como um apêndice frívolo ao *Almanaque de Gotha*. Agora, porém, fica evidente que os problemas dos homens proustianos provêm de uma sociedade saturada. Mas não há, entre eles, um único sequer que coincida com os problemas do autor. Estes são subversivos. Se fosse preciso resumi-los numa fórmula, poderíamos dizer que sua preocupação é reconstruir toda a estrutura da alta sociedade sob a forma de uma fisiologia da tagarelice. Não há, no espólio de seus preconceitos e máximas, nenhum que não seja aniquilado por sua perigosa comicidade. Não é pouco mérito para o primeiro intérprete de Proust, Léon Pierre-Quint, ter sido o primeiro a percebê-lo. "Quando se fala de obras humorísticas", escreve Quint, "pensa-se habitualmente em livros curtos e divertidos, com capas ilustradas. Esquecem-se de Dom Quixote, Pantagruel e Gil Blas, volumes grossos e desformes, impressos em espaçamento mínimo". O lado subversivo da obra de Proust aparece neste contexto em sua maior evidência. E aqui não é tanto o humor, mas a comédia, o verdadeiro centro da sua força; ele não suspende o mundo em gargalhadas, mas o derruba, em gargalhadas, ao solo, correndo o risco de quebrá-lo em pedaços, diante dos quais então irrompe, ele próprio, em lágrimas. E elas estilhaçam-se: a unidade da família e da personalidade, a moral sexual e a honra estamental. As pretensões da burguesia despedaçam-se no riso. Sua fuga em direção ao passado, sua reassimilação pela nobreza, é o tema sociológico da obra.

Proust era incansável no adestramento exigido para a lida com os círculos feudais. Constantemente, e sem grande esforço, ele modelava a sua natureza para que ela se tornasse tão impenetrável e engenhosa, tão devota e tão difícil quanto exigido por essa tarefa. Mais tarde, a mistificação e o intricamento se incorporaram de tal maneira à sua natureza, que suas cartas se tornavam por vezes verdadeiros sistemas de parênteses — e não apenas no sentido gramatical. Cartas que, apesar de sua redação infinitamente espirituosa e versátil, recordam às vezes aquele esquema lendário: "Minha honorável e graciosa Senhora, acabo de notar que esqueci minha bengala ontem em sua casa, e peço-lhe que a entregue ao portador deste escrito. P. S. Por favor, desculpe-me pelo incômodo, acabo de encontrá-la". Como ele é inventivo em suas complicações! Tarde da noite, ele aparece na residência da princesa Clermont-Tonnerre, e diz consentir em prolongar sua visita, desde que lhe tragam de casa um medicamento. Manda então chamar o criado, e descreve-lhe longamente o bairro e a casa. Ao final, conclui: "Impossível errar. É a única janela do Boulevard Haussmann ainda iluminada". Tudo menos o número da residência. Quem tentou, numa cidade estrangeira, obter o endereço de um bordel e recebeu as informações mais pormenorizadas — tudo menos a rua e o número —, compreenderá o sentido dessa anedota (e sua relação com o amor de Proust pelo cerimonial, sua admiração por Saint-Simon e, não menos importante, seu intransigente francesismo). Não será a quintessência da experiência aprender a ouvir explicações prolixas que à primeira vista poderiam ser resumidas em poucas palavras, as quais, porém, fazem parte de um jargão regulamentado por critérios de casta e de classe, inacessíveis a estranhos. Não admira que Proust se apaixonasse pela linguagem secreta dos salões. Quando empreendeu mais tarde a impiedosa descrição do *petit clan*, dos Courvoisier, do *esprit d'Oriane*, ele já havia aprendido, no convívio com os Bibesco, a improvisar numa linguagem cifrada, na qual também nós fomos iniciados nesse meio tempo.

Nos anos de sua vida de salão, Proust não desenvolveu apenas o vício da lisonja, em grau eminente — quase diríamos teológico —, mas também o da curiosidade. Nos seus lábios havia um reflexo do sorriso que perpassa, como um fogo que se alastra, os lábios das virgens insensatas esculpidas no pórtico de algumas das catedrais que ele tanto amava. É o sorriso da curiosidade. Teria sido a curiosidade que fez dele um tão grande parodista? Saberíamos, então, o que significa, nesse caso, a palavra "parodista". Não muito. Pois, se ela pode fazer justiça à sua malícia abissal, não faz justiça ao que existe de amargo, selvagem e mordaz em suas magníficas reportagens, escritas no estilo de Balzac, Flaubert, Sainte-Beuve, Henri de Régnier, dos Goncourts, Michelets, Renans, e, por fim, do seu favorito Saint-Simon, reunidas no volume *Pastiches et mélanges*. É o mimetismo do curioso que permitiu o truque genial dessa série, o qual, no entanto, constitui simultaneamente um momento fundamental de sua obra como um todo, onde a paixão pela vida vegetativa desempenha um papel decisivo, que não pode ser suficientemente enfatizado. Ortega y Gasset foi o primeiro a chamar a atenção para a existência vegetativa dos personagens proustianos, os quais, aderindo tenazmente ao seu torrão social, determinados pelo sol do feudalismo, movidos pelo vento que sopra de Guermantes ou Méséglise, encontram-se inseparavelmente entrelaçados na floresta do seu destino. É desse círculo social que deriva o mimetismo como procedimento do romancista. Suas cognições mais exatas e mais evidentes pousam sobre seus objetos como insetos pousam sobre folhas, flores e galhos, sem traírem nada de sua presença até que um salto, uma batida de asas, um pulo, revelam ao observador assustado que uma vida própria havia se insinuado num mundo estranho, de forma incalculável e imperceptível. "A metáfora, por mais inesperada que seja", diz Pierre-Quint, "adequa-se estreitamente à noção".

O verdadeiro leitor de Proust é constantemente sacudido por pequenos sobressaltos. No mais, ele encontra na metáfora a condensação do mesmo mimetismo que o havia impressionado antes, como forma da luta pela existência, travada por este espírito entre as folhagens da sociedade.

É preciso mencionar aqui a maneira íntima e fecunda com que esses dois vícios, a curiosidade e a lisonja, se interpenetraram. Numa passagem instrutiva do seu livro, diz a princesa de Clermont-Tonnerre:

> Finalmente, é preciso dizer que Proust estudava com paixão os empregados domésticos. Seria porque um elemento que ele não encontrava em outros meios excitava aqui o seu faro, ou porque lhes invejava sua maior facilidade em observar os detalhes íntimos das coisas pelas quais ele próprio se interessava? Seja como for — os serviçais em suas várias figuras e tipos eram a sua paixão.

Nos esboços disparatados de um Jupien, de um Monsieur Aimé, de uma Céleste Albaret, a série se estende desde a personagem de Françoise, que com seus traços grosseiros e angulosos de Santa Marta parece ter saído diretamente de um livro de horas, até aqueles *grooms* e *chasseurs*, aos quais se remunera não o seu trabalho, mas o seu lazer. E talvez seja sobretudo quando o espetáculo se representa nesses mais baixos graus que ele desperta o interesse desse conhecedor de cerimônias. Quem poderá dizer quanta curiosidade servil havia na lisonja de Proust, quanta lisonja servil em sua curiosidade, e onde estavam os limites dessa cópia astuta do papel servil nas alturas da pirâmide social? Ele efetuou essa cópia, e não poderia ter agido de outro modo. Como ele mesmo confidenciou uma vez: *voir* e *désirer imiter* eram para ele uma e a mesma coisa. Maurice Barrès definiu essa atitude, ao mesmo tempo soberana e subalterna, numa das frases mais expressivas jamais formuladas acerca de Proust: "*Un poète persan dans une loge de concierge*".

Havia um elemento detetivesco na curiosidade de Proust. As dez mil pessoas da classe alta eram para ele um clã de criminosos, uma quadrilha de conspiradores, com a qual nenhuma outra poderia comparar-se: a Camorra dos consumidores. Ela exclui do seu mundo tudo aquilo que participa da produção, ou exige que ao menos essa participação se dissimule, graciosa e pudicamente, por detrás de uma gesticulação como aquela ostentada pelos perfeitos profissionais do consumo. A análise proustiana do esnobismo, muito mais importante que sua apoteose da arte, é o ponto alto de sua crítica social. Pois a atitude do esnobe não é outra coisa que a contemplação coerente, organizada e militante da vida, do ponto de vista quimicamente puro do consumidor. E como qualquer recordação alusiva às forças produtivas da natureza, por mais remota ou primitiva que fosse, precisava ser afastada dessa *feérie* satânica, a relação invertida, até mesmo no amor, era para ele mais útil que a normal. O puro consumidor, porém, é o explorador puro. Ele o é lógica e teoricamente, ele o é, em Proust, em toda a concretude de sua existência histórica atual. Concreto, porque impenetrável e difícil de situar. Proust descreve uma classe obrigada a dissimular integralmente sua base material, e que em consequência precisa imitar um feudalismo sem significação econômica, o qual, por isso mesmo, é tanto mais utilizável como máscara da grande burguesia. Esse desiludido e implacável desmistificador do eu, do amor, da moral, como o próprio Proust se via, transforma toda a sua ilimitada arte num véu destinado a encobrir o mistério único e decisivo de sua classe: o econômico. Não como se, com isso, estivesse a seu serviço. Ele está apenas à sua frente. O que ela vive começa a tornar-se compreensível graças a ele. Grande parte, porém, da grandeza dessa obra permanecerá oculta ou inexplorada até que essa classe, na luta final, tenha dado a conhecer suas características mais cortantes.

3

No século XIX, havia em Grenoble — não sei se ela ainda existe — uma hospedaria chamada *Au temps perdu*. Também em Proust somos hóspedes que, sob uma insígnia oscilante, cruzamos uma soleira além da qual a eternidade e a embriaguez estão à nossa espera. Com razão, Fernandez distinguiu, em Proust, um *thème de l'éternité* de um *thème du temps*. Mas essa eternidade não é de modo algum platônica ou utópica: ela pertence ao registro da embriaguez. Se, portanto, "o tempo revela, a todos que se aprofundam em seu fluxo, uma nova e até então desconhecida forma de eternidade", isso não significa absolutamente que com isso o indivíduo se aproxima "das regiões superiores, alcançadas, num único bater de asas, por um Platão ou um Spinoza". Não — pois embora sobrevivam, de fato, em Proust alguns traços de idealismo, não são eles que determinam a significação dessa obra. A eternidade que Proust nos faz vislumbrar não é a do tempo infinito, e sim a do tempo entrecruzado. Seu verdadeiro interesse é consagrado ao fluxo do tempo sob sua forma mais real, e por isso mesmo mais entrecruzada, que se manifesta da maneira mais direta na rememoração (internamente) e no envelhecimento (externamente). Acompanhar a interação entre envelhecimento e rememoração significa penetrar no coração do mundo proustiano, o universo do entrecruzamento. É o mundo em estado de semelhança, e nela reinam as "correspondências", captadas primeiramente pelos românticos, e do modo mais íntimo por Baudelaire, mas que Proust foi o único a incorporar em nossa vida vivida. É esta a obra da *mémoire involontaire*, da força rejuvenescedora capaz de enfrentar o implacável envelhecimento. Quando o passado se reflete no "instante", úmido de orvalho, o choque doloroso do rejuvenescimento o condensa tão irresistivelmente como a orientação de Guermantes se entrecruza, para Proust, com a orientação de Swann, quando o autor, no 13º volume, percorre uma última vez a região de Combray, e descobre o entrelaçamento dos caminhos. Num instante, a paisagem se agita como um vento. "Ah! Que le monde est grand à la clarté des lampes! Aux yeux du souvenir que le monde est petit!" Proust logrou a monstruosidade de deixar, em um instante, o mundo inteiro envelhecer em toda uma vida humana. Mas justamente essa concentração na qual se consome, com a velocidade do relâmpago, aquilo que de outra forma murcharia e se extinguiria gradualmente, chama-se rejuvenescimento. *À la recherche du temps perdu* é a tentativa interminável de galvanizar toda uma vida humana com a mais elevada presença de espírito. O procedimento de Proust não é a reflexão, mas a presentificação. Pois ele se encontra permeado pela verdade de que não temos tempo de viver os verdadeiros dramas da existência que nos é destinada. É isso que nos faz envelhecer, e nada mais. As rugas e dobras do rosto são as inscrições deixadas pelas grandes paixões, pelos vícios, pelos conhecimentos que nos falaram — enquanto nós, os proprietários, não estávamos em casa.

Dificilmente terá havido na literatura ocidental, desde os exercícios espirituais de Santo Inácio de Loyola, uma tentativa mais radical de autoimersão. Também ela tem em seu centro uma solidão que com a força do redemoinho arrasta o mundo em seu turbilhão. E a incomensurável, incompreensivelmente ruidosa e vazia tagarelice que nos arrebata nos romances de Proust é o rugido com que a sociedade se precipita no abismo dessa solidão. Daí as invectivas de Proust contra a amizade. O silêncio que reina no fundo desse poço — seus olhos são os mais silenciosos e os mais absorventes — queria ser preservado. O que parece tão irritante e caprichoso em muitas anedotas é a combinação entre uma intensidade sem precedentes da conversa e um distanciamento intransponível com relação ao interlocutor. Nunca houve ninguém que soubesse como ele mostrar-nos as coisas. Seu dedo indicador é inigualável. Mas no convívio entre amigos e no diálogo existe outro gesto: o contato. Nenhum gesto é mais alheio a Proust. Tampouco pode ele, por nada neste mundo, tocar o seu leitor. Se quiséssemos ordenar a literatura em torno dessa polaridade — a que mostra, e a que toca —, a obra de Proust estaria no centro da primeira, e a de Péguy, no da segunda. No fundo, é isto o que Fernandez compreendeu perfeitamente: "a profundidade, ou antes, a penetração, está sempre do seu lado, nunca do lado do interlocutor". Essa característica aparece em sua obra crítica com um toque de cinismo e virtuosismo. O mais importante documento dessa crítica é um ensaio, concebido no ponto mais alto de sua glória e no ponto mais baixo de sua vida — no leito de morte: *À propos de Baudelaire*. É um texto jesuítico no consentimento com seus próprios sofrimentos, desmedido na tagarelice de quem repousa, assustador na indiferença do condenado à morte, que quer aqui falar mais uma vez, não importando o tema. O que aqui o inspirava em face da morte determina-o também no convívio com os contemporâneos: uma alternância tão dura e cortante entre sarcasmo e ternura, ternura e sarcasmo, que seu objeto, exausto, corre o risco de ser aniquilado.

As características estimulantes e instáveis do homem comunicam-se ao próprio leitor de suas obras. Basta pensar na cadeia infinita dos *soit* que descrevendo uma ação, de maneira exaustiva e deprimente, à luz dos incontáveis motivos que poderiam tê-la determinado. E, no entanto, nessa fuga paratática, vem à tona um ponto em que se condensam numa só coisa a fraqueza de Proust e seu gênio: a renúncia intelectual, o ceticismo experiente que ele opunha às coisas. Ele veio depois das arrogantes interioridades românticas, e estava decidido, como disse Jacques Rivière, a negar totalmente a fé às *sirènes intérieures*. "Proust aborda a vivência sem o menor interesse metafísico, sem a menor tendência construtivista, sem a menor inclinação consoladora." Nada mais verdadeiro. E, com isso, também a estrutura fundamental dessa obra, cujo caráter planejado Proust não se cansava de realçar, nada tinha de construída. Planejada, porém, ela é como o desenho das linhas de nossas mãos ou o ordenamento dos estames no cálice de uma flor. Proust, essa velha criança, profundamente fatigado, deixou-se cair no seio da natureza, não para sugar seu leite, mas para sonhar, embalado nas batidas de seu coração. É assim, em sua fraqueza, que precisamos vê-lo, para compreender a maneira feliz com que Jacques Rivière procurou interpretá-lo, a partir dessa fraqueza: "Marcel Proust morreu da mesma inexperiência que lhe permitiu escrever sua obra. Morreu por ser estranho ao mundo, e por não ter sabido alterar as condições de vida que para ele se tinham tornado aniquiladoras. Morreu porque não sabia como se acende um fogo, como se abre uma janela". E, é claro, de sua asma nervosa.

Os médicos ficaram impotentes diante dessa doença. O mesmo não ocorreu com o romancista, que a colocou deliberadamente a seu serviço. Para começarmos com os aspectos exteriores, ele foi um regente magistral de sua enfermidade. Durante meses, com uma ironia devastadora, ele associou a imagem de um admirador, que lhe enviava flores, com seu aroma, para ele insuportável. Alarmava seus amigos com os ritmos e alternâncias de sua doença, que temiam e aguardavam o momento em que o escritor aparecia subitamente no salão, depois da meia-noite — *brisé de fatigue* e somente por cinco minutos, como ele anunciava —, para então permanecer até o romper do dia, cansado demais para levantar-se, cansado demais para interromper seu discurso. Mesmo em sua correspondência não deixa jamais de tirar do seu mal os efeitos mais inesperados. "O ruído de minha respiração abafa o da minha pena, e o de um banho, no andar de baixo." Mas isso não é tudo. O importante não é, tampouco, que sua doença o privasse da vida mundana. Essa asma penetrou em sua arte, se é que sua arte não a tenha criado. Sua sintaxe imita o ritmo desse seu temor ante a asfixia. E sua reflexão irônica, filosófica, didática, é sempre a sua maneira de recobrar o fôlego quando se liberta dos demônios de suas rememorações. Num nível mais amplo, porém, era a morte — que ele tinha constantemente presente, sobretudo quando escrevia — a crise ameaçadora, sufocante. É sob essa forma que a morte o confrontava, muito antes que sua enfermidade assumisse um aspecto crítico.

Mas não como fantasia hipocondríaca, e sim como uma *réalité nouvelle*, aquela nova realidade da qual os sinais do envelhecimento constituem os reflexos sobre as coisas e sobre os homens. Uma estilística fisiológica nos levaria ao centro de sua criação. Em vista da tenacidade especial com que as recordações são preservadas no olfato (e de modo algum odores na recordação!), não podemos considerar acidental a sensibilidade de Proust aos odores. Sem dúvida, a maioria das recordações que buscamos aparecem à nossa frente sob a forma de imagens visuais. Mesmo as formações espontâneas da *mémoire involontaire* são ainda imagens visuais, em grande parte isoladas, apesar do caráter enigmático da sua presença. Mas, justamente por isso, se quisermos captar com pleno conhecimento de causa a vibração mais íntima dessa literatura, temos que mergulhar numa camada especial dessa memória involuntária, a mais profunda, na qual os momentos da recordação anunciam-nos, não mais isoladamente, com imagens, mas desformes, não visuais, indefinidos e densos, um todo, como o peso da rede anuncia sua pesca ao pescador. O odor é o sentido do peso daquele que lança suas redes no oceano do *temps perdu*. E suas frases são a totalidade do jogo muscular do corpo inteligível, contêm todo o esforço indizível necessário para erguer o que foi capturado.

No mais: a circunstância de que jamais haja irrompido em Proust aquele heroico "apesar de tudo", com o qual os demais homens criadores se levantam contra seu sofrimento, mostra com clareza inigualável como foi íntima a simbiose entre essa criação determinada e esse sofrimento determinado. Por outro lado, podemos dizer que uma cumplicidade tão funda com o curso do mundo e com a existência, como foi o caso de Proust, teria fatalmente conduzido a uma autocomplacência banal e indolente se sua base fosse outra que esse sofrimento intenso e incessante. Mas esse sofrimento estava destinado a encontrar seu lugar no grande processo da obra, graças a um furor sem desejos e sem remorsos. Pela segunda vez, ergueu-se um andaime como o de Michelangelo, sobre o qual o artista, com a cabeça inclinada, pintava a criação do mundo no teto da capela Sistina: o leito de enfermo, no qual Marcel Proust cobriu com sua letra as incontáveis páginas que ele dedicou à criação de seu microcosmo.

1929

ROBERT WALSER

Podemos ler muitas coisas de Robert Walser, mas nada sobre ele. Pois nada sabemos sobre os poucos dentre nós capazes de tratar as obras populares como elas devem ser tratadas: não como aqueles indivíduos arrogantes e desprezíveis que pretendem enobrecê-las, "elevando-as" até o seu nível, mas como quem explora sua modesta disponibilidade, para dela extrair elementos vivificantes e purificadores. Pois somente poucos suspeitam do significado dessa "pequena forma", como a chamou Alfred Polgar, e veem quantas esperanças, voando, como mariposas, dos píncaros orgulhosos da chamada grande literatura, se refugiam nessa flor humilde. E os outros não desconfiam absolutamente de quanto devem a um Polgar, a um Hessel, a um Walser, com suas flores tenras ou espinhosas brotando na desolação das folhagens. Robert Walser seria mesmo o último a despertar seu interesse. Pois os primeiros impulsos do seu medíocre conhecimento acadêmico, o único de que dispõem em questões literárias, aconselham-nos a ater-se, naquilo que eles eles denominam nulidade do conteúdo, sem grandes riscos, à forma "cultivada", "nobre". E assim ocorre, justamente em Robert Walser, já a princípio, uma negligência insólita, difícil de descrever. Que em Walser a nulidade tem um peso, e a inconsistência, tenacidade, isto é revelado apenas ao final do exame de sua obra.

Esse exame não é fácil. Pois, enquanto estamos habituados a estudar os enigmas do estilo a partir de obras de arte mais ou menos estruturadas

e intencionais, encontramo-nos aqui diante de uma selva linguística —
ao menos aparentemente — desprovida de toda intenção e, no entanto,
atraente e até fascinante, uma obra displicente que exibe todas as formas,
da graça à amargura. Dissemos "aparentemente". Muito se disputou sobre a realidade dessa ausência de intenção. Mas essa é uma disputa de
surdos, o que se torna evidente quando pensamos na confissão de Walser de que ele jamais corrigiu uma única linha nos seus escritos. Certamente não é preciso dar crédito a essa afirmação, mas talvez fosse útil
fazê-lo. Porque nos tranquilizaríamos com a descoberta de que escrever
e jamais corrigir o que foi escrito constitui a mais completa interpenetração de uma extrema ausência de intenção e de uma intencionalidade
suprema.

Bem. Mas isso certamente não nos impede de investigar as razões
dessa negligência. Ela contém todas as formas, como já foi dito. Acres-
centamos agora: exceto uma única, a mais comum, para a qual só importa o conteúdo, e nada mais. Para Walser, o *como* do trabalho é tão
importante, que para ele tudo o que tem a dizer recua totalmente diante
da significação da escrita em si mesma. Podemos dizer que o conteúdo
desaparece no ato de escrever. Isto requer explicação. E com isso encontramos nesse autor algo de eminentemente suíço: o pudor. Conta-
-se que Arnold Böcklin, seu filho Carlo e Gottfried Keller estavam um
dia sentados num café, como acontecia habitualmente. A mesa por eles
frequentada já era havia tempos conhecida pelo laconismo dos seus
ocupantes. Também dessa vez os companheiros sentavam-se em silêncio. Depois de muito tempo, o jovem Böcklin observa: "Está quente", e
depois de um quarto de hora o pai comenta: "E não há vento". Keller,
por sua vez, espera mais algum tempo e levanta-se, dizendo: "Não posso beber com esses tagarelas". A característica de Walser, ilustrada por
essa anedota excêntrica, é justamente esse pudor linguístico, tipicamen-
te camponês. Assim que começa a escrever, é tomado pelo desespero.
Tudo parece-lhe perdido, uma catadupa de palavras irrompe, na qual
cada frase tem como única função fazer com que a anterior seja esque-
cida. Quando, num trecho virtuoso, transforma em prosa o monólogo:
"Por essa rua de arcadas ele deve chegar", Walser começa com as palavras clássicas: "Por essa rua de arcadas"; mas em seguida é assaltado pelo

pânico, sente-se inseguro, pequeno, perdido, e continua: "Por essa rua de arcadas, creio, ele deve chegar".

Certamente havia aí algo desse tipo. Essa inépcia tão artística e tão pudica no manejo da linguagem é o patrimônio dos histriões. Se Polonius, o protótipo da tagarelice, é um malabarista, Walser, por outro lado, adorna-se baquicamente com guirlandas linguísticas que provocam sua queda. A guirlanda é, de fato, o símbolo das suas sentenças. Mas o pensamento que cambaleia em meio a elas é um vadio, um vagabundo e um gênio, como os heróis da prosa de Walser. De resto, ele só consegue descrever "heróis", não sabe se livrar dos personagens principais, e deixou de fazê-lo em seus três primeiros romances, para consagrar-se, desde então, única e exclusivamente a descrever as confrarias, com suas centenas de vagabundos favoritos.

Como se sabe, existem na literatura de língua alemã algumas grandes versões do herói fanfarrão, imprestável, preguiçoso e corrupto. Um mestre na construção de tais personagens, Knut Hamsun, foi aclamado apenas recentemente. Outros exemplos são Eichendorff, com seu *Taugenichts* (*O homem que não servia para nada*), e Hebel, com seu *Zundelfrieder*. Como se comportam nessa companhia os personagens de Walser? E de onde vêm eles? Sabemos de onde vem o "homem que não servia para nada". Ele vem dos bosques e vales da Alemanha romântica. O *Zundelfrieder* vem da rebelde pequena burguesia esclarecida das cidades renanas, na virada do século. Os personagens de Hamsun vêm do mundo primitivo dos *fjords* — são pessoas que se tornam andarilhos por nostalgia. E os de Walser? Talvez das montanhas de Glarner? Dos prados de Appenzel, onde nasceu? Não. Eles vêm da noite, quando ela está mais escura, uma noite veneziana, se se quiser, iluminada pelos precários lampiões da esperança, com um certo brilho festivo no olhar, mas perturbados e tristes a ponto de chorar. Seu choro é prosa. Pois o soluçar é a melodia da tagarelice de Walser. O soluço revela-nos de onde vêm os seus amores. Eles vêm da loucura, e de nenhum outro lugar. São personagens que têm a loucura atrás de si, e que por isso permanecem numa superficialidade tão despedaçadora, tão absolutamente desumana, tão imperturbável. Podemos resumir numa palavra tudo o que neles há de alegre e inquietante: *todos eles estão curados*. Mas não compreenderemos jamais como se processou essa cura, a menos que nos aventuremos em seu *Branca de Neve* — uma das mais profundas criações da literatura moderna —, o que por si só bastaria para entendermos por que Walser, aparentemente o mais brincalhão dos escritores, foi um dos autores favoritos do implacável Franz Kafka.

Todos percebem que essas histórias são extraordinariamente ternas. Mas nem todos percebem que elas não são movidas pela tensão nervosa da decadência, e sim pelo estado de espírito puro e ativo da vida convalescente. "Assusta-me a ideia de ter sucesso na vida", diz Walser, parafraseando o diálogo de Franz Moor. Todos os seus heróis partilham esse horror. Mas por quê? Não por desprezo pelo mundo, ressentimento moral ou *pathos*, mas por razões inteiramente epicuristas. Eles querem desfrutar a si mesmos. Nisso, têm uma habilidade incontestável. E também uma nobreza incontestável. E um direito incontestável. Pois ninguém desfruta tão intensamente como o convalescente. Tudo o que é orgiástico lhe é alheio: o fluxo do seu sangue renovado ressoa-lhe no murmúrio dos riachos, e sua respiração mais vigorosa no farfalhar das árvores. Os personagens de Walser partilham essa nobreza infantil com os personagens dos contos de fadas, que também irrompem da noite e da loucura — do mito. Costuma-se dizer que um despertar semelhante ocorreu nas religiões positivas. Se é esse o caso, o fenômeno não se deu de forma simples e inequívoca, como ocorreu no grande confronto profano com o mito que é o conto de fadas. Naturalmente, os personagens desses contos não são simplesmente semelhantes aos de Walser. Eles ainda lutam para libertar-se do sofrimento. Walser começa onde os contos de fadas terminam. "E se não morreram, vivem ainda hoje." Walser mostra *como* eles vivem. Suas criações, e com isso quero terminar como ele começa, são narrativas, ensaios, poesias, pequenos textos de prosa, e coisas semelhantes.

1929

A CRISE DO ROMANCE
SOBRE *BERLIN ALEXANDERPLATZ*, DE DÖBLIN[1]

No sentido da poesia épica, a existência é um mar. Não há nada mais épico que o mar. Naturalmente, podemos relacionar-nos com o mar de diferentes formas. Pode-se, por exemplo, deitar na praia, ouvir as ondas e recolher as conchas por elas deixadas na areia. É o que faz o poeta épico. Mas também se pode navegar o mar. Com muitos objetivos, e sem objetivo nenhum. Pode-se fazer uma travessia marítima e cruzar o céu e o mar, sem terra à vista. É o que faz o romancista. Ele é efetivamente o mudo, o solitário. O homem épico limita-se ao repouso. No poema épico, o povo repousa após o dia de trabalho: escuta, sonha e recolhe. O romancista segregou-se do povo e de suas atividades. A matriz do romance é o indivíduo em sua solidão, que não pode mais falar exemplarmente sobre suas preocupações, a quem ninguém pode dar conselhos, e que não sabe dar conselhos a ninguém. Escrever um romance significa levar, na descrição da existência humana, o incomensurável ao paroxismo. O que separa o romance da verdadeira epopeia pode ser sentido por qualquer um que pense na obra de Homero ou Dante. A tradição oral, patrimônio da epopeia, nada tem em comum com o que constitui a substância do romance. O que distingue o romance de todas as outras formas de prosa — contos de fadas,

---

1- Döblin, Alfred. *Berlin Alexanderplatz. Die Geschichte von Franz Biberkopf.* Berlim: S. Fischer Verlag, 1929. 530 p.

sagas, provérbios, farsas — é que ele nem provém da tradição oral, nem nela penetra. Essa característica o distingue, porém, sobretudo da narrativa, que representa, na prosa, o espírito épico em toda a sua pureza. Nada contribui mais para a perigosa mudez do homem interior, nada mata mais radicalmente o espírito da narrativa do que o espaço cada vez maior e cada vez mais impudente que a leitura dos romances ocupa em nossa existência. É, portanto, a voz do narrador nato que, insurgindo-se contra o romancista, se faz ouvir: "Não quero, tampouco, falar de quão útil considero liberar do livro o elemento épico... útil sobretudo no que diz respeito à linguagem. O livro é a morte das linguagens autênticas. O poeta épico que se limita a escrever não dispõe das forças linguísticas mais importantes e mais constitutivas". Flaubert não teria falado assim. Essa tese é de Döblin. Ele a expôs pormenorizadamente no primeiro anuário da Seção de Poesia da Academia Prussiana das Artes, e sua *Construção da obra épica* é uma contribuição magistral e bem documentada para a compreensão da crise do romance, que se institui com a restauração da poesia épica e que encontramos em toda parte, inclusive no drama. Quem refletir sobre essa palestra de Döblin não precisará mais ater-se aos indícios externos dessa crise, que se manifesta no fortalecimento da radicalidade épica. Não se surpreenderá mais com a avalancha de romances biográficos e históricos. Como teórico, Döblin, longe de se resignar com essa crise, antecipa-se a ela e a transforma em coisa sua. Seu último livro mostra que em sua produção a teoria e a prática coincidem.

Não há, porém, nada mais instrutivo que comparar essa atitude de Döblin com a atitude igualmente soberana, igualmente concretizada com valentia na prática, igualmente precisa e, no entanto, em tudo oposta à primeira, que se manifesta no *Diário dos moedeiros falsos*, recentemente publicado por André Gide. A situação atual da épica exprime-se com toda a nitidez na oposição dessas duas inteligências críticas. Nesse comentário autobiográfico sobre seu último romance, Gide desenvolve a teoria do *"roman pur"*. Com o máximo de sutileza, descarta ali toda narrativa simples, combinada de forma linear (características épicas de primeira ordem), em benefício de procedimentos mais intelectualizados, puramente romanescos (o que também significa, no caso, românticos). A postura dos personagens com relação à ação, a postura do autor com relação a eles e à sua técnica, tudo isso deve tornar-se parte integrante do próprio romance. Em suma, esse *"roman pur"* é interioridade pura, não conhece a dimensão externa e constitui, nesse sentido, a antítese mais completa da atitude épica pura, representada pela narrativa. O ideal gideano do romance — em oposição ao de Döblin — é o romance *escritural* puro. As posições de Flaubert são defendidas aqui talvez pela última vez. Não admira, portanto, que a palestra de Döblin represente a reação mais extrema a esse ponto de vista. "Talvez os senhores se assombrem, se eu lhes disser que aconselho os autores a serem decididamente líricos, dramáticos, e mesmo reflexivos, em seu trabalho épico. Mas insisto nisso."

A perplexidade de muitos leitores desse novo livro mostra como essa insistência foi tenaz. É verdade que raramente se havia narrado nesse estilo, raramente a serenidade do leitor fora perturbada por ondas tão altas de acontecimentos e reflexões, raramente ele fora assim encharcado até os ossos pela espuma da linguagem verdadeiramente falada. Mas não é necessário usar por isso expressões artificiais, falar de *"dialogue intérieur"* ou aludir a Joyce. Na realidade, trata-se de uma coisa inteiramente diferente. O princípio estilístico do livro é a montagem. Material impresso de origem pequeno-burguesa, histórias escandalosas, acidentes, sensações de 1928, canções populares e anúncios enxameiam nesse texto. A montagem faz explodir o "romance", estrutural e estilisticamente, e abre novas possibilidades, de caráter eminentemente épico. Principalmente na forma. O material da montagem está longe de ser arbitrário. A verdadeira montagem baseia-se no documento. Em sua luta fanática contra a obra de arte, o dadaísmo aliou-se à vida cotidiana por meio da montagem. Ele foi o primeiro a proclamar, ainda que de forma insegura, a hegemonia exclusiva do autêntico. Em seus melhores momentos, o cinema esforçava-se por habituar-nos à montagem. Agora, ela tornou-se pela primeira vez utilizável para a literatura épica. Os versos bíblicos, as estatísticas, os textos publicitários são usados por Döblin para conferir autoridade à ação épica. Eles correspondem aos versos estereotipados da antiga epopeia.

Tão densa é essa montagem que o autor, esmagado por ela, mal consegue tomar a palavra. Ele reservou para si a organização dos capítulos, no estilo das narrações populares; quanto ao resto, não tem pressa em fazer-se ouvir. (Mas ele irá ainda manifestar-se.) É impressionante por quanto tempo ele acompanha seus personagens, antes de arriscar-se a fazê-los falar. Como é apropriado ao poeta épico, ele aborda as coisas com grande lentidão. Tudo o que acontece, mesmo o mais repentino, parece preparado há muito tempo. Inspira-o, porém, nessa atitude, o próprio espírito do dialeto berlinense. O ritmo do seu movimento é vagaroso. Pois o berlinense fala como conhecedor, com amor pelo modo de falar. Ele degusta o que diz. Quando insulta, zomba ou ameaça, ele toma algum tempo para fazê-lo, como ao café da manhã. Glassbrenner acentuou as qualidades dramáticas do dialeto berlinense. Aqui ele é sondado em suas profundidades épicas; o pequeno navio da vida de Franz Biberkopf tem uma carga pesada, mas não corre o risco de encalhar. O livro é um monumento a Berlim, porque o narrador não se preocupou em cortejar a cidade com o sentimentalismo de quem celebra a terra natal. Ele fala a partir da cidade. Berlim é seu megafone. Seu dialeto é uma das forças que se voltam contra o caráter fechado do velho romance. Pois esse livro nada tem de fechado. Ele tem sua moral, que afeta até mesmo os berlinenses. (O *Abraham Tonelli*, de Tieck, já havia mostrado em ação "o focinho berlinense",[2] mas ninguém tinha ousado ainda curá-lo.)

Vale a pena acompanhar essa cura em Franz Biberkopf. O que se passa com ele? — Ou antes: por que o livro se chama *Berlin Alexanderplatz*, enquanto *A história de Franz Biberkopf* só aparece como subtítulo? O que é, em Berlim, o Alexanderplatz? É o lugar onde se dão, nos últimos dois anos, as mais violentas transformações, onde guindastes e escavadeiras trabalham incessantemente, onde o solo estremece com o impacto dessas máquinas, com as colunas de automóveis e com o rugido dos trens subterrâneos, onde se escancaram, mais profundamente que em qualquer outro lugar, as vísceras da grande cidade, onde se abrem à luz do dia os pátios dos fundos em torno da praça Georgenkirch, e onde se preservaram mais silenciosamente que em outras partes da cidade, nos labirintos em torno da Marsiliusstrasse (onde as secretárias da Polícia

---

2- A *berliner Schnauze* designa o estilo de falar do berlinense: irreverente, rápido na réplica e ocasionalmente agressivo. (N. T.)

dos Estrangeiros estão alojadas em cortiços) e em torno da Kaiserstrasse (onde as prostitutas praticam, à noite, suas rondas imemoriais), remanescentes intactos da última década do século passado. Não é um bairro industrial, e sim predominantemente comercial, habitado pela pequena burguesia. No meio de tudo isso, o seu negativo sociológico: os marginais, reforçados pelos contingentes de desempregados. Biberkopf é um deles. Desempregado, ele deixa a prisão de Tegel, mantém-se honesto durante algum tempo, abre alguns negócios em certas esquinas, renuncia à vida respeitável, e torna-se membro de uma quadrilha. O raio do círculo mágico em que se move essa existência, traçado em torno da praça, é de no máximo mil metros. Alexanderplatz rege sua existência. Um regente cruel, se se quiser. E soberano. Pois o leitor se esquece de tudo em torno e fora dele, aprende a sentir sua existência nesse espaço, e descobre o quão pouco se sabia a seu respeito. Tudo é muito diferente do que imaginava o leitor ao tirar esse livro da estante. Ele não tem absolutamente o sabor de um "romance social". Ninguém aqui dorme ao ar livre. Todos os personagens têm um quarto. Não se encontra, tampouco, nenhum deles à procura de um quarto. Até mesmo o primeiro parece ter perdido seus temores pela Alexanderplatz. Sem dúvida, toda essa gente é miserável. Mas é em seus quartos que ela é miserável. Que é isso? Como é que isso foi ocorrer?

Isso significa duas coisas. Uma grande, e outra restritiva. Algo de grande: a miséria não é, de fato, como o pequeno Moritz a imagina. Pelo menos a miséria real, em contraste com a miséria temida. Não apenas as pessoas, mas também a pobreza e o desespero precisam adaptar-se às circunstâncias, precisam dar um jeito para "se virar". Também os seus agentes, o amor e o álcool, revoltam-se frequentemente. E não há nada de tão grave com que não possamos conviver durante algum tempo. Nesse livro, a miséria ostenta seu lado jovial. Ela senta-se com os homens à mesma mesa, sem que com isso se interrompa a conversa; eles ajeitam-se em suas cadeiras e não param de usufruir a refeição. É esta uma verdade ignorada pela nova subliteratura naturalista. Por isso, foi necessário o advento de um grande narrador para reafirmá-la. Diz-se que Lenin odiava apenas uma coisa de maneira mais fanática que a miséria: compactuar com a miséria. Essa atitude, com efeito, é de certo modo burguesa; não somente no sentido mesquinho do desleixo, mas no sentido maior da sabedoria. Nesse sentido, a história de Döblin é burguesa numa acepção muito mais restritiva que se considerássemos apenas sua tendência e sua intenção: ela é burguesa por sua origem. O que vem à tona novamente nesse livro, de modo fascinante e com uma força incomparável, é o grande encantamento de Charles Dickens, em cuja obra os burgueses e os criminosos coexistem em grande harmonia, porque seus interesses (embora opostos) se situam no mesmo mundo. O mundo desses marginais é homogêneo ao mundo burguês; a trajetória de Franz Biberkopf, de proxeneta a pequeno-burguês, descreve apenas uma metamorfose heroica da consciência burguesa.

Poderíamos responder à teoria do *"roman pur"* dizendo que o romance é como o mar. Sua única pureza está no sal. Qual é, então, o sal desse livro? Acontece, porém, com o sal épico o mesmo que com o sal mineral: ele torna mais duráveis as coisas às quais se mescla. E a durabilidade é um critério da literatura épica, num sentido inteiramente distinto da durabilidade que caracteriza os demais gêneros literários. E não se trata de uma duração no tempo, e sim no leitor. O verdadeiro leitor lê uma obra épica para "conservar". E, sem dúvida, ele conserva duas coisas desse livro: o episódio do braço e o de Mieze. Por que Franz Biberkopf é jogado debaixo de um carro, perdendo um braço? E por que lhe tiram a namorada e a matam? A resposta está já na segunda página do livro. "Porque ele exige da vida mais do que um pão com manteiga." Nesse caso, não exige refeições abundantes, dinheiro ou mulheres, mas algo muito pior. Seu "grande focinho" fareja uma coisa mais desforme. Ele é consumido por uma fome — a do destino. Nada mais. Esse homem precisa pintar o diabo na parede, *al fresco*, sempre de novo; não admira, portanto, que sempre de novo o diabo apareça, querendo buscá-lo. Como essa fome de destino é saciada, saciada por toda a vida, cedendo lugar à satisfação com o sanduíche, e como o marginal se transforma num sábio — é esse o itinerário de sua vida. No fim, Franz Biberkopf se converte num homem sem destino, "esperto", como dizem os berlinenses. Döblin descreveu esse amadurecimento de Franz com um grande e inesquecível gesto artístico. Assim como durante o *Bar Mitzvá* os judeus revelam à criança o seu segundo nome, até então secreto, Döblin dá a Biberkopf um segundo prenome. Ele se chama, dali em diante, Franz Karl. Ao mesmo tempo, acontece algo de muito estranho com esse Franz Karl, que se tornou ajudante de porteiro numa fábrica. E não podemos jurar que Döblin tenha notado isso, embora conhecesse seu herói tão intimamente. Pois, neste momento, Franz Biberkopf deixa de ser exemplar e ascende, em vida, ao céu dos personagens romanescos. A esperança e a recordação o consolarão, doravante, nesse céu, seu cubículo de porteiro, quanto a seu fracasso. Mas nós não o visitaremos nesse cubículo. Pois é essa justamente a lei da forma romanesca: no momento em que o herói consegue ajudar-se, sua existência não pode mais ajudar-nos. E se é certo que essa verdade vem à luz, em sua forma mais grandiosa e mais implacável, na *Education sentimentale*, então a história de Franz Biberkopf é a *Education sentimentale* do marginal. O estágio mais extremo, mais vertiginoso, mais definitivo, mais avançado, do velho "romance de formação" burguês.

1930

TEORIAS DO FASCISMO ALEMÃO

SOBRE A COLETÂNEA *GUERRA E GUERREIROS,*
EDITADA POR ERNST JÜNGER[1]

Léon Daudet, filho de Alphonse, ele próprio um escritor importante, líder do Partido Monarquista francês, publicou certa vez em sua *Action Française* um relato sobre o Salão do Automóvel, o qual, embora talvez não nessas palavras, resultava na seguinte equação: *"L'automobile c'est la guerre"*. O que estava na raiz dessa surpreendente associação de ideias era a noção de uma aceleração dos instrumentos técnicos, seus ritmos, suas fontes de energia etc., que não encontram em nossa vida privada nenhuma utilização completa e adequada e, no entanto, lutam por justificar-se. Eles justificam-se, renunciando a todas as interações harmônicas, pela guerra, que prova, com suas devastações, que a realidade social não estava madura para transformar a técnica em seu órgão, e que a técnica não era suficientemente forte para dominar as forças elementares da sociedade. Pode-se afirmar, sem qualquer pretensão de incluir nessa explicação suas causas econômicas, que a guerra imperialista é codeterminada, justamente no que ela tem de mais duro e de mais fatídico, pela discrepância abissal entre os meios gigantescos de que dispõe a técnica, por um lado, e seu débil esclarecimento em questões morais, por outro. De fato, segundo sua própria natureza econômica, a sociedade

---

1- Jünger, Ernst (org.). *Krieg und Krieger.* Berlim: Junker und Dünnhaupt Vlg., 1930. 204 p.

burguesa não pode deixar de isolar, na medida do possível, a dimensão técnica da chamada dimensão espiritual, nem tampouco pode deixar de excluir as ideias técnicas de qualquer direito de codeterminação na ordem social. Cada guerra que se anuncia é ao mesmo tempo uma revolta da técnica. Pareceria inútil recordar aos autores da coletânea que essas reflexões, e outras semelhantes, permeiam hoje em dia todas as questões relativas à guerra, que estas sejam questões da guerra imperialista, pois todos eles foram soldados da guerra mundial, e, por mais que possamos polemizar com eles em outros temas, num ponto não pode haver controvérsia: todos eles partem da experiência da guerra mundial. Donde nossa surpresa em encontrar, já na primeira página, a afirmação de que "a questão de saber em que século se luta, por que ideias e com que armas, desempenha um papel secundário". E o mais espantoso de tudo isso é que Ernst Jünger adere com essa afirmação a um dos princípios fundamentais do pacifismo — de todos o mais questionável e abstrato. Mas o que está por trás de sua atitude e da de seus companheiros não é tanto um lugar-comum doutrinário, mas um misticismo enraizado, que, segundo todos os critérios de um pensamento másculo, não pode deixar de ser considerado profundamente corrupto. Seu misticismo bélico e o ideal estereotipado do pacifismo são, portanto, equivalentes. Não obstante, hoje em dia, mesmo o pacifismo mais tísico é superior num ponto a seu irmão espumando em crises epilépticas, a saber: certas ligações com o real, inclusive uma concepção da próxima guerra.

Os autores falam com prazer e ênfase da "primeira guerra mundial". Mas a obtusidade com que formulam o conceito de guerras futuras, sem circunscrevê-lo com qualquer ideia, mostra o quão pouco sua experiência logrou em absorver as realidades da guerra de 1914, da qual costumam falar, com os mais bizarros exageros, como de uma guerra "de alcance planetário". Esses pioneiros da *Wehrmacht* quase levam a crer que o uniforme é para eles um objetivo supremo, almejado com todas as fibras de seus corações, em comparação ao qual as circunstâncias em que o uniforme poderia ser utilizado perdem muito de sua importância. Essa atitude se torna mais inteligível quando se considera como a ideologia guerreira representada na coletânea está ultrapassada pelo desenvolvimento armamentista europeu. Os autores omitiram completamente o fato de que a batalha de material, na qual alguns deles vislumbram a mais alta revelação da existência, coloca fora de circulação os miseráveis emblemas do heroísmo, que ocasionalmente sobreviveram à grande guerra. A utilização de gases na batalha, pela qual os colaboradores do livro demonstram tão pouco interesse, promete dar à guerra futura um aspecto esportivo que superará as categorias militares e colocará as ações guerreiras, em seu conjunto, sob o signo do recorde. Pois a sua característica estratégica mais evidente é ser, da forma mais simples e radical, uma guerra ofensiva. Contra ataques aéreos por meio de gases não existe, ao que se sabe, nenhuma defesa eficaz. Mesmo as medidas individuais de segurança, como as máscaras de gás, são impotentes contra o gás mostarda e a levisita. De vez em quando ouvimos "notícias tranquilizadoras", como a descoberta de aparelhos de escuta ultrasensíveis, capazes de registrar a grandes distâncias o ronco das hélices. Mas, alguns meses depois, anuncia-se a descoberta de um avião silencioso. A guerra de gases basear-se-á em recordes de destruição, com riscos elevados até ao absurdo. Se o início da guerra se dará no contexto das normas do direito internacional — após uma declaração de guerra prévia — é discutível; em todo caso, seu fim não estará condicionado a limitações desse gênero. Com a distinção entre a população civil e combatente, a qual é sabidamente suspensa na guerra de gases, desaba o mais importante fundamento do direito internacional. A última guerra já demonstrou como a desorganização que a guerra imperialista traz consigo ameaça torná-la interminável.

É mais que uma curiosidade, é um sintoma, que um texto de 1930, dedicado "à guerra e aos guerreiros", omita todas essas questões. Sintoma de um entusiasmo pubertário que desemboca num culto, numa apoteose da guerra, cujos principais profetas são aqui von Schramm e Günther. Essa nova teoria da guerra, que traz escrita na testa sua origem na mais furiosa decadência, não é outra coisa que uma desinibida transposição das teses do *l'art pour l'art* para a guerra. Mas, se essa doutrina, já em seu solo original, possuía a tendência de tornar-se um escárnio na boca dos seus adeptos médios, nessa nova fase suas perspectivas são vergonhosas. Imaginemos um combatente da batalha do Marne ou um daqueles que se encontravam às portas de Verdun lendo frases desse tipo: "Conduzimos a guerra segundo princípios altamente impuros", ou "Tornou-se cada vez mais raro o combate efetivo de homem a homem e tropa contra tropa", ou "Muitas vezes os oficiais da linha de frente conduziram a guerra evidentemente sem qualquer estilo", ou "Com a incorporação das massas no corpo dos oficiais e dos suboficiais, do sangue inferior, da mentalidade prática e burguesa, em suma, do homem comum, os elementos eternamente aristocráticos da atividade militar foram sendo progressivamente abolidos". Impossível usar tons mais equivocados, colocar no papel ideias mais inábeis, articular palavras mais desprovidas de tato. Mas a culpa do insucesso dos autores justamente nesse ponto — apesar de todos os seus discursos sobre elementos eternos e originários — está na pressa tão pouco aristocrática, inteiramente jornalística, com que tentam se apropriar da atualidade sem terem compreendido o ocorrido. É verdade que existiram na guerra elementos de culto. As comunidades teocráticas os conheceram. Seria tão insensato querer trazer à luz do dia esses elementos submersos, erguendo-os pela cauda da guerra, como seria desagradável para esses guerreiros, em sua fuga de ideias, descobrir o quão longe um filósofo judeu, Erich Unger, percorreu o caminho que eles em vão procuram, o quanto as suas conclusões, obtidas, de modo em parte problemático, a partir de dados concretos da história judaica, reduzem a nada os sangrentos esquemas evocados no livro. Mas formular algo com clareza, chamar as coisas efetivamente pelo nome, está fora do alcance dos autores. A guerra

> escapa daquela economia exercida pelo entendimento; em sua razão há algo de sobre-humano, desmedido, gigantesco, algo que lembra um processo vulcânico, uma erupção elementar..., uma onda colossal de vida, dirigida por uma força profundamente dolorosa, coercitiva, unitária, transbordando sobre campos de batalha, que hoje já se tornam míticos, canalizada para tarefas que ultrapassam largamente os limites do que hoje pode ser compreendido.

Prolixo como um noivo que não sabe abraçar sua amada. No fundo, todos esses autores abraçam mal o pensamento. Precisamos levá-lo até eles repetidamente, e é o que fazemos com esta resenha.

Ei-lo, portanto: a guerra — tanto a "eterna", de que tanto se fala aqui, como a última — seria a mais alta expressão da nação alemã. A essa altura, já deve ter ficado claro que por detrás da guerra eterna há a ideia da guerra ritual e, por detrás da última, a ideia da guerra técnica, e também o quão pouco lograram os autores em esclarecer essas relações. Mas esta última guerra tem uma característica especial. Ela não foi somente a guerra das batalhas de material, foi também a guerra perdida. E, com isso, num sentido muito particular, a guerra alemã. Também outros povos podem afirmar de si que lutaram a guerra a partir da sua substância mais íntima. Mas não que a perderam a partir da sua substância mais íntima. O que há de singular nesta última fase do confronto com a guerra perdida, que desde 1919 convulsiona a Alemanha tão severamente, é que é justamente a derrota que é mobilizada pela germanidade. Podemos falar em última fase porque as tentativas de superar a perda da guerra revelam uma estrutura nítida. Elas começaram com a empreitada de perverter a derrota numa vitória interna, por meio da confissão histérica de uma culpa generalizada para toda a humanidade. Essa política, que entregou, de passagem, seu manifesto ao Ocidente decadente, era o reflexo fiel da "revolução" alemã feita pela vanguarda expressionista. Depois veio a tentativa de esquecer a guerra perdida. A burguesia ofegante virou-se no leito, e que travesseiro era então mais macio que o romance? Os sustos dos anos vividos tornaram-se penugem para rechear colchões, nos quais cada dorminhoco podia deixar sua impressão com facilidade. O que, por fim, distingue esta última empreitada, da qual agora tratamos, das anteriores, é a tendência, o desejo de levar mais a sério a perda da guerra que a própria guerra. — O que significa ganhar ou perder uma guerra? Nas duas palavras, chama a atenção o sentido duplo. O primeiro, o sentido manifesto, significa decerto o desfecho, o segundo, porém, que dá a concavidade, a ressonância especial a ambas as palavras, significa a guerra em sua totalidade, indica como o seu desfecho para nós altera seu modo de existência para nós. Ele diz:

o vencedor conserva a guerra, o derrotado deixa de possuí-la; diz: o vencedor a incorpora aseu patrimônio, transforma-a em coisa sua, o vencido não a tem mais, é obrigado a viver sem ela. E não somente a guerra, tomada assim em si e em geral, mas todas as suas peripécias, até à mais ínfima, cada uma de suas jogadas enxadrísticas, inclusive as mais sutis, cada uma de suas ações, por mais remotas que sejam. Ganhar ou perder uma guerra, segundo a lógica da linguagem, é algo que penetra tão fundo na estrutura de nossa existência que nos tornamos com isso, para o resto da vida, mais ricos ou mais pobres em monumentos, imagens, descobertas. E pode-se avaliar o que essa perda significa se levarmos em conta que perdemos uma das maiores guerras da história mundial, uma guerra à qual se vinculava toda a substância material e espiritual do povo.

Sem dúvida, não podemos dizer que os autores editados por Jünger deixaram de avaliar essa perda. Mas como enfrentaram eles essa monstruosidade? Eles não pararam de lutar. Seguiram celebrando o culto da guerra quando não havia mais verdadeiros inimigos. Foram dóceis aos apetites da burguesia, que ansiava pelo declínio do Ocidente como um colegial que apaga com um borrão de tinta uma questão mal respondida, difundindo o declínio, pregando o declínio, para onde quer que fossem. Não lhes foi dado em nenhum momento querer olhar de frente o que fora perdido, e limitaram-se a aferrar-se a ele com firmeza. Foram sempre os primeiros a opor-se amargamente à consciência. Deixaram passar a grande oportunidade dos vencidos, a de transpor, como os russos, a luta para uma outra esfera, até que o momento já houvesse passado e os povos da Europa tivessem novamente se reduzido a parceiros de tratados comerciais. "A guerra hoje em dia não é mais *conduzida*, e sim *administrada*", diz um dos autores, queixosamente. Esse erro deveria ser corrigido no pós-guerra alemão. Esse pós-guerra foi ao mesmo tempo um protesto contra a guerra que o antecedeu e contra os civis, cujo selo era visto nela. Acima de tudo, era necessário privar a guerra do seu odioso elemento racional. E esses homens banhavam-se certamente nos vapores que emanavam da goela do Lobo Fenris. Mas não puderam suportar a comparação entre esses vapores e os gases das granadas de mostarda. Sobre o pano de fundo do serviço militar nas casernas e das famílias empobrecidas nos cortiços, o fascínio protoger-mânico pelo destino adquiriu um brilho putrefato. E, mesmo sem anali-sá-lo materialisticamente, a intuição incontaminada de um espírito livre, culto e verdadeiramente dialético, como o de Florens Christian Rang, cuja vida exprime mais germanidade que hordas inteiras desses desespe-rados, conseguiu enfrentá-lo, também à sua época, com frases definitivas.

Os demônios da crença no destino, para a qual a virtude humana é vã, — a noite escura de uma obstinação, que consome num in-cêndio divino, universal, a vitória dos poderes da luz, ... a aparen-te magnificência da vontade contida nessa idealização da morte em batalha, que despreza a vida em favor da ideia — essa noite prenhe de nuvens, que há milênios nos recobre e que, para ilumi-nar nosso caminho, oferece-nos, em vez de estrelas, relâmpagos ensurdecedores, desconcertantes, depois dos quais a noite fica apenas ainda mais escura e asfixiante: essa horripilante visão de mundo, da morte universal no lugar da vida universal, que alivia, na filosofia idealista alemã, o horror com o pensamento de que há, afinal, por detrás das nuvens, um céu estrelado — essa orientação fundamental do espírito alemão é profundamente desprovida de vontade, não pensa no que diz, é um esconder-se, uma covardia, um desejo de não saber, de não viver, mas de tampouco morrer ... Pois é essa a dúbia atitude alemã em face da vida: poder jogá-la fora, quando ela não custa nada, num momento de embriaguez, num gesto que ao mesmo tempo assegura o sustento dos que ficaram e aureola a morte prematura da vítima com uma eterna glória ilusória.

Quando se lê, porém, no mesmo contexto:

Duzentos oficiais dispostos a sacrificar suas vidas teriam bas-tado para reprimir a Revolução, em Berlim — e correspon-dentemente em toda parte — mas não apareceu nenhum. Com efeito, muitos deles gostariam de ter salvo algumas vi-das, mas sem efeito, isto é, de fato, nenhum o desejou a ponto de dar o exemplo, de transformar-se em líder, ou de agir sozinho. Preferiram deixar que lhes arrancassem as dragonas em plena rua.

parecerá àqueles do círculo de Jünger que essas palavras são familiares. O que é certo é que quem escreveu esse texto conhecia por experiência própria as atitudes e tradições dos autores aqui reunidos. E talvez partilhasse sua hostilidade contra o materialismo, até o ponto em que esta criou para eles a linguagem da batalha de material.

Quando no início da guerra o idealismo foi fornecido pelo Estado e pelo governo, as tropas tiveram cada vez mais necessidade de requisitar esse material. Seu heroísmo tornou-se cada vez mais sinistro, mortal, cinzento como o aço, e cada vez mais longínqua e nebulosa ficava a esfera da qual acenavam a glória e o ideal, ao mesmo tempo que se tornava cada vez mais rígida a conduta dos que se sentiam menos como tropas da guerra mundial do que como executores do pós-guerra. "Conduta" — em todos os seus discursos, esse termo aparece de três em três palavras. Quem negaria que a conduta militar também é uma conduta? Mas a linguagem é uma pedra de toque para cada conduta, e não somente, como muitas vezes se supõe, para a de quem escreve. A conduta dos que se juntaram nesse livro não passa na prova. Imitando os diletantes aristocráticos do século XVII, Jünger pode dizer que a linguagem alemã é uma linguagem primordial — a maneira como essa ideia é expressa revela um corolário, segundo o qual, como tal, ela comporta uma invencível desconfiança com relação à civilização e ao mundo moral. Mas como pode essa desconfiança comparar-se com a de seus compatriotas, quando a guerra lhes é apresentada como uma "poderosa revisora", que "sente o pulso do tempo", quando eles são proibidos de "rejeitar uma conclusão comprovada", ou obrigados a aguçar seu olhar para ver as "ruínas" por detrás do "verniz lustroso"? O que é mais vexatório, no entanto, do que todos esses insultos à inteligência, nesse edifício intelectual supostamente ciclópico, é a fácil loquacidade da forma, que ornaria cada um dos artigos, e mais vergonhosa ainda, a mediocridade do conteúdo. "Os mortos em combate", contam-nos, "passaram, ao tombarem, de uma realidade imperfeita a uma realidade perfeita, da Alemanha da aparência temporal à Alemanha eterna." A Alemanha da aparência temporal é conhecida de todos, mas a eterna estaria em maus lençóis se tivéssemos que retratá-la a partir dos depoimentos aqui prestados com tanta verbosidade. Com que facilidade os autores adquiriram "o firme sentimento de imortalidade", a certeza de que "as abominações da última guerra foram elevadas ao nível do fabuloso", apropriaram-se do simbolismo do "sangue fervendo para dentro"! No melhor dos casos, eles lutaram na guerra que agora celebram. Mas não podemos aceitar que alguém fale da guerra sem conhecer outra coisa que não a guerra. Nós, porém, perguntamos, à nossa maneira radical: De onde vêm vocês? E o que sabem da paz? Alguma vez encontraram a paz numa criança, numa árvore, num animal, como encontraram um posto avançado num campo de batalha? E sem esperar a resposta, diríamos: Não! Não que vocês não fossem capazes, nesse caso, de celebrar a guerra, e mesmo mais apaixonadamente do que hoje. Porém não seriam capazes de celebrar a guerra *como o fazem agora*. Como teria sido o depoimento de Fortinbras sobre a guerra? Podemos deduzi-lo a partir da técnica de Shakespeare. Assim como ele revela o amor de Romeu por Julieta, em todo o fulgor da sua paixão, apresentando um Romeu já anteriormente apaixonado, apaixonado por Rosalinda, assim também Fortinbras teria começado com um louvor da paz, tão sedutor, tão melodiosamente suave, que, assim que ele elevasse sua voz para defender a guerra, cada um dos seus ouvintes seria forçado a se convencer: que forças poderosas e inominadas são essas que levam esse homem tão completamente impregnado pelas alegrias da paz a propor, de corpo e alma, a guerra? — Não há nada disso aqui. A palavra foi dada a bucaneiros profissionais. Seu horizonte é flamejante, porém altamente estreito.

Que veem eles em suas chamas? Eles veem — e nisso podemos confiar em E. G. Jünger — uma metamorfose.

> Linhas de decisão psíquica atravessam a guerra; à metamorfose do combate corresponde uma metamorfose dos combatentes. Ela torna-se visível quando comparamos os rostos

impetuosos, leves, entusiásticos dos soldados de agosto de 1914 com as fisionomias mortalmente exaustas, esquálidas, implacavelmente tensas, dos combatentes da guerra de material de 1918. Por detrás do arco desse combate, o qual, retesado num ângulo cada vez maior, finalmente arrebenta, surge, de maneira inesquecível, o seu rosto, formado e movido por uma violenta convulsão espiritual, percorrida uma *via crucis* da qual cada etapa e cada batalha é como o símbolo hieroglífico de um violento e infindável trabalho de aniquilação. Aqui aparece aquele tipo de soldado formado pelas duras, secas, sangrentas e incessantes batalhas de material. Ele é caracterizado pela dureza nervosa do combatente nato, pela expressão da responsabilidade solitária, pela deserção espiritual. Nessa luta, que prosseguia em camadas cada vez mais profundas, sua autoridade se preservou. O caminho percorrido era estreito e perigoso, mas era um caminho que conduzia ao futuro.

Sempre que encontramos nessas páginas formulações exatas, acentos genuínos, explicações plausíveis, é porque se deu enfim algum contato com a realidade, essa mesma realidade que é designada por Ernst Jünger por meio da mobilização total, e apreendida por Ernst von Salomon na paisagem do *front*. Um publicista liberal, que há pouco tempo tentou caracterizar esse novo nacionalismo com a fórmula "heroísmo por tédio", não foi, como se vê aqui, ao fundo da questão. O tipo de soldado acima descrito é real, é uma testemunha que sobreviveu à guerra mundial, e foi de fato a paisagem do *front*, sua verdadeira pátria, que ele defendeu no pós-guerra. Essa paisagem exige um exame mais prolongado.

Precisamos dizê-lo, com toda a amargura: com a mobilização total da paisagem, o sentimento alemão pela natureza experimentou uma intensificação inesperada. Os gênios da paz, que a habitavam tão sensualmente, foram evacuados, e tão longe quanto nosso olhar alcançava além das trincheiras, toda a região circundante tinha se transformado em terreno do idealismo alemão, cada cratera produzida pela explosão de uma granada se convertera num problema, cada emaranhado de arame farpado numa antinomia, cada farpa de ferro numa definição, cada explosão numa tese, e o céu, durante o dia, convertia-se no forro cósmico do capacete de aço e, de noite, na lei moral sobre nós. Com lança-chamas e trincheiras, a técnica tentou realçar os traços heroicos no semblante do idealismo alemão. Mas falhou. Porque os traços que ela julgava serem heroicos eram na verdade traços hipocráticos, os traços da morte. Por isso, profundamente impregnada por sua própria perversidade, a técnica cunhou o semblante apocalíptico da natureza e reduziu-a ao silêncio, embora pudesse ter sido a força capaz de dar--lhe uma voz. A guerra como abstração metafísica, professada pelo novo nacionalismo, é unicamente a tentativa de dissolver na técnica, de modo místico e imediato, o mistério de uma natureza concebida em termos idealistas, em vez de utilizá-lo e explicá-lo, por um desvio, através da construção de coisas humanas. Na cabeça desses homens, o "destino" e o "heroísmo" se relacionam como Gog e Magog, e suas vítimas não são apenas os filhos dos homens, mas também os filhos do pensamento. Tudo o que foi pensado de sóbrio, de puro e de ingênuo sobre o melhoramento da convivência humana entra nas goelas gastas desses ídolos canibais, que respondem com os arrotos dos seus morteiros de 42 cm. Às vezes os autores encontram uma certa dificuldade em conciliar a tensão entre o heroísmo e a guerra de material. Mas nem todos sentem essa dificuldade, e nada é mais comprometedor que as digressões lamurientas com que dão voz a sua decepção com a "forma da guerra", com a "guerra de material mecânica, sem sentido", da qual os espíritos mais nobres estavam "visivelmente cansados". Onde, porém, eles tentam individualmente encarar as coisas de frente, mostram claramente o quanto o conceito do heroico se transformou subrepticiamente, e até que ponto as virtudes da dureza, da taciturnidade, da implacabilidade, por eles celebradas, não são tanto as virtudes do soldado, como as do combatente na luta de classes. O que se forjou aqui, a princípio sob a máscara do voluntário, na guerra mundial, e depois sob a do mercenário, no pós-guerra, foi na verdade um competente guerreiro fascista para a luta de classes, e o que os autores entendem por nação, é de fato uma classe senhorial apoiada nesses indivíduos, a qual, não sendo responsável perante ninguém e muito menos perante si mesma, instalada num trono excelso, tem em sua fisionomia os traços de esfinge do produtor, que promete tornar-se, em breve, o único consumidor das suas mercadorias. A nação dos fascistas apresenta--se, com esse seu rosto de esfinge, como um novo mistério econômico da natureza, ao lado do antigo, que, longe de diminuir-se em sua técnica, revela agora os seus traços fisionômicos mais ameaçadores. No paralelogramo de forças constituído pela natureza e pela nação, a diagonal é a guerra.

É compreensível que para o melhor e mais refletido artigo deste volume se coloque a questão do "adestramento da guerra pelo Estado". Pois, nessa teoria mística da guerra, o Estado desempenha naturalmente um papel importante. O papel de adestrador não é absolutamente compreendido num sentido pacifista. Ao contrário, exige-se aqui do Estado que se adapte, já em sua própria estrutura e em seu comportamento, àquelas forças mágicas que ele precisa mobilizar para si durante a guerra, e que delas se mostre digno. De outro modo, ele não conseguiria colocar a guerra a serviço dos seus fins. O pensamento autônomo dos autores aqui reunidos começa com a verificação do fracasso do poder estatal no que diz respeito à guerra. Os batalhões, que ao final da guerra encontravam-se num estado híbrido entre confrarias religiosas e agências regulares do poder público, consolidaram-se rapidamente em bandos de mercenários independentes e desvinculados do Estado, e os magnatas financeiros da inflação, começando a pôr em dúvida a competência do Estado como protetor dos seus bens, souberam apreciar a oferta desses bandos, sempre disponíveis, como arroz e nabos, graças à intermediação de instâncias privadas ou da *Reichswehr*. O livro aqui examinado assemelha-se ao prospecto de propaganda, ideologicamente formulado, de um novo tipo de mercenários, ou antes, de *condottieri*. Um dos seus autores explica com grande franqueza: "O bravo soldado da guerra dos Trinta Anos vendia... seu corpo e sua vida, o que é muito mais nobre do que vender apenas opiniões e talento". Mas, quando o autor prossegue, afirmando que o mercenário do pós-guerra não teria se vendido, mas se dado como presente, essa afirmação deve ser compreendida, segundo a lógica da observação do mesmo autor, no sentido de que o soldo dessas tropas era relativamente mais compensador. Um soldo que impressionava os líderes desses novos guerreiros tanto quanto as necessidades técnicas do trabalho manual: engenheiros de guerra da classe dominante, constituem a contrapartida dos funcionários dirigentes em seus *cutaways*. Sabe Deus que sua liderança deve ser levada a sério, que sua ameaça nada tem de risível. No piloto de um único avião carregado com bombas de gás concentra-se toda a autoridade para privar o cidadão da luz, do ar e da vida, que na paz encontra-se dividida entre milhares de chefes de escritório. O modesto bombardeiro, na solidão das alturas, a sós consigo e com seu Deus, carrega uma procuração de seu superior gravemente enfermo, o Estado, e nenhuma vegetação volta a crescer onde ele põe a sua assinatura — é esse o líder "imperial", imaginado pelos autores.

A Alemanha não pode aspirar a nenhum futuro antes de destruir os traços de medusa das feições que vem aqui ao seu encontro. Destruí--los — melhor talvez afrouxá-los. Isso não significa agir pela exortação ou pelo amor, que não cabem aqui; nem tampouco preparar o caminho para a argumentação e para o debate ávido por persuasão. Significa, isto sim, apontar todas as luzes que ainda emanam da linguagem e da razão àquela "vivência primordial", de cuja surda escuridão essa mística da morte universal rasteja, com suas mil patas repugnantes, em direção à luz do dia. A guerra que esse clarão ilumina não é nem a "eterna", à qual esses novos alemães dirigem suas preces, nem a "última", com a qual deliram os pacifistas. Na realidade, ela é apenas isto: a única, terrível e derradeira oportunidade de corrigir a incapacidade dos povos para ordenar suas relações mútuas segundo o modelo da relação que estabelecem com a natureza por meio de sua técnica. Se o corretivo falhar, milhões de corpos humanos serão — inevitavelmente — despedaçados e devorados pelo gás e pelo aço, e nem mesmo os *habitués* dos assustadores poderes ctônicos, que carregam seu [Ludwig] Klages em mochilas de campanha, não experimentarão nem mesmo um décimo do que é prometido pela natureza a seus filhos menos curiosos e mais sensatos, que não manejam a técnica como um fetiche do declínio, mas como uma chave para a felicidade. Estes darão uma prova de sua sensatez no momento em que se recusarem a ver na próxima guerra um episódio mágico, descobrindo nela a imagem do cotidiano; e quando, justamente com essa descoberta, realizarem sua transformação em guerra civil, executando assim o truque mágico marxista, o único capaz de rivalizar com esse sinistro feitiço rúnico da guerra.

1930

MELANCOLIA DE ESQUERDA

A PROPÓSITO DO NOVO LIVRO DE POEMAS
DE ERICH KÄSTNER[1]

Os poemas de Kästner estão reunidos hoje em três imponentes volumes. Mas quem pretende investigar o caráter dessas estrofes deveria de preferência ater-se a seu formato original. Em livros, elas parecem apinhadas e um pouco oprimidas, ao passo que nos jornais deslizam como peixes na água. Se essa água nem sempre é das mais puras e se muitos detritos nela flutuam, tanto melhor para o autor, cujos peixinhos poéticos podem deles alimentar-se e engordar com maior facilidade.

A popularidade desses poemas está ligada à ascensão de uma camada social que se apoderou sem qualquer disfarce de suas posições de poder econômico e que, como nenhuma outra, se ufana do caráter explicito e não dissimulado de sua fisionomia econômica. Não que essa camada, que visava e reconhecia somente o sucesso, houvesse conquistado as posições mais fortes. Seu ideal era para isso excessivamente asmático. Tratava-se de um ideal de agentes sem filhos, que prosperaram a partir de um começo insignificante e que, ao contrário dos magnatas das finanças, que durante décadas trabalham para sua família, trabalhavam apenas para si mesmos, e mesmo assim numa perspectiva de curto prazo. Quem não os conhece, com seus sonhadores olhos de bebê por detrás dos óculos com aros de tartaruga, suas bochechas largas e

---

1- Kästner, Erich. *Ein Mann gibi Auskunft*. Stuttgart, Berlim; Deutsche Verlags-Anstalt, 1930. 112 p.

esbranquiçadas, sua voz arrastada, o fatalismo dos seus gestos e de sua maneira de pensar? É a essa camada, desde o princípio, que o poeta tem algo a dizer, é ela que o autor lisonjeia, não tanto mostrando-lhe um espelho, mas correndo com o espelho atrás dela, desde seu despertar até a hora em que se recolhe para dormir. Os intervalos entre suas estrofes correspondem às dobras nos pescoços desses indivíduos, as rimas correspondem a seus lábios polpudos, as cesuras correspondem às covinhas em sua carne, seus gracejos são as pupilas dos seus olhos. A temática e a eficácia de Kästner limitam-se a essa camada, pois o autor é tão incapaz de atingir, com seus acentos rebeldes, os despossuídos, quanto, com sua ironia, os industriais. Isso porque, apesar das aparências, esta lírica zela sobretudo pelos interesses estamentais dos estratos médios — os agentes, os jornalistas, os diretores de pessoal. O próprio ódio que ela proclama contra a pequena burguesia tem um aspecto pequeno-burguês de intimidade excessiva. Por outro lado, ela perde visivelmente seu poder de fogo quando dirige sua artilharia contra a grande burguesia, e no final trai sua nostalgia do mecenas com um suspiro: "Oh, se existissem apenas doze homens sábios, com muito dinheiro!". Não admira que Kästner, ao ajustar contas com os banqueiros em um "Hino", se revele aqui tão obliquamente familiar como obliquamente econômico, em outro caso, quando descreve, sob o título "Uma mãe faz seu balanço", os pensamentos noturnos de uma mulher proletária. Em última análise, o lar e o rendimento são as rédeas com as quais o poeta relutante é mantido sob controle por uma classe mais abastada.

Esse poeta é insatisfeito, mesmo melancólico. Sua melancolia, porém, é rotineira. Pois estar sujeito à rotina significa sacrificar suas idiossincrasias, abrir mão da capacidade de se enojar. E isso torna as pessoas melancólicas. É essa condição que confere a esse caso alguma semelhança com o de Heine. Impregnadas de rotina são as observações com que Kästner amolga os seus poemas, para dar a essas bolinhas infantis envernizadas o aspecto de bolas de rúgbi. E nada mais rotinizado que a sua ironia, semelhante a um fermento de confeiteiro que faz inflar a massa das suas opiniões particulares. O que é lamentável é que sua impertinência seja tão desproporcional às forças ideológicas e políticas de que ele dispõe. A grotesca subestimação do adversário, que está na raiz das suas provocações, mostra até que ponto o posto ocupado por essa inteligência radical de esquerda está de antemão perdido. Ela tem pouco a ver com o movimento operário. Como sintoma de desagregação burguesa, ela é muito antes a contrapartida da mímica feudal, que o império admirou no tenente de reserva. Os publicistas radicais de esquerda, do gênero de um Kästner, Mehring ou Tucholsky, são a mímica proletária da burguesia decadente. Sua função política é gerar *cliques*, e não partidos, sua função literária é gerar modas, e não escolas, sua função econômica é gerar agentes, e não produtores. Pois nos últimos quinze anos essa inteligência de esquerda tem sido ininterruptamente agente de todas as conjunturas intelectuais, do ativismo à "nova objetidade", passando pelo expressionismo. Sua significação política, porém, esgotava-se na conversão de reflexos revolucionários, na medida em que estes afloravam na burguesia, em objetos de dispersão, de divertimento, facilmente canalizáveis para o consumo.

Foi assim que o ativismo conseguiu dar à dialética revolucionária a face indefinida, numa perspectiva de classe, do senso comum. Num certo sentido, ele foi uma liquidação de estoque nessa grande loja da inteligência. O expressionismo expunha o gesto revolucionário do braço em riste, de punho cerrado em *papier maché*. Concluída essa campanha publicitária, a "nova objetidade", da qual derivam os poemas de Kästner, procedeu ao inventário. O que encontra a "elite intelectual", ao confrontar-se com esse inventário dos seus sentimentos? Esses mesmos sentimentos? Eles já foram há muito vendidos, a preço de ocasião. Nos empoeirados corações de veludo ficaram apenas os lugares vazios em que outrora estiveram guardados tais sentimentos — natureza e amor, entusiasmo e humanidade. Hoje as pessoas afagam distraidamente essas formas ocas. Uma sapiente ironia acredita possuir muito mais nesses chavões do que nas próprias coisas, faz despesas extravagantes com sua pobreza e transforma numa festa essa vacuidade enfadonha. O "novo" nessa "objetidade" é que ela se ufana tanto dos vestígios dos antigos bens espirituais quanto o burguês dos vestígios dos seus bens materiais. Nunca ninguém se acomodou tão confortavelmente numa situação tão desconfortável.

Em suma, esse radicalismo de esquerda é precisamente aquela atitude à qual não corresponde mais nenhuma ação política. Ele não está à esquerda de uma ou outra corrente, mas simplesmente à esquerda do possível. Isso porque desde o início ele não tem outra coisa em mente que não sua autofruição, num estado de repouso negativista. A transformação da luta política de uma coerção à decisão em um objeto de prazer, de meio de produção em bem de consumo — é este o artigo de maior sucesso vendido por essa literatura. Kästner, que tem um grande talento nesse campo, domina magistralmente todos os seus recursos. É predominante nele uma atitude que se manifesta no título de muitos dos seus poemas. Encontramos uma "Elegia com ovo", uma "Canção de natal quimicamente purificada", um "Suicídio na piscina", um "Destino de um negro estilizado" etc. Por que essas contorções? Porque a crítica e o conhecimento se encontram ao alcance das mãos; mas eles são estraga-prazeres e não devem de modo algum tomar a palavra. Por isso, o poeta precisa amordaçá-los, e suas convulsões desesperadas têm, sobre um público numeroso e de gosto dúbio, o efeito divertido de um espetáculo de contorcionismo. Em Morgenstern, a imbecilidade era apenas o reverso de uma fuga em direção à teosofia. O niilismo de Kästner, porém, não oculta nada, como uma boca bocejante, incapaz de se fechar.

Desde muito cedo os poetas travaram conhecimento com essa singular variedade do desespero: a estupidez torturada. Em sua maioria, a literatura verdadeiramente política das últimas décadas antecipou-se às coisas, à maneira de um arauto. Foi em 1912 e 1913 que os poemas de Georg Heym anteciparam, em espantosas descrições de grupos nunca antes mostrados — os suicidas, os prisioneiros, os doentes, os marinheiros e os loucos —, as condições então inconcebíveis das massas, que só vieram à tona em agosto de 1914. Em seus versos, a terra preparava-se para ser inundada pelo dilúvio vermelho. E, muito antes que o marco-ouro emergisse como o monte Ararat, única elevação na superfície das águas, ocupado até o último milímetro pelos glutões, sibaritas e aproveitadores, já Alfred Lichtenstein, morto nos primeiros dias de guerra, mostrara aquelas figuras tristes e intumescidas que Kästner transformou em estereótipos. O que distingue o burguês, nessa versão primitiva e pré-expressionista, do posterior, pós-expressionista, é sua excentricidade. Não foi à toa que Lichtenstein dedicou um dos seus poemas a um palhaço. O histrionismo do desespero ainda adere aos ossos desses burgueses. Eles ainda não extraíram de si o elemento excêntrico para convertê-lo em objeto de diversão urbana. Não estão ainda inteiramente saturados, não se transformaram tão radicalmente em agentes a ponto de perderem toda solidariedade, por difusa que fosse, em relação a uma mercadoria para a qual uma crise de mercados já se desenhava no horizonte. Nesse momento, veio a paz — aquela crise de estagnação da mercadoria humana, que conhecemos sob o nome de desemprego. E o suicídio, como Lichtenstein o divulga em seus poemas, é uma forma de *dumping*, a distribuição dessa mercadoria a preços mínimos. As estrofes de Kästner esqueceram tudo isso. Seu ritmo obedece rigorosamente às partituras usadas pelos pobres ricos para trombetear sua aflição; elas se dirigem à tristeza do saturado, que não pode aplicar a totalidade de seu dinheiro a seu estômago. Estupidez torturada: é esta a última das metamorfoses da melancolia em sua história de dois mil anos.

Os poemas de Kästner pertencem às pessoas de alta renda, esses fantoches tristes e canhestros, cujo caminho passa por cima de cadáveres. Com a solidez de sua blindagem, a lentidão de seus movimentos, a cegueira de suas ações, eles são *rendezvous* que o tanque e o percevejo marcaram no ser humano. Esses poemas fervilham com tais indivíduos, como um café urbano após o fechamento da bolsa. O que não tem nada de surpreendente, já que sua função é a de reconciliar esse tipo consigo mesmo, produzindo a identidade entre vida profissional e vida privada que essas pessoas chamam de "humanidade", mas que é de fato o verdadeiramente bestial, uma vez que, nas condições atuais, a verdadeira humanidade só pode consistir na tensão entre esses dois polos. Nessa polaridade desenvolvem-se a reflexão e a ação, produzi-la é a tarefa de qualquer lírica política, e sua realização mais rigorosa encontra-se, hoje, nos poemas de Brecht. Em Kästner, ela precisa ceder lugar à arrogância e ao fatalismo. É o fatalismo daqueles que estão mais longe do processo produtivo, e cuja furtiva atitude de cortejar a conjuntura é comparável à atitude do homem que se dedica inteiramente a investigar os inescrutáveis caprichos da sua digestão. É certo que o gorgolejar visceral desses versos é mais flatulento do que revolucionário. A melancolia e a constipação intestinal sempre estiveram associadas. Mas, desde que no corpo social os fluidos deixaram de circular, um embotamento sufocante nos persegue. Os poemas de Kästner em nada contribuem para purificar o ambiente.

1930

QUE É O TEATRO ÉPICO?

UM ESTUDO SOBRE BRECHT[1]

O que está acontecendo, hoje, com o teatro? Essa pergunta pode ser melhor respondida se tomarmos como ponto de referência o palco, e não o drama. Trata-se do desaparecimento da orquestra. O abismo que separa os atores do público, como os mortos são separados dos vivos, o abismo cujo silêncio, no drama, provoca o sublime e cujo ressoar, na ópera, provoca o êxtase, esse abismo, que de todos os elementos do palco conserva mais indelevelmente os vestígios de sua origem sacra, perdeu sua função. O palco ainda ocupa uma posição elevada, mas não é mais uma elevação a partir de profundidades insondáveis: ele transformou-se em tribuna. Temos que ajustar-nos a essa tribuna. É esta a situação. Mas, em vez de levá-la em conta, a atividade teatral prefere encobri-la, como tem feito em diversos outros casos. Tragédias e óperas continuam sendo escritas, às quais aparentemente se encontra à disposição um sólido aparelho teatral, quando na verdade nada mais fazem que abastecer um aparelho já decrépito.

Essa falta de clareza sobre sua situação, que hoje predomina entre músicos, escritores e críticos, acarreta consequências graves, que não são suficientemente consideradas. Pois acreditando

---

1- Primeira versão, publicada em *Versuche über Brecht* (*Ensaios sobre Brecht*), em 1966. Uma segunda versão foi publicada quando Benjamin ainda vivia (1939).

possuir um aparelho que na realidade os possui, eles defendem esse aparelho, sobre o qual não dispõem mais de qualquer controle e que não é mais, como supõem, um instrumento a serviço do produtor, mas que se tornou um instrumento contra o produtor.

Com essas palavras, Brecht liquida a ilusão de que o teatro se funda hoje na literatura. Isso não é verdade nem para o teatro comercial nem para o brechtiano. O texto tem uma função instrumental nos dois casos: no primeiro, ele está a serviço da preservação da atividade teatral e no segundo, a serviço de sua modificação. E como é possível esta última? Existe um drama para a tribuna, já que o palco se converteu em tribuna, ou, como diz Brecht, "para institutos de publicação"? E, se existe, quais suas características? Um "teatro contemporâneo" (*Zeittheater*) sob a forma de peças-tese, com caráter político, parecia a única forma de fazer justiça a essa tribuna. Mas, qualquer que tenha sido o funcionamento desse teatro político, do ponto de vista social ele se limitou a franquear às massas proletárias posições que o aparelho teatral havia criado para as burguesas. As relações funcionais entre palco e público, texto e representação, diretor e atores quase não se modificaram. O teatro épico parte da tentativa de alterar fundamentalmente essas relações. Para seu público, o palco não se apresenta sob a forma de "tábuas que significam o mundo" (ou seja, como um espaço mágico), e sim como uma sala de exposição, convenientemente disposta. Para seu palco, o público não é mais uma massa de cobaias hipnotizadas, e sim uma assembleia de pessoas interessadas, cujas exigências ele precisa satisfazer. Para seu texto, a representação não significa mais uma interpretação virtuosística, e sim um controle rigoroso. Para sua representação, o texto não é mais fundamento, e sim uma tabela, na qual se registram, sob a forma de reformulações, os ganhos obtidos. Para seus atores, o diretor não transmite mais instruções visando à obtenção de efeitos, e sim teses em função das quais eles têm que tomar uma posição. Para seu diretor, o ator não é mais um artista mímico, que incorpora um papel, e sim um funcionário, que precisa inventariá-lo.

É claro que funções tão novas têm de se basear em novos elementos. Uma representação recente, em Berlim, da parábola *Mann ist Mann* (*Um homem é um homem*), de Brecht, ofereceu a melhor ocasião para pôr à prova esses elementos. Pois graças aos esforços lúcidos e corajosos do intendente [Ernst] Legal, ela constituiu não apenas uma das produções mais precisas apresentadas em Berlim nos últimos anos, mas também um modelo do teatro épico, até agora o único. Veremos mais tarde as razões que impediram os críticos profissionais de dar-se conta desse fato. O público teve acesso à comédia, independentemente dessa crítica, depois que a atmosfera sufocante da *première* se aliviou. Pois as dificuldades que inibem a compreensão do teatro épico não são nada além da expressão de sua aderência imediata à vida, enquanto a teoria definha no exílio babilônico de uma prática que nada tem a ver com nossa existência, e tanto, que os valores de uma opereta de Kollo podem ser mais facilmente expressos na linguagem acadêmica da estética que os de um drama de Brecht. Tanto mais que esse drama, a fim de consagrar-se inteiramente à construção do novo palco, preserva inteira liberdade com relação ao texto escrito.

O teatro épico é gestual. Em que sentido ele também é literário, na acepção tradicional do termo, é por si só uma questão. O gesto é seu material, e a aplicação adequada desse material é sua tarefa. Em face das manifestações e declarações fraudulentas das pessoas, por um lado, e da complexidade e falta de transparência de suas ações, por outro, o gesto tem duas vantagens. Em primeiro lugar, ele é relativamente pouco falsificável, e o é tanto menos quanto mais inconspícuo e habitual for esse gesto. Em segundo lugar, em contraste com as ações e iniciativas dos indivíduos, o gesto tem um começo determinável e um fim determinável. Esse caráter fechado, circunscrevendo numa moldura rigorosa cada um dos elementos de uma atitude que, não obstante, como um todo, está inscrita num fluxo vivo, constitui um dos fenômenos dialéticos mais fundamentais do gesto. Resulta daí uma conclusão importante: quanto mais frequentemente interrompemos o protagonista de uma ação, mais gestos obtemos. Em consequência, para o teatro épico a interrupção da ação está no primeiro plano. Nela reside a função formal das canções brechtianas, com seus estribilhos rudes e dilacerantes. Sem nos aventurarmos no difícil tema da função do texto no teatro épico, podemos verificar que, em certos casos, a sua principal função é — longe de ilustrá-la ou estimulá-la — a de interromper a ação. E não somente a ação de um parceiro, mas também a própria. O caráter retardante da interrupção e o caráter episódico do emolduramento fazem do teatro gestual um teatro épico.

Tem-se dito que o teatro épico não se propõe tanto a desenvolver ações, mas a representar condições. E, enquanto quase todas as palavras de ordem de sua dramaturgia definhavam ignoradas, esta última permaneceu, contribuindo para um certo mal-entendido. Razão suficiente para que nos atenhamos a ela. As condições que se têm em mente aqui parecem coincidir com aquilo que os antigos teóricos chamavam de "meio". Assim concebida, essa exigência equivalia, em suma, à de retomar o drama naturalista. Mas certamente ninguém pode ser suficientemente ingênuo para defender essa tese. O palco naturalista, longe de ser tribuna, é totalmente ilusionístico. Ele é incapaz de tornar frutífera a sua consciência de ser teatro, ele precisa reprimi-la, como é inevitável em todo palco dinâmico, para poder dedicar-se, sem qualquer desvio, a seu objetivo central: retratar a realidade. Em contraste, o teatro épico conserva do fato de ser teatro uma consciência incessante, viva e produtiva. Essa consciência permite-lhe ordenar experimentalmente os elementos da realidade, e é no fim desse processo, e não no começo, que aparecem as "condições". Elas não são trazidas para perto do espectador, mas afastadas dele. Ele as reconhece como condições reais, não com arrogância, como no teatro naturalista, mas com assombro. Com este assombro, o teatro épico presta homenagem, de forma dura e pura, a uma prática socrática. No indivíduo que se assombra desperta o interesse; somente nele se encontra o interesse em sua forma originária. Nada é mais característico do pensamento de Brecht do que a tentativa empreendida no teatro épico de transformar, de modo imediato, esse interesse originário num interesse de especialista. O teatro épico dirige-se a indivíduos interessados, que "não pensam sem motivo". Mas essa é uma atitude que eles partilham com as massas. No esforço de interessar essas massas pelo teatro, como especialistas, e de modo algum pelo caminho da "formação", o materialismo dialético de Brecht afirma-se inequivocamente. "Desse modo, teríamos muito em breve um teatro cheio de especialistas, da mesma forma que um estádio esportivo está cheio de especialistas."

O teatro épico não reproduz, portanto, condições, mas as descobre. A descoberta das condições processa-se pela interrupção dos acontecimentos. O exemplo mais primitivo: uma cena de família. De repente, entra em cena um estranho. A mulher estava prestes a amassar um travesseiro, para jogá-lo na filha; o pai estava prestes a abrir a janela, para chamar a polícia. Nesse momento, aparece na porta um estranho. *Tableau*, como se costumava dizer, no princípio do século. Ou seja: o estranho se depara com certas condições — travesseiro amarfanhado, janela aberta, móveis destruídos. Mas existe um olhar diante do qual mesmo as cenas mais habituais da vida burguesa apresentam um aspecto semelhante. Quanto maiores as devastações sofridas por nossa ordem social (e quanto mais somos afetados por elas, juntamente com nossa capacidade de explicá-las), tanto mais marcada será a distância mantida pelo estranho. Brecht nos descreve um tal estranho em seus experimentos: um *Utis* suábio, contrapartida do "Ninguém" grego, Odisseu, procurando em sua caverna o monstro de um só olho, Polifemo. Assim penetra Keuner — assim chama-se o estranho — na caverna do monstro de olho único, "o Estado de classes". Ambos são astutos, sofridos, viajados; ambos são sábios. Uma resignação prática, sempre hostil a qualquer idealismo utópico, faz com que Odisseu não pense em nada senão em voltar para casa, e esse Keuner mal transpõe a soleira de sua porta. Ele ama as árvores que crescem em seu pátio quando sai de seu apartamento, no quarto andar do prédio dos fundos. Seus amigos perguntam: "Por que não vais passear no bosque, se amas as árvores?" "Mas eu não disse", responde Keuner, "que amo as árvores em meu pátio?". Dar a vida, no palco, a esse pensador, *Herr Keuner*, que segundo uma sugestão feita certa vez por Brecht deveria ser conduzido deitado à cena, tal sua relutância em penetrá-la — eis a aspiração desse novo teatro. A origem histórica desse teatro é surpreendentemente remota. Desde os gregos, nunca cessou, no palco europeu, a tentativa de encontrar um herói não trágico. Apesar de todas as ressurreições da Antiguidade, os grandes dramaturgos mantiveram o máximo de distância com relação à forma autêntica da tragédia, a grega. Não é aqui o lugar de descrever como esse caminho foi percorrido, na Idade Média, por Hroswitha, no drama de mistério, mais tarde por Gryphius, Lenz e Grabbe, enfim por Goethe, no segundo *Fausto*. Mas é o lugar para dizer que esse caminho é o mais alemão de todos, se é que podemos chamar de caminho essa trilha secreta de contrabandistas, rasgada no sublime mas estéril maciço do classicismo, pelo qual chegou até nós o legado do drama medieval e barroco. Essa vereda — por mais inóspita e selvagem que seja — aparece hoje nos dramas de Brecht. O herói não trágico é um elemento dessa tradição alemã. O fato de que sua existência paradoxal no palco precisa ser resgatada de nossa própria existência, na realidade, foi compreendido muito cedo, se não pela crítica, ao menos pelos melhores de nosso tempo — pensadores como Georg Lukács e Franz Rosenzweig. Já Platão, escreveu Lukács há vinte anos, reconhecera o caráter não dramático do homem mais elevado de todos, o sábio. E, no entanto, levou-o, no diálogo, ao limiar do palco. Se se quiser ver no teatro épico um gênero mais dramático que o diálogo (e nem sempre é esse o caso), ele não precisará, por isso, ser menos filosófico.

As formas do teatro épico correspondem às novas formas técnicas, o cinema e o rádio. Ele está situado no ápice da técnica. Se no cinema já se impôs progressivamente o princípio de que deve ser possível ao público "embarcar" a qualquer momento, de que para isso devem ser evitados os antecedentes muito complicados e de que cada parte, além do seu valor para o todo, precisa ter um valor próprio, episódico, esse princípio tornou-se estritamente necessário para o rádio, cujo público liga e desliga a cada momento, arbitrariamente, seus alto-falantes. O teatro épico faz o mesmo com o palco. Por princípio, esse teatro não conhece espectadores retardatários. Esse traço demonstra, ao mesmo tempo, que, muito mais profunda que sua ruptura com a concepção do teatro como diversão noturna, é a brecha que ele cria no teatro como espetáculo social. Se no cabaré a burguesia se mistura com a boemia, e se no teatro de variedades a brecha entre a grande e a pequena burguesia se fecha todas as noites, os proletários são os clientes habituais do "teatro enfumaçado", projetado por Brecht. Para eles, não haverá nada de surpreendente na exigência feita por Brecht a um ator de representar de tal maneira a cena da escolha da perna de pau, pelo mendigo, na *Dreigroschenoper* (*Ópera dos três vinténs*), de modo que "só por causa desse número as pessoas decidam voltar ao teatro, no momento em que a cena é representada". As projeções de Neher são muito mais cartazes para ilustrar números desse tipo do que decorações cênicas. O cartaz pertence ao patrimônio do "teatro literarizado". "A literarização significa a fusão do *estruturado* com o *formulado* e permite ao teatro vincular-se a outras instituições de atividade intelectual." Essas instituições incluem por fim o próprio livro. "As notas de pé de página e a prática de folhear um livro, para fins de comparação, devem ser introduzidas também na obra dramática." Se as imagens de Neher são cartazes, qual a função desses cartazes? Segundo Brecht, "eles tomam partido, no palco, quanto aos episódios da ação, fazendo, por exemplo, o verdadeiro glutão, em *Mahagonny*, sentar-se diante do glutão desenhado". Bem, mas quem me garante que o glutão representado pelo ator tem mais realidade que o desenhado? Nada nos impede de sentar o glutão representado diante do glutão real, ou seja, de atribuir mais realidade ao personagem desenhado no fundo da cena, do que ao personagem representado. Talvez somente assim obtenhamos a chave para compreender o impacto singularmente forte das passagens encenadas dessa forma. Entre os atores, alguns aparecem como mandatários de forças mais poderosas, que permanecem ao fundo. De lá, têm um efeito como o das ideias platônicas, ao fornecerem modelos para as coisas. Nesse sentido, as projeções de Neher seriam ideias materialistas, ideias de "condições" autênticas, e, por mais próximas que elas estejam da cena, seus contornos trêmulos mostram que tiveram que desprender-se de algo ainda mais visceralmente próximo para se tornarem visíveis.

A literarização do teatro via formulações, cartazes, títulos — cuja afinidade especial com práticas chinesas, corrente em Brecht, deve ser objeto de uma investigação separada — tem como função "privar o palco de suas sensações materiais". Brecht vai mais longe ainda, nessa mesma direção, e pergunta-se se os episódios representados pelo ator épico não deveriam ser conhecidos de antemão. "Nesse caso, os episódios históricos seriam os mais apropriados." Mas também aqui certas liberdades seriam inevitáveis, a fim de colocar a ênfase não nas grandes decisões, correspondentes à expectativa do público, mas em aspectos individuais e incomensuráveis. "Pode acontecer assim, mas também pode acontecer outra coisa, completamente diferente" — essa é a atitude básica de quem escreve para o teatro épico. Ele se relaciona com sua história como o professor de balé com sua aluna. Sua primeira preocupação é afrouxar as suas articulações até os limites do possível. Ele irá distanciar-se dos estereótipos históricos e psicológicos, como Strindberg em seus dramas históricos. Pois Strindberg tentou realizar, com uma energia consciente, um teatro épico, não trágico. Se nas obras dedicadas ao círculo das existências individuais recorre ainda ao esquema da paixão de Cristo, em suas obras históricas preparou o caminho para o teatro gestual, com toda a veemência do seu pensamento crítico e de sua ironia desmistificadora. Nesse sentido, a peça do Calvário, *Nach Damascus* (*Em direção a Damasco*) e a peça de moralidade, *Gustav Adolf*, representam os polos de sua produção dramática. Podemos ver assim como é produtiva a oposição entre Brecht e a chamada "dramaturgia contemporânea" (*Zeitdramatik*), a qual ele tenta superar em seus *Lehrstücke* (*Peças didáticas*). Eles são um desvio através do teatro épico, ao qual o teatro de tese é forçado a adequar-se. Esse desvio deve ser comparado aos dramas de um Toller ou Lampel, que, exatamente como o pseudoclassicismo alemão, "atribuindo o primado à ideia", fazem "o espectador desejar um objetivo cada vez mais específico", criando, "por assim dizer, uma demanda cada vez maior pela oferta". Em vez de, como esses autores, atacar de fora as condições em que vivemos, Brecht deixa-as criticarem-se mutuamente, de modo mediado e dialético, contrapondo logicamente uns aos outros os seus diversos elementos; seu estivador, Galy Gay, em *Mann ist Mann* (*Um homem é um homem*), não é nada além de um palco para as contradições da nossa ordem social. Talvez não seja ousado demais definir o sábio, no sentido de Brecht, como o palco perfeito para essa dialética. De qualquer modo, Galy Gay é um sábio. Ele apresenta-se como um estivador "que não bebe, fuma pouco e quase não tem paixões". Não compreende a insinuação da viúva, cuja cesta ele carregara e que deseja agora conceder-lhe uma recompensa noturna: "Para dizer a verdade, eu gostaria de comprar um peixe". No entanto, é apresentado como um homem "que não sabe dizer não". E também isso é sábio. Pois com isso ele deixa as contradições da existência penetrarem ali onde, em última análise, elas têm que ser resolvidas: no ser humano. Só quem "está de acordo" tem oportunidade de mudar o mundo. Assim, Galy Gay, o proletário sábio e solitário, concorda com a abolição de sua própria sabedoria e com sua incorporação ao exército colonial inglês. Ele tinha acabado de sair de casa, a pedido da mulher, para comprar um peixe. Nesse momento, encontra um pelotão do exército anglo-indiano, que ao saquear um pagode tinha perdido o quarto homem, que pertencia ao grupo. Os outros três têm todo o interesse em encontrar um substituto para ele o mais rapidamente possível. Galy Gay é o homem que não sabe dizer não. Acompanha os três, sem saber o que eles querem dele. Pouco a pouco, assume os pensamentos, atitudes e hábitos que um homem deve ter na guerra; ele é completamente remontado, não reconhece mais a mulher quando ela consegue encontrá-lo, e acaba transformando-se num temido guerreiro e conquistador da fortaleza Sir el Dchowr, nas montanhas do Tibete. Um homem é um homem, um estivador é um mercenário. Ele lidará com sua natureza de mercenário do mesmo modo que com sua natureza de estivador. Um homem é um homem, isto é, não a fidelidade à sua própria essência, e sim a disposição constante para receber uma nova essência.

> Não digas tão exatamente teu nome. Para quê?
> Ao fazê-lo, estarás sempre nomeando um outro.
> E para que exprimir tão alto a tua opinião? Esquece-a. Qual era mesmo?
> Não te lembra de uma coisa por mais tempo do que ela própria dura.

O teatro épico põe em questão o caráter de divertimento atribuído ao teatro; ele abala sua validade social ao privá-lo de sua função na ordem capitalista; e, por fim, ele ameaça a crítica em seus privilégios. Estes residem num saber especializado, que habilita o crítico a fazer certos comentários sobre a direção e a interpretação. Apenas raramente é que os critérios que ele utiliza para fazer esses comentários estão sujeitos a seu próprio controle. Mas ele também pode poupar-se disso, confiando na "estética teatral", cujas particularidades ninguém pretende conhecer com tanta precisão. Se, porém, a estética teatral assume o primeiro plano, se o público se converte no seu fórum e se seu critério não mais for a produção de efeitos sobre os indivíduos, mas a organização de uma massa de ouvintes, a crítica em sua forma atual não possui mas nenhuma vantagem em relação a essa massa, mas fica cada vez mais para trás. No momento em que a massa se diferencia por meio de debates, de decisões responsáveis, de tentativas de tomadas de posição bem fundamentadas, no momento em que a falsa e mistificadora totalidade "público" começa a fragmentar-se, abrindo espaço para as clivagens partidárias que correspondem às condições efetivas — nesse momento, a crítica sofre o duplo infortúnio de ver desvendada a sua função de agente e de ter essa função simultaneamente abolida. Ao apelar para um "público" que sob essa forma equívoca segue existindo somente no teatro, mas caracteristicamente não mais no cinema, a crítica se converte, voluntária ou involuntariamente, em representante do que os antigos chamavam de "teatrocracia": tirania das massas, baseada em reflexos e sensações, que constitui o oposto efetivo da tomada de posição das coletividades responsáveis. Com esse comportamento do público, surgem "inovações" que excluem todo pensamento não realizável na sociedade existente, constituindo com isso o oposto de todas as "renovações". Pois o que é atacado com isso é a concepção de base, a intuição segundo a qual à arte seria permitido apenas "roçar", cabendo unicamente ao *kitsch*, com o qual se comovem unicamente as classes baixas, a tarefa de refletir em sua totalidade a experiência da vida. Mas o ataque a essa base é ao mesmo tempo um ataque aos privilégios da própria crítica — e ela está consciente disso. Na polêmica em torno do teatro épico, ela deve ser ouvida como parte interessada.

Mas o "autocontrole" do palco supõe atores que possuam um conceito do público essencialmente distinto daquele que o domador tem das feras em suas gaiolas; atores cujos efeitos não sejam fins, e sim meios. Quando perguntaram recentemente ao diretor russo Meyerhold, em Berlim, o que distinguia, em sua opinião, os seus atores dos da Europa Ocidental, sua resposta foi: "Duas coisas. Primeiro, eles são capazes de pensar e segundo, eles pensam materialisticamente, e não idealisticamente". A tese de que o palco é uma instância moral justifica-se somente no caso de um teatro que não se limita a transmitir conhecimentos, mas os produz. No teatro épico, a educação de um ator consiste em familiarizá-lo com um tipo de representação que o induz ao conhecimento; o seu conhecimento, por sua vez, determina a sua representação como um todo, não somente do ponto de vista do conteúdo, mas nos seus ritmos, pausas e ênfases. No entanto isso não deve ser compreendido na acepção de um estilo. Como diz o programa de *Mann ist Mann*: "No teatro épico o ator tem várias funções, e seu estilo de representar varia de acordo com cada função que ele preenche". Mas essas múltiplas possibilidades são regidas por uma dialética à qual têm que se submeter todos os elementos estilísticos. "O ator deve mostrar uma coisa, e mostrar a si mesmo. Ele mostra a coisa com naturalidade, na medida em que se mostra, e se mostra, na medida em que mostra a coisa. Embora haja uma coincidência entre essas duas tarefas, a coincidência não deve ser tal que a contradição (diferença) entre elas desapareça." A mais importante realização do ator é "tornar os gestos citáveis"; ele precisa espaçar os gestos, como o tipógrafo espaça as palavras. "A peça épica é uma construção que precisa ser considerada racionalmente, e na qual as coisas precisam ser reconhecidas, e, por isso, sua representação deve ir ao encontro dessa consideração." A tarefa maior de uma direção épica é exprimir a relação existente entre a ação representada e a ação que se dá no ato mesmo de representar. Se todo o programa pedagógico do marxismo é determinado pela dialética entre o ato de ensinar e o de aprender, algo de análogo transparece, no teatro épico, no confronto constante entre a ação teatral, mostrada, e o comportamento teatral, que mostra essa ação. O principal mandamento desse teatro é que "quem mostra" — isto é, o ator como tal — seja "mostrado". Uma tal formulação pode evocar, talvez, a velha dramaturgia da reflexão, de Tieck. Demonstrar por que essa comparação é falsa equivaleria a subir por uma escada em espiral até os desvãos da teoria de Brecht. Aqui bastaria indicar um único elemento: com todos os seus artifícios reflexivos o teatro romântico não conseguiu nunca fazer justiça à relação dialética originária, a relação entre a teoria e a prática, em cuja busca esforçou-se em vão, e é em vão, também hoje, que o "teatro contemporâneo" (*Zeittheater*) se esforça no mesmo sentido.

Se o ator do antigo teatro, como "comediante", muitas vezes se encontrava na vizinhança do padre, no teatro épico ele se encontra ao lado do filósofo. O gesto demonstra a significação e a aplicabilidade sociais da dialética. Ele põe à prova as condições sociais no ser humano. As dificuldades com que se confronta o diretor num ensaio não podem ser solucionadas sem um exame concreto do corpo social. A dialética visada pelo teatro épico não se limita a uma sequência cênica no tempo; ela já se manifesta nos elementos gestuais, que estão na base de todas as sequências temporais e que só podem ser chamados elementos no sentido figurado, pois não são mais simples que essa sequência. O que se descobre na condição representada no palco, com a rapidez do relâmpago, como impressão de gestos, ações e palavras humanas, é um comportamento dialético imanente. A condição descoberta pelo teatro épico é a dialética em estado de repouso. Pois assim como para Hegel o fluxo do tempo não é a matriz da dialética, mas somente o meio em que ela se apresenta, podemos dizer que no teatro épico a matriz da dialética não é a sequência contraditória das declarações e dos comportamentos, mas o próprio gesto. O mesmo gesto faz Galy Gay aproximar-se duas vezes do muro, uma vez para trocar de roupa e outra para ser fuzilado. O mesmo gesto faz com que ele abdique do peixe e aceite comprar o elefante. Tais descobertas irão satisfazer o interesse do público que frequenta o teatro épico, recompensando-o. No que diz respeito à diferença entre esse teatro, enquanto um teatro mais sério, e o teatro habitual, destinado à diversão, esclarece Brecht, com razão:

> Ao criticarmos o teatro adverso como algo meramente culinário, damos talvez a impressão de que o nosso é inimigo de todo prazer, como se não pudéssemos conceber esse aprender ou ser instruído senão como uma fonte de grande desprazer. Muitas vezes enfraquecemos nossas próprias posições para

combater nosso adversário e, para obter com a radicalidade vantagens imediatas, privamos nossa causa de suas dimensões mais amplas e mais válidas. Exclusivamente voltada para a luta, nossa causa pode talvez vencer, mas não pode substituir a que foi vencida. No entanto, o processo de conhecimento de que falamos é ele próprio agradável. Já o fato de que o homem pode ser conhecido de determinado modo engendra um sentimento de triunfo, e também o fato de que ele não pode ser conhecido inteiramente, nem definitivamente, sendo algo que não é facilmente esgotável, que resgata e oculta em si muitas possibilidades (daí sua capacidade de desenvolvimento), é um conhecimento agradável. O fato de que ele é modificável por seu ambiente e de que pode modificar esse ambiente, isto é, agir sobre ele consequentemente — tudo isso provoca um sentimento de prazer. O mesmo não ocorre quando o homem é visto como algo de mecânico, completamente aplicável, incapaz de resistência, o que hoje acontece devido a certas condições sociais. O assombro, que devemos incluir aqui na teoria aristotélica dos efeitos da tragédia, deve ser visto como uma capacidade que pode ser aprendida.

Quando o fluxo real da vida é represado, o instante em que seu curso é interrompido, é sentido como um refluxo: o assombro é esse refluxo. O objeto mais autêntico desse assombro é a dialética em estado de repouso. Ele é o rochedo do qual contemplamos a torrente das coisas, do qual se conhece, na cidade de Jehoo, "sempre cheia, mas onde ninguém permanece", uma canção que começa assim:

> Não te demores nas ondas
> Que se quebram a teus pés; enquanto
> Estiverem na água, novas ondas
> Se quebrarão neles.

Se, porém, a torrente das coisas se quebra nesse rochedo do assombro, não existe nenhuma diferença entre uma vida humana e uma palavra.

No teatro épico, ambas são apenas a crista das ondas. Ele faz a existência saltar para fora do leito do tempo, até às alturas, parar um instante no vazio, fulgurando, e em seguida retornar ao leito.

1931

PEQUENA HISTÓRIA
DA FOTOGRAFIA

A névoa que recobre os primórdios da fotografia é menos espessa que a que obscurece as origens da imprensa; no caso da fotografia, talvez mais do que no do livro, era distinguível que a hora da sua invenção chegara, tendo sido sentida por um certo número de pessoas; homens que, trabalhando independentemente, visavam ao mesmo objetivo: fixar as imagens na *camera obscura*, que eram conhecidas pelo menos desde Leonardo. Quando, depois de cerca de cinco anos de esforços, Niépce e Daguerre lograram simultaneamente em fazê-lo, o Estado interveio, em vista das dificuldades encontradas pelos inventores para patentear sua descoberta, e, depois de indenizá-los, colocou a invenção no domínio público. Com isso, foram criadas as condições para um desenvolvimento contínuo e acelerado, que por muito tempo excluiu qualquer investigação retrospectiva. É o que explica por que as questões históricas, ou filosóficas, se se quiser, suscitadas pela ascensão e declínio da fotografia, deixaram durante décadas de ser consideradas. E se tais questões começam hoje a tornar-se conscientes, isto se deve a uma razão precisa. A literatura recente deu-se conta da circunstância importante de que o apogeu da fotografia — a época de Hill e Cameron, de Hugo e Nadar — ocorreu no primeiro decênio da nova descoberta. Ora, este é o decênio que precede a sua industrialização. Isso não significa que desde aquela época vendedores ambulantes e charlatães não tenham se apoderado da nova técnica, com fins lucrativos; ao contrário, eles o fizeram maciçamente. Porém tais atividades estavam mais próximas das artes de feira, com que a fotografia até hoje tem afinidades, que da indústria. Esta conquistou o campo somente com os cartões de visita, cujo primeiro produtor, sintomaticamente, tornou-se milionário. Não seria surpreendente se as práticas fotográficas, que hoje pela primeira vez dirigem nosso olhar para aquele período pré-industrial de apogeu tivessem uma relação subterrânea com o abalo da indústria capitalista. Mas isso não nos ajuda a tornar útil o fascínio exercido pelas recentes belas publicações de velhas fotografias[1] para a compreensão real da essência da arte fotográfica. As tentativas de se apossar teoricamente da coisa são rudimentares. E os inúmeros debates realizados no século passado sobre esse tema no fundo não conseguiram libertar-se do esquema grotesco utilizado por um jornal chauvinista, o *Leipziger Anzeiger*, para combater o que acreditava ser a arte diabólica francesa.

> Querer fixar efêmeras imagens de espelho, lê-se, não é somente uma impossibilidade, como a ciência alemã o provou irrefutavelmente, mas já o próprio desejo de fazê-lo constitui um sacrilégio. O homem foi feito à semelhança de Deus, e a imagem de Deus não pode ser fixada por nenhuma máquina humana. No máximo o artista divino, movido por uma inspiração celeste, poderia atrever-se a reproduzir esses traços ao mesmo tempo divinos e humanos, num momento de suprema solenidade, obedecendo às diretrizes superiores do seu gênio, e sem qualquer artifício mecânico.

Aqui aparece, com todo o peso da sua rudimentaridade, o conceito filisteu de "arte", alheio a qualquer consideração técnica e que pressente seu próprio fim no advento provocativo da nova técnica. E, no entanto, foi com esse conceito fetichista de arte, fundamentalmente antitécnico, que se debateram os teóricos da fotografia durante quase cem anos, naturalmente sem chegar a qualquer resultado, por mínimo que fosse.

1- Bossert, Helmuth Th. e Guttmann, Heinrich. *Aus der Frühzeit der Photographie.* 1840-70. Um livro de imagens baseado em 200 originais. Frankfurt a.M., 1930. — Schwarz, Heinrich. *David Octavius Hill. Der Meister der Photographie.* Com 80 reproduções. Leipzig, 1931.

Porque tentaram justificar o fotógrafo diante do mesmo tribunal que ele havia derrubado. Muito diferente é o tom com que o físico Arago defendeu a descoberta de Daguerre no dia 3 de julho de 1839, na Câmara dos Deputados. A beleza desse discurso vem do fato de que ele cobre todos os aspectos da atividade humana. O panorama por ele esboçado é suficientemente amplo para tornar irrelevante a justificação da fotografia em face da pintura, que também aqui não falta, para desdobrar a noção do verdadeiro alcance da invenção. "Quando os inventores de um novo instrumento", diz Arago, "o aplicam à observação da natureza, o que eles esperavam da descoberta é sempre uma ninharia, se comparado às descobertas sucessivas, em cuja origem está o instrumento." Em linhas gerais, o discurso abrange o domínio da nova técnica, da Astrofísica à Filologia: ao lado da perspectiva de poder fotografar as estrelas, aparece a ideia de registrar um *corpus* de hieróglifos egípcios.

Os clichês de Daguerre eram placas de prata iodadas e expostas na *camera obscura* que precisavam ser manipuladas em vários sentidos, até que se pudesse reconhecer, sob uma luz favorável, uma imagem cinza-pálida. Eram peças únicas; em média, o preço de uma placa, em 1839, era de 25 francos-ouro. Não raro, eram guardadas em estojos, como joias. Nas mãos de vários pintores, porém, tornaram-se recursos técnicos. Assim como Utrillo, setenta anos depois, produziu suas vistas fascinantes de casas nos arredores de Paris não a partir da natureza, mas por meio de cartões-postais, também David Octavius Hill, famoso retratista inglês, compôs seu afresco sobre o primeiro sínodo geral da igreja escocesa, em 1843, a partir de uma grande série de retratos fotográficos. Ele próprio tirava as fotos. E foram esses modestos meios auxiliares, destinados ao uso do próprio artista, que transmitiram seu nome à história, ao passo que ele desapareceu como pintor. Mas alguns estudos são certamente mais úteis para nos aprofundarmos nessa nova técnica do que essas sequências de retratos: imagens humanas anônimas, e não retratos. A pintura já conhecia há muito rostos desse tipo. Se os quadros permaneciam no patrimônio da família, perguntava-se ainda volta e meia pelo retratado. Porém depois de duas ou três gerações esse interesse desaparecia: os quadros, em sua duração, valem apenas como testemunho do talento artístico daquele que os pintou. Mas na fotografia surge algo de estranho e de novo: na vendedora de peixes de New Haven, olhando o chão com um recato tão displicente e tão sedutor, preserva-se algo que não se reduz ao gênio artístico do fotógrafo Hill, algo que não pode ser silenciado, que reclama com insistência o nome daquela que viveu ali, que também aqui ainda é real, e que não quer reduzir-se totalmente à "arte".

> E eu pergunto: como o encanto desses cabelos
> E desse olhar envolveu os seres de outrora!
> Como essa boca aqui beijada para a qual o desejo
> Se precipita, insano, como fumaça sem fogo!

Ou então descobrimos a imagem de Dauthendey, o fotógrafo, pai do poeta, no tempo de seu noivado com aquela mulher que ele um dia encontrou caída, com os pulsos cortados, no quarto de dormir de sua casa em Moscou, pouco depois do nascimento do seu sexto filho. Nessa foto, ela pode ser visto a seu lado e ele parece segurá-la; mas o olhar dela não o vê, está absorto, fixo em algo de distante e catastrófico. Depois de mergulharmos suficientemente fundo em uma imagem desse tipo, percebemos que também aqui os extremos se tocam: a técnica mais exata pode dar às suas criações um valor mágico que um quadro nunca mais terá para nós. Apesar de toda a perícia do fotógrafo e de todo o planejamento na postura de seu modelo, o observador sente a necessidade irresistível de procurar nessa imagem a pequena centelha do acaso, do aqui e agora, com a qual a realidade chamuscou a imagem, de encontrar o lugar imperceptível em que o futuro se aninha ainda hoje no "ter sido assim" desses minutos únicos, há muito extintos, e com tanta eloquência que, olhando para trás, podemos descobri-lo. A natureza que fala à câmara não é a mesma que fala ao olhar; é outra, especialmente porque substitui um espaço preenchido pela ação consciente do homem por um espaço que ele preenche agindo inconscientemente. Percebemos, em geral, o movimento de um homem que caminha, ainda que de modo grosseiro, mas nada percebemos de sua postura na fração de segundo em que ele dá um passo. A fotografia torna-a acessível, através dos seus recursos auxiliares: câmara lenta, ampliação. Só a fotografia revela esse inconsciente ótico, como só a psicanálise revela o inconsciente pulsional. Características estruturais, tecidos celulares, com os quais operam a técnica e a medicina, tudo isso tem uma afinidade mais originária com a câmara do que a paisagem impregnada de estados afetivos, ou o retrato que exprime a alma do seu modelo. Mas ao mesmo tempo a fotografia revela nesse material os aspectos fisionômicos, mundos de imagens habitando as coisas mais minúsculas, suficientemente ocultas e compreensíveis para encontrarem um refúgio nos devaneios, e que agora, tornando-se grandes e formuláveis, mostram que a diferença entre a técnica e a magia é uma variável totalmente histórica. É assim que, em suas surpreendentes fotografias de plantas, Blossfeldt[2] mostrou na cavalinha as formas mais antigas das colunas, na samambaia a mitra episcopal, nos brotos de castanheiras e bordos, aumentadas dez vezes, mastros totêmicos, no cardo um edifício gótico. Por isso, tampouco os modelos de Hill estavam longe da verdade, se para eles "o fenômeno da fotografia" lhes parecia "uma grande e misteriosa experiência", mesmo que se tratasse apenas da consciência de estarem diante de "um aparelho que podia rapidamente gerar uma imagem do mundo visível, com um aspecto tão vivo e tão verídico como a própria natureza". Dizia-se da câmara de Hill que ela mantinha uma discreta reserva. Mas seus modelos não são menos reservados; eles têm uma certa timidez diante do aparelho, e o princípio de um fotógrafo mais tardio do período de apogeu, "não olhem jamais a câmara", poderia ter sido deduzida do comportamento desses modelos. Com isso não se quer aludir àquele olhar pretensamente dirigido para o próprio observador, que caracteriza, de modo tão importuno para o cliente, certas fotos de animais, bebês e homens, às quais não há melhor oposição do que a frase com que o velho Dauthendey se refere ao daguerreótipo:

> As pessoas não ousavam, ... a princípio, olhar por muito tempo as primeiras imagens por ele produzidas. Evitava-se a nitidez das pessoas, e tinha-se a impressão de que os minúsculos

---

2- Blossfeldt, Karl. *Urformen der Kunst. Photographische Pflanzenbilder.* Organizado e prefaciado por Karl Nierendorf. 120 reproduções. Berlim, 1928.

rostos humanos que apareciam na imagem eram eles mesmos capazes de nos ver, tão surpreendente era para todos a nitidez insólita dos primeiros daguerreótipos.

As primeiras pessoas reproduzidas entravam no campo de visão da fotografia indeterminadas, ou melhor, sem legenda. Os jornais ainda eram artigos de luxo, folheados nos cafés, mas raramente comprados, a fotografia ainda não tinha se tornado seu instrumento, e pouquíssimas pessoas viam seu nome impresso. O semblante humano era rodeado por um silêncio em que o olhar repousava. Em suma, todas as possibilidades da arte do retrato fundam-se no fato de que não se estabelecera ainda um contato entre a atualidade e a fotografia. Muitas das fotos de Hill foram produzidas no cemitério de Greyfriars, em Edimburgo — nada caracteriza melhor esse período primitivo do que a naturalidade com que os modelos aparecem nesse ambiente. Com efeito, segundo uma fotografia de Hill, esse cemitério tem o aspecto de um interior, um local isolado, rodeado por uma cerca, onde de um gramado se erguem sepulturas, apoiadas em muros, ocas como lareiras, em cujo côncavo se revelam, em vez de chamas, epitáfios. Mas esse local não teria jamais provocado um efeito tão impressionante se sua escolha não tivesse obedecido a imperativos técnicos. A fraca sensibilidade luminosa das primeiras chapas exigia uma longa exposição ao ar livre. Isso por sua vez tornava desejável colocar o modelo num lugar tão retirado quanto possível, onde nada pudesse perturbar a concentração necessária ao trabalho. Como diz Orlik, comentando as primeiras fotografias:

> A síntese da expressão, forçada pela longa imobilidade do modelo, é a principal razão pela qual essas imagens, semelhantes em sua simplicidade a quadros bem desenhados ou bem pintados, evocam no observador uma impressão mais persistente e mais durável que as produzidas pelas fotografias mais recentes.

O próprio procedimento técnico levava o modelo a viver não ao sabor do instante, mas dentro dele; durante a longa duração da pose, eles cresciam, por assim dizer, dentro da imagem, constituindo assim o contraste mais definitivo do instantâneo, correspondente àquele mundo transformado, no qual, como observou com razão Krakauer, a questão de saber "se um esportista ficará tão célebre que os fotógrafos de revistas ilustradas queiram expô-lo" depende da mesma fração de segundo necessária para a exposição fotográfica. Tudo nessas primeiras imagens era organizado para durar; não apenas os grupos incomparáveis em que as pessoas se reuniam — e cujo desaparecimento certamente foi um dos sintomas mais precisos do que ocorreu na sociedade na segunda metade do século — mas as próprias dobras de um vestuário, nessas imagens, duram mais tempo. Observe-se o casaco de Schelling; ele pode, com toda certeza, passar à imortalidade juntamente com o filósofo; as formas que ele assumiu no corpo do seu proprietário fazem jus às rugas de seu semblante. Em suma, tudo indica que Bernard von Brentano tinha razão em supor que "um fotógrafo, por volta de 1850, estava à altura do seu instrumento" — pela primeira vez e, durante muito tempo, pela última.

Deve-se considerar, de resto, para compreendermos completamente a forte influência exercida pelo daguerreótipo na época de sua descoberta, que nessa mesma ocasião a pintura ao ar livre estava começando a abrir perspectivas inteiramente novas aos pintores mais progressistas. Consciente de que desse ponto de vista a pintura tinha abdicado em favor da fotografia, também Arago diz explicitamente em sua retrospectiva histórica sobre as primeiras experiências de Giovanni Battista Porta:

> No que se refere aos efeitos provocados pela transparência imperfeita de nossa atmosfera (impropriamente caracterizados como *perspectiva aérea*), nem sequer os pintores mais experientes têm qualquer esperança de que a *camera obscura* [Arago quer referir-se à cópia das imagens que nela aparecem] possa ajudá-los a reproduzir esses efeitos com precisão.

No momento em que Daguerre logrou fixar as imagens da *camera obscura*, os técnicos substituíram, nesse ponto, os pintores. Mas a verdadeira vítima da fotografia não foi a pintura de paisagem, e sim o retrato em miniatura. As coisas desenvolveram-se tão rapidamente que já por volta de 1840 a maioria dos pintores de miniaturas havia se transformado em fotógrafos profissionais, a princípio apenas de forma esporádica, mas já pouco depois exclusivamente. A experiência adquirida em seu ofício original foi-lhes muito útil, embora o alto nível do seu trabalho fotográfico se deva mais à sua formação artesanal que à sua formação artística. Essa geração de transição só desapareceu gradualmente; sim, uma espécie de bênção bíblica parece ter favorecido esses primeiros fotógrafos: os Nadar, os Stelzner, os Pierson, os Bayard, chegaram todos aos noventa ou cem anos. Mas finalmente os homens de negócios se instalaram profissionalmente como fotógrafos, e quando, mais tarde, o hábito do retoque, graças ao qual o mau pintor se vingou da fotografia, acabou por generalizar-se, o gosto experimentou uma brusca decadência. Foi nessa época que começaram a preencher-se os álbuns fotográficos. Eles podiam ser encontrados nos lugares mais glaciais da casa, de preferência em *consoles* ou *guéridons*, na sala de visitas: grandes volumes encadernados em couro, com horríveis fechos de metal, e as páginas com margens douradas, com a espessura de um dedo, nas quais apareciam figuras tolamente vestidas ou cobertas de rendas — o tio Alex e a tia Riqueta, Gertrudes quando pequena, papai no primeiro semestre da faculdade — e, finalmente, para cúmulo da vergonha, nós mesmos: com uma fantasia alpina, cantando à tirolesa, agitando o chapéu contra picos nevados pintados ao fundo, ou como um elegante marinheiro, de pé, pernas entrecruzadas em posição de descanso, como convinha, recostado contra um pilar polido. Os acessórios desses retratos, com seus pedestais, balaustradas e mesas ovais evocam ainda o tempo em que, devido à longa duração da pose, os modelos precisavam ter pontos de apoio para ficarem imóveis. Se, de início, os fotógrafos se contentavam com dispositivos para fixar a cabeça ou o joelho, logo seguiram "outros acessórios, que apareciam nos quadros célebres, e, portanto, tinham que ser 'artísticos'. Antes de mais nada, a coluna e a cortina". Já na década de 1860 pessoas mais competentes revoltavam-se contra essas tolices. Assim escrevia uma publicação inglesa do ramo: "Nos quadros pintados a coluna tem ainda uma aparência de probabilidade, mas o modo como ela é aplicada na fotografia é absurdo; pis ela se ergue em geral sobre um tapete. Ora, todos estão de acordo em que não é sobre um tapete que se constroem colunas de mármore ou de pedra". Foi nessa época que apareceram aqueles ateliês com seus cortinados e palmeiras, tapeçarias e cavaletes, mescla ambígua de execução e representação, câmara de torturas e sala do trono, dos quais testemunha um comovente retrato infantil de Kafka. O menino de cerca de seis anos é representado numa espécie de paisagem de jardim de inverno, vestido com uma roupa de criança, muito apertada, quase humilhante, sobrecarregada com rendas. Ao fundo erguem-se palmeiras imóveis. E, como para tornar esse acolchoado ambiente tropical ainda mais abafado e sufocante, o modelo segura na mão esquerda um chapéu extraordinariamente grande, com largas abas, do tipo usado pelos espanhóis. O menino teria certamente desaparecido nesse quadro se seus olhos incomensuravelmente tristes não dominassem essa paisagem feita sob medida para eles.

Em sua tristeza sem fim, esse retrato contrasta com as primeiras fotografias, em que os homens ainda não lançavam no mundo, como aqui o jovem Kafka, um olhar desolado e perdido. Havia uma aura em torno deles, um meio que, atravessado por seu olhar, conferia-lhes uma sensação de plenitude e segurança. E mais uma vez existe para isso um equivalente técnico: o *continuum* absoluto da luz mais clara à sombra mais escura. Também aqui, aliás, confirma-se a lei da antecipação de novas conquistas na velha técnica, na medida em que os antigos retratistas, antes do seu declínio, haviam produzido uma florescência única do *mezzo-tinto*. Esse procedimento é uma técnica de reprodução que somente mais tarde se associou à da fotografia. Como no *mezzo-tinto*, nas fotos de um Hill a luz se esforça, lutando para sair da sombra. Orlik fala da "condução luminosa sintética", provocada pelo longo período de exposição, que dá "a esses primeiros clichês a sua grandeza". E entre os contemporâneos da invenção, já notava Delaroche a impressão geral "nunca antes alcançada, preciosa, não perturbando em nada a serenidade das massas". Isso pode ser dito do condicionamento técnico do fenômeno aurático. Em particular, algumas imagens de grupo conservam ainda uma forma leve de união, tal como ela aparece transitoriamente na chapa, antes de desaparecer no "clichê original". É esse círculo de vapor que às vezes é circunscrito, de modo belo e significativo, pelo recorte oval hoje antiquado da foto. Por isso, salientar nesses incunábulos da fotografia sua "perfeição técnica" ou seu "bom gosto" é um erro de interpretação. Essas imagens nasceram num espaço em que cada cliente via no fotógrafo, antes de tudo, um técnico da nova escola, e em que o fotógrafo via em cada cliente o membro de uma classe ascendente, dotado de uma aura que se aninhava até nas dobras da sobrecasaca ou da gravata *lavallière*. Pois aquela aura não é o simples produto de uma câmara primitiva. Nos primeiros tempos da fotografia, a convergência entre o objeto e a técnica era tão completa quanto foi sua dissociação, no período de declínio. Pois logo em seguida uma ótica já mais avançada passou a dispor de instrumentos que eliminavam inteiramente a escuridão, registrando os fenômenos de maneira especular. Os fotógrafos posteriores a 1880, por outro lado, viam como sua tarefa criar a ilusão da aura através de todos os artifícios do retoque, especialmente pelo chamado *offset*; essa mesma aura que fora expulsa da imagem graças à eliminação da sombra por meio de objetivas de maior intensidade luminosa, da mesma forma que ela fora expulsa da realidade, graças à degenerescência da burguesia imperialista. Desse modo, entrou na moda um tom crepuscular, interrompido por reflexos artificiais, principalmente na época do *Jugendstil*; apesar dessa penumbra, distinguia-se com clareza crescente uma pose cuja rigidez traía a impotência daquela geração em face do progresso técnico.

E, no entanto, o decisivo na fotografia continua sendo a relação entre o fotógrafo e sua técnica. Camille Recht caracteriza essa relação com uma bela imagem.

> O violinista, diz ele, precisa primeiro formar o som, procurá-lo, encontrá-lo com a rapidez do relâmpago, ao passo que o pianista bate nas teclas — e o som soa. O instrumento está à disposição tanto do pintor, como do fotógrafo. O desenho e o colorido do pintor correspondem à sonoridade do violinista; como o pianista, o fotógrafo precisa lidar com um mecanismo sujeito a leis limitativas, que não pesam tão rigorosamente sobre o violinista. Nenhum Paderewski alcançará jamais a glória de um Paganini, nem exercerá, como ele, o mesmo fascínio mágico, quase lendário.

Mas existe, para conservarmos a mesma metáfora, um Busoni da fotografia: Atget. Ambos eram virtuoses e ao mesmo tempo precursores. Têm em comum um modo incomparável de abrir-se às coisas com o máximo de precisão. Mesmo em seus traços existe algo de afim. Atget foi um ator que, descontente com sua profissão, retirou a máscara, para então dedicar-se a, igualmente, desmascarar a realidade. Viveu em Paris, pobre e desconhecido, vendia suas fotografias por uma ninharia a amadores tão excêntricos como ele, e morreu há pouco tempo, deixando uma obra de mais de quatro mil imagens. Berenice Abbot, de Nova York, recolheu essas fotos, das quais Camille Recht publicou uma seleção, num volume de extraordinária beleza[3]. Os publicistas contemporâneos

> nada sabiam sobre aquele homem que passava a maior parte do tempo percorrendo os ateliês, com suas fotos, desfazendo-se delas por alguns cêntimos, muitas vezes ao mesmo preço de um daqueles cartões-postais que em torno de 1900 representavam belas paisagens urbanas envoltas numa noite azulada, com uma lua retocada. Ele atingiu o polo da suprema maestria, mas na amarga modéstia de um grande artista que sempre viveu na sombra, deixou de plantar ali a sua bandeira. Por isso, muitos julgam ter descoberto aquele polo que Atget já alcançara antes deles.

As fotos parisienses de Atget são de fato as precursoras da fotografia surrealista, a vanguarda do único destacamento verdadeiramente expressivo que o Surrealismo conseguiu pôr em marcha. Ele foi o primeiro a desinfetar a atmosfera sufocante difundida pela fotografia convencional, especializada em retratos, da época da decadência. Ele purifica essa atmosfera, ou mesmo a liquida: começa a libertar o objeto da sua aura, o mérito mais incontestável da moderna escola fotográfica. Quando as publicações de vanguarda, *Bifur* ou *Variété*, mostram unicamente detalhes, sob títulos como *Westminster*, *Lille*, *Antuerpia* ou *Breslau*,

---

3- Atget, Eugène. *Lichtbilder*. Prefácio de Camille Recht. Paris e Leipzig, 1930.

representando, ora um fragmento de balaustrada, ora uma copa desfolhada cujos galhos se entrecruzam de múltiplas maneiras sobre um poste de gás, ora um muro ou um candelabro com uma boia de salvação na qual figura o nome da cidade, elas limitam-se a levar ao extremo motivos descobertos por Atget. Ele buscava as coisas perdidas e transviadas, assim como essas imagens se voltam contra a ressonância exótica, majestosa, romântica, dos nomes de cidades; elas sugam a aura da realidade como uma bomba suga a água de um navio que afunda. — O que é, de fato, a aura? É uma trama singular de espaço e tempo: a aparição única de uma distância, por mais próxima que esteja. Observar, em repouso, numa tarde de verão, uma cadeia de montanhas no horizonte, ou um galho, que projeta sua sombra sobre o observador, até que o instante ou a hora participem de sua aparição — é isso que significa respirar a aura dessas montanhas, desse galho. Mas "fazer as coisas se aproximarem" de nós, ou antes, das massas, é uma tendência tão apaixonada do homem contemporâneo quanto a superação do caráter único de cada situação por meio de sua reprodução. A cada dia torna-se mais irresistível a necessidade de possuir o objeto de tão perto quanto possível, na imagem, ou melhor, na cópia. E a cópia, como ela nos é oferecida pelos jornais ilustrados e pelas atualidades cinematográficas, distingue-se inconfundivelmente da imagem. Nesta, a unicidade e a durabilidade associam-se tão intimamente como a transitoriedade e a reprodutibilidade naquela. Retirar o objeto do seu invólucro, a desintegração de sua aura, é a característica de uma forma de percepção cujo sentido para o homogêneo no mundo é tão agudo que, graças à reprodução, ela consegue captá-lo até no que é único. Quase sempre Atget passou ao largo das "grandes vistas e dos assim chamados lugares característicos", mas não negligenciou uma grande fila de fôrmas de sapateiro; nem os pátios de Paris, onde da manhã à noite se enfileiram carrinhos de mão; nem as mesas com a louça suja ainda não retirada, como existem aos milhares, na mesma hora; nem o bordel da rua... nº 5, algarismo que aparece, gigantesco, em quatro diferentes locais da fachada. Mas curiosamente quase todas essas imagens encontram-se vazias. Vazia a Porte d'Arcueil nas fortificações, vazias as escadas faustosas, vazios os pátios, vazios os terraços dos cafés, vazia, como convém, a Place du Tertre. Esses lugares não são solitários, e sim privados de toda atmosfera; nessas imagens, a cidade foi esvazia-da, como uma casa que ainda não encontrou locatários. Nessas obras, a fotografia surrealista prepara uma saudável alienação do ser humano com relação a seu mundo ambiente. Ela limpa para o olhar politicamen-te educado o terreno em que toda intimidade cede lugar à iluminação dos pormenores.

É evidente que esse novo olhar está ausente precisamente naquele gênero que via de regra era mais cultivado pelos fotógrafos: o retrato representativo e bem remunerado. Por outro lado, renunciar ao homem é para a fotografia a mais irrealizável de todas as exigências. E quem não sabia disso, aprendeu com os melhores filmes russos que mesmo o am-biente e a paisagem só se abrem ao fotógrafo que sabe captá-los em sua manifestação anônima, num semblante humano. Mas essa possibilidade é em grande medida condicionada pela pessoa representada. A geração que não pretendia chegar à posteridade pelas fotografias e que em vez disso se refugiava em seu mundo cotidiano — como Schopenhauer se refugia na profundidade da poltrona, na fotografia de por volta de 1850, em Frankfurt —, mas que, por isso mesmo, transportou consigo, na foto, esse mundo cotidiano, essa geração não legou suas virtudes a seus sucessores. Pela primeira vez em décadas o cinema russo ofereceu uma oportunidade de aparecer diante da câmara a pessoas que não tinham nenhum interesse em fazer-se fotografar. E subitamente o rosto huma-no apareceu na chapa com uma significação nova e incomensurável. Mas não se tratava mais de retratos. Do que se tratava, então? É o mé-rito eminente de um fotógrafo alemão ter respondido a essa pergunta. August Sander[4] reuniu uma série de rostos que em nada ficam a dever à poderosa galeria fisionômica de um Eisenstein ou de um Pudovkin, e realizou esse trabalho numa perspectiva científica. "Sua obra é organi-zada em sete grupos, que correspondem à atual ordem social, e deverá ser publicada em 45 pranchas, com doze fotos cada uma." Até agora foi publicada uma seleção de 60 reproduções, que oferecem um material inesgotável para a observação. "Sander parte do camponês, do homem

---

4- Sander, August. *Antlitz der Zeit*. Sessenta fotografias de alemães do século XX. Prefácio de Alfred Döblin. Munique, 1929.

ligado à terra, conduz o observador por todas as camadas e profissões, até os representantes da mais alta civilização, e descendentemente até o idiota." O autor não empreendeu essa tarefa imensa como cientista, não se deixou assessorar por teóricos racistas ou por sociólogos, mas partiu, simplesmente, da "observação imediata", como diz o editor. Essa observação foi por certo isenta de preconceitos, e mesmo audaciosa, mas ao mesmo tempo terna, no sentido de Goethe: "Existe uma terna empiria que se identifica intimamente com o objeto e com isso se transforma efetivamente em teoria". É, pois, inteiramente natural que um observador como Döblin tenha destacado sobretudo os elementos científicos dessa obra, comentando:

> Assim como existe uma anatomia comparada, que permite pela primeira vez obter uma concepção geral da natureza e da história dos órgãos, esse fotógrafo praticou uma fotografia comparada, alcançando assim um ponto de vista científico situado além da fotografia de pormenores.

Seria uma lástima se as condições econômicas impedissem a publicação completa desse *corpus* extraordinário. Mas podemos oferecer à editora, além desse encorajamento de princípio, outro, mais concreto. Trabalhos como o de Sander podem alcançar da noite para o dia uma atualidade inesperada. Sob o efeito dos deslocamentos de poder, como os que estão hoje iminentes, aperfeiçoar e tornar mais exato o processo de captar traços fisionômicos pode converter-se numa necessidade vital. Quer venhamos da direita ou da esquerda, temos que nos habituar a ser vistos, venhamos de onde viermos. Por outro lado, teremos também que olhar os outros. A obra de Sander é mais que um livro de imagens, é um atlas, no qual podemos nos exercitar.

"Não há, em nosso tempo, nenhuma obra de arte que seja contemplada tão atentamente quanto a imagem fotográfica de nós mesmos, de nossos parentes próximos, de nossos entes queridos", escreveu Lichtwark, já no ano de 1907, transpondo assim a investigação da esfera das distinções estéticas para chegar à das funções sociais. Somente a partir daqui essa investigação poderá progredir. É característico que o debate tenha se concentrado na estética da "fotografia como arte", ao passo que poucos se interessaram, por exemplo, pelo fato bem mais evidente da "arte como fotografia". E ainda assim o efeito da reprodução fotográfica de obras de arte tem muito mais importância para a função da arte do que a construção mais ou menos artística de uma fotografia, que transforma a vivência em uma "presa" para a câmera. No fundo, o amador que volta para casa com um sem número de fotografias artísticas originais não é mais agradável que um caçador, regressando do campo com massas de animais abatidos que só têm valor para o comerciante. E realmente não parece estar longe o dia em que haverá mais folhas ilustradas que lojas vendendo caças ou aves. Mas basta de falar do "disparo". As ênfases, porém, mudam completamente se abandonamos a fotografia como arte e nos voltarmos à arte como fotografia. Cada um de nós pode observar que um quadro, acima de tudo uma escultura, e até mesmo uma obra da arquitetura são mais facilmente visíveis na fotografia do que na realidade. A tentação de atribuir esse fenômeno à decadência do gosto artístico ou ao fracasso dos nossos contemporâneos é grande. Somos, porém, forçados a reconhecer que a concepção das grandes obras se modificou simultaneamente com o aperfeiçoamento das técnicas de reprodução. Não podemos mais vê-las como criações individuais; elas transformaram-se em criações coletivas tão possantes que precisamos diminuí-las para que possamos assimilá-las. Em última instância, os métodos de reprodução mecânica constituem uma técnica de miniaturização e ajudam o homem a assegurar sobre as obras um grau de domínio sem o qual elas não mais poderiam ser utilizadas.

Se alguma coisa caracteriza a relação atual entre a arte e a fotografia, é a tensão ainda não resolvida que surgiu entre ambas quando as obras de arte começaram a ser fotografadas. Muitos fotógrafos que determinam os contornos atuais dessa técnica partiram da pintura. Eles a abandonaram na tentativa de colocar seus meios de expressão numa relação viva e inequívoca com a vida contemporânea. Quanto maior sua sensibilidade aos sinais dos tempos, mais problemático se tornou para eles seu ponto de partida. Pois mais uma vez, como há oitenta anos, a fotografia está substituindo a pintura.

As possibilidades criadoras do novo, diz Moholy-Nagy, são na maior parte dos casos descobertas, lentamente, através de velhas formas, velhos instrumentos e velhas esferas de atividade, que no fundo já foram liquidados com o aparecimento do novo, mas sob a pressão do novo emergente experimentam uma floração eufórica. Assim a pintura futurista (estática) forneceu sua problemática, solidamente definida, da simultaneidade dos movimentos, da estruturação do momento temporal, problemática que mais tarde destruiria essa mesma pintura; e isso numa época em que o cinema já era conhecido, embora ainda não compreendido em seu alcance... Do mesmo modo, podemos considerar, com cautela, alguns dos pintores que hoje trabalham com meios de apresentação e objetivação (neoclassicistas e veristas) como precursores de uma nova forma de apresentação visual, que em breve utilizará apenas meios técnicos de natureza mecânica.

E, segundo Tristan Tzara, em 1922:

Quando tudo o que se chamava arte se paralisou, o fotógrafo acendeu sua lâmpada de mil velas e gradualmente o papel sensível à luz absorveu o negrume de alguns objetos de uso comum. Ele tinha descoberto o poder de um relampejar terno e imaculado, mais importante que todas as constelações oferecidas para o prazer dos nossos olhos.

Os fotógrafos que passaram das artes plásticas à fotografia, não por razões oportunísticas, não acidentalmente, não por comodismo, constituem hoje a vanguarda dos especialistas contemporâneos porque de algum modo estão imunizados por esse itinerário contra o maior perigo da fotografia contemporânea, a comercialização. "A fotografia como arte", diz Sasha Stone, "é um terreno muito perigoso."

Se a fotografia se libera de certos contextos, como aqueles dados por um Sander, uma Germaine Krull, um Blossfeldt, se ela se emancipa de todo interesse fisionômico, político e científico, então ela se torna "criadora". A tarefa da objetiva será a "visão simultânea"; o panfletário fotográfico aparece. "O espírito, dominando a mecânica, reinterpreta seus resultados mais exatos como analogias da vida." Quanto mais se propaga a crise da atual ordem social, quanto mais rigidamente os momentos individuais dessa ordem se contrapõem entre si, numa oposição morta, tanto mais a "criatividade" — no fundo, por sua própria essência, mera variante, cujo pai é a contradição e cuja mãe é a imitação — se afirma como fetiche, cujos traços só devem a vida à alternância das modas. A criatividade na fotografia é o seu comprometimento com a moda. Sua divisa é precisamente: "o mundo é belo". Nela se desmascara a atitude de uma fotografia capaz de realizar infinitas montagens com uma lata de conservas, mas incapaz de compreender um único dos contextos humanos em que ela aparece, e que, com isso, constitui mais uma precursora do valor de venda de seu objeto, por mais onírico que este seja, que de seu conhecimento. Mas, se a verdadeira face dessa "criatividade" fotográfica é o reclame ou a associação, sua contrapartida legítima é o desmascaramento ou a construção. Pois a situação, diz Brecht,

> complica-se pelo fato de que menos do que nunca a simples *reprodução da realidade* consegue dizer algo sobre a realidade. Uma fotografia das fábricas Krupp ou da AEG não revela quase nada sobre essas instituições. A verdadeira realidade deslocou-se para a realidade funcional. A reificação das relações humanas — numa fábrica, por exemplo — não mais se manifesta. É preciso, pois, *construir* alguma coisa, algo de *artificial*, de *fabricado*.

O mérito dos surrealistas é o de ter preparado o caminho para uma tal construção fotográfica. O cinema russo representa uma nova etapa nesse confronto entre a fotografia criadora e a construtiva. Não é demais dizer que as grandes realizações dos seus diretores foram possíveis somente num país em que a fotografia não visa à excitação e à sugestão, mas à experimentação e ao aprendizado. Nesse sentido, e somente nele, pode-se dar ainda hoje uma significação às palavras imponentes com as quais o tosco pintor de ideias, Antoine Wiertz, saudou, em 1855, o advento da fotografia:

> Há alguns anos nasceu, para a glória do nosso século, uma máquina que diariamente impressiona nossos pensamentos e assusta nossos olhos. Em cem anos, essa máquina será o pincel, a palheta, as cores, a destreza, a experiência, a paciência, a agilidade, a precisão, o colorido, o verniz, o modelo, a perfeição, o extrato da pintura ... Não se creia que o daguerreótipo signifique a morte da arte ... Quando o daguerreótipo, essa criança gigantesca, tiver atingido sua maturidade, quando toda sua arte e toda sua força se tiverem desenvolvido, o gênio o segurará pela nuca, subitamente, clamando: vem cá! Tu me pertences agora! Trabalharemos juntos.

Em contraste, é com palavras sóbrias e pessimistas que Baudelaire anuncia a nova técnica aos seus leitores, quatro anos depois, no "Salão de 1859". Como as anteriores, essas palavras só podem ser lidas hoje com um leve deslocamento de ênfase. Mas, por constituírem a antítese daquelas, conservaram seu significado como uma veemente rejeição de todas as usurpações da fotografia artística.

> Nesses dias deploráveis surgiu uma nova indústria, que muito contribuiu para confirmar a superficial tolice em sua fé ... de que a arte é e não pode deixar de ser a reprodução exata da natureza ... Um deus vingador ouviu a voz dessa multidão. Daguerre foi seu Messias ... Se for permitido à fotografia complementar a arte em algumas de suas funções, em breve ela a suplantará e corromperá completamente, graças à aliança natural que encontrará na tolice da multidão. É preciso, pois, que ela cumpra o seu verdadeiro dever, que é o de servir às ciências e às artes.

Mas o que nem Wiertz nem Baudelaire compreenderam, àquela época, são as injunções implícitas na autenticidade da fotografia. Nem sempre será possível contorná-las com uma reportagem, cujos clichês somente produzem o efeito de provocar no espectador associações linguísticas. A câmara torna-se cada vez menor, cada vez mais apta a fixar imagens efêmeras e secretas, cujo efeito de choque paralisa o mecanismo associativo do espectador. Aqui deve intervir a legenda, introduzida pela fotografia para favorecer a literarização de todas as relações da vida e sem a qual qualquer construção fotográfica corre o risco de permanecer vaga e aproximativa. Não é à toa que as fotos de Atget foram comparadas ao local de um crime. Mas não é cada recanto de nossas cidades o local de um crime? Não é cada passante um criminoso? Não deve o fotógrafo, sucessor dos áugures e arúspices, descobrir a culpa em suas imagens e denunciar o culpado? Já se disse que "o analfabeto do futuro não será quem não sabe escrever, e sim quem não sabe fotografar". Mas um fotógrafo que não sabe ler suas próprias imagens não é pior que um analfabeto? Não se tornará a legenda a parte mais essencial da fotografia? Tais são as questões pelas quais a distância de noventa anos, que separa os homens de hoje do daguerreótipo, se descarrega de suas tensões históricas. É à luz dessas centelhas que as primeiras fotografias, tão belas e inabordáveis, se destacam da escuridão que envolve os dias de nossos avós.

1931

A DOUTRINA DAS SEMELHANÇAS

Um olhar lançado à esfera do "semelhante" é de importância fundamental para a compreensão de grandes setores do saber oculto. Esse conhecimento, porém, deve ser obtido menos no registro de semelhanças encontradas que na reprodução dos processos que engendram tais semelhanças. A natureza engendra semelhanças: basta pensar no mimetismo. Mas é o homem que tem a capacidade suprema de produzir semelhanças. Na verdade, talvez não haja nenhuma de suas funções superiores que não seja decisivamente codeterminada pela faculdade mimética. Essa faculdade, porém, tem uma história, tanto no sentido filogenético como no ontogenético. No que diz respeito ao último, a brincadeira infantil constitui a escola de muitos aspectos dessa faculdade. Para começar, os jogos infantis são impregnados de comportamentos miméticos, que não se limitam de modo algum à imitação de pessoas. A criança não brinca apenas de ser comerciante ou professor, mas também moinho de vento e trem. A questão central, contudo, é saber qual a utilidade para a criança dessa instrução na atitude mimética.

A resposta a essa questão pressupõe uma reflexão atenta sobre o significado filogenético do comportamento mimético. Para avaliar esse significado, não basta pensar no que compreendemos hoje com o conceito de semelhança. Sabe-se que o círculo existencial regido pela lei da semelhança era outrora muito mais vasto. Era o domínio do micro e do macrocosmos, para mencionar apenas uma entre muitas concepções que a experiência da semelhança encontrou no decorrer da história. Mesmo para os homens dos nossos dias pode-se afirmar que os episódios cotidianos em que eles percebem conscientemente as semelhanças são apenas uma pequena fração dos inúmeros casos em que a semelhança os determina inconscientemente. As semelhanças percebidas conscientemente — por exemplo, nos rostos — em comparação com as incontáveis semelhanças das quais não temos consciência, ou que não são percebidas de todo, são como a pequena ponta do *iceberg* que se vê despontar na água, em comparação com a sua poderosa massa submarina.

Mas essas correspondências naturais assumem sua significação decisiva somente quando levamos em conta que fundamentalmente todas elas estimulam e despertam a faculdade mimética que lhes corresponde no homem. Deve-se refletir ainda que nem as forças miméticas nem as coisas miméticas, seu objeto, permaneceram as mesmas, inalteradas no curso do tempo; que no decorrer dos séculos a força mimética, e com ela o dom da apreensão mimética, abandonou certos campos, talvez para desaguar em outros. Talvez não seja ousado demais supor que exista, no todo, uma direção unitária no desenvolvimento histórico dessa faculdade mimética.

À primeira vista, tal direção somente poderia estar na crescente decrepitude dessa faculdade mimética. Pois o universo perceptível do homem moderno parece conter evidentemente muito menos daquelas correspondências mágicas do que o dos povos antigos ou primitivos. A questão é se se trata de uma extinção da faculdade mimética ou talvez de sua transformação. Embora indiretamente, a astrologia pode sugerir alguns indícios sobre as possíveis direções dessa metamorfose. Pois, enquanto investigadores das antigas tradições, devemos contar com o fato de que certas configurações sensíveis tenham sido dotadas de características miméticas de que hoje não podemos nem mesmo suspeitar. As constelações estelares são um exemplo.

Para compreendermos esse exemplo, temos que conceber o horóscopo como uma totalidade originária, que é meramente analisada pela interpretação astrológica (a posição dos astros constitui uma unidade característica, e as características dos planetas individuais somente podem ser percebidas pela sua influência nessa posição). Devemos contar fundamentalmente com o fato de que os processos celestes fossem imitáveis pelos antigos, tanto individual como coletivamente, e de que essa imitabilidade contivesse prescrições para o manejo de uma semelhança preexistente. Essa imitabilidade pelo homem, isto é, a faculdade mimética que este possui, deve ser considerada, por ora, como a única instância capaz de conferir à astrologia o seu caráter experimental (*Erfahrungscharakter*). Se, porém, o gênio mimético foi efetivamente uma força determinante na vida dos antigos, eles não poderiam deixar de atribuir ao recém-nascido a plenitude desse dom, concebido sobretudo como um ajustamento perfeito à ordem cósmica.

Mas o momento do nascimento, que é o decisivo, é apenas um instante. Isso evoca outra particularidade na esfera do semelhante. Sua percepção, em todos os casos, está ligada a um relampejar. Ela passa voando, e, embora talvez possa ser recuperada, não pode ser fixada, ao contrário de outras percepções. Ela se oferece ao olhar de modo tão efêmero e transitório quanto uma constelação de astros. A percepção das semelhanças, portanto, parece estar vinculada a um momento temporal. A conjunção de dois astros, que só pode ser vista num momento específico, é observada por um terceiro protagonista, o astrólogo. Apesar de toda a precisão dos seus instrumentos de observação, o astrônomo não consegue igual resultado.

A alusão à astrologia poderia bastar para esclarecer o conceito de uma semelhança não sensível. Esse conceito é obviamente relativo: ele deixa claro que nossa percepção não mais dispõe daquilo que antes nos permitia falar de uma semelhança entre uma constelação e um ser humano. Não obstante, possuímos também um cânone, que nos aproxima de uma compreensão mais clara da obscuridade ligada ao conceito de semelhança não sensível. Este cânone é a linguagem.

Já há muito se tem admitido uma certa influência da faculdade mimética sobre a linguagem. Mas isto ocorria sem fundamentos sólidos, e não se chegou jamais, com isso, a cogitar seriamente acerca da significação, e muito menos da história da faculdade mimética. Sobretudo, porém, tais reflexões permaneciam estreitamente vinculadas à esfera mais familiar da semelhança, a sensível. De qualquer modo, reconheceu-se, no elemento onomatopaico, o papel do comportamento imitativo na gênese da linguagem. Mas, se a linguagem, como é evidente para as pessoas mais perspicazes, não é um sistema convencional de signos, é imperioso recorrer, no esforço de aproximar-se dela, a certas ideias contidas, em sua forma mais crua e mais primitiva, nas teorias onomatopaicas. A questão é: podem essas teorias ser adaptadas a uma concepção mais madura e precisa?

Em outras palavras: podemos dar um sentido à frase de Leonhard, contida no seu escrito revelador, *A palavra*: "Cada palavra e a língua inteira são onomatopaicas"? A chave, que torna essa tese transparente, está oculta no conceito de uma semelhança não sensível. Se ordenarmos as palavras das diferentes línguas que possuam uma mesma significação em torno desse significado, como seu centro, seria então de se investigar como todas essas palavras — que frequentemente não têm entre si a menor semelhança — são semelhantes ao significado situado no centro. Tal concepção é naturalmente intimamente aparentada às teorias místicas ou teológicas da linguagem, sem, no entanto, abandonar com isso o âmbito da filologia empírica. É conhecido, porém, que as doutrinas místicas da linguagem não se contentam em submeter a palavra oral a seu campo reflexivo, preocupando-se igualmente com a escrita. É digno de nota, neste ponto, que esta pode esclarecer a essência das semelhanças não-sensíveis, talvez melhor ainda que certas composições sonoras da linguagem, através da relação entre a imagem escrita de palavras ou letras com o significado, ou com o que dá o nome. Assim, a letra *beth* tem o nome de uma casa. É, portanto, a semelhança não-sensível que estabelece a ligação não somente entre o falado e o intencionado, mas também entre o escrito e o intencionado, e igualmente entre o falado e o escrito. E o faz de modo sempre inteiramente novo, originário, irredutível.

A mais importante dessas ligações é talvez a última, entre a palavra escrita e a falada. Pois a semelhança que nela prevalece é comparativamente a menos sensível de todas. Ela é também a que foi alcançada mais tardiamente. E a tentativa de captar sua verdadeira essência não pode ser realizada sem a reconstituição da história de sua gênese, por mais impenetrável que seja a obscuridade que ainda hoje cerca esse tema.

A moderna grafologia ensinou-nos a identificar na escrita manual imagens, ou antes, quebra-cabeças, que o inconsciente do seu autor nela oculta. É de supor que a faculdade mimética, assim manifesta na atividade de quem escreve, tenha sido altamente significativa para o ato de escrever nos tempos recuados em que a escrita se originou. A escrita transformou-se assim, ao lado da linguagem oral, num arquivo de semelhanças, de correspondências não sensíveis.

Essa dimensão — mágica, se se quiser — da linguagem e da escrita não se desenvolve isoladamente da outra dimensão, a semiótica. Todos os elementos miméticos da linguagem constituem uma intenção fundada, isto é, eles só podem vir à luz sobre um fundamento que lhes é estranho, e esse fundamento não é outro que a dimensão semiótica e comunicativa da linguagem. Dessa maneira, o texto literal da escrita é o único e exclusivo fundamento sobre o qual se pode formar o quebra-cabeça. O contexto significativo contido nos sons da frase é, portanto, o fundo do qual emerge, num instante, com a velocidade do relâmpago, o semelhante. Mas, como essa semelhança não sensível está presente em todo ato de leitura, abre-se nessa camada profunda o acesso ao extraordinário duplo sentido da palavra leitura, em sua significação profana e mágica. O colegial lê o abecedário, e o astrólogo, o futuro contido nas estrelas. No primeiro exemplo, o ato de ler não se desdobra em seus dois componentes. O mesmo não ocorre no segundo caso, que torna manifestos os dois estratos da leitura: o astrólogo lê no céu a posição dos astros e lê ao mesmo tempo, nessa posição, o futuro ou o destino.

Se essa leitura a partir dos astros, das vísceras e dos acasos era para o primitivo sinônimo de leitura em geral, e se além disso existiram elos mediadores para uma nova leitura, como foi o caso das runas, pode-se supor que o dom mimético, outrora o fundamento da clarividência, migrou gradativamente, no seu desenvolvimento ao longo dos milênios, para a linguagem e para a escrita, nelas produzindo o mais completo arquivo de semelhanças não-sensíveis. Nessa perspectiva, a linguagem seria a mais alta aplicação da faculdade mimética: um *medium* em que as faculdades primitivas de percepção do semelhante penetraram tão completamente, que ela se converteu no *medium* em que as coisas se encontram e se relacionam, não diretamente, como antes, no espírito do vidente ou do sacerdote, mas em suas essências, nas substâncias mais fugazes e delicadas, nos próprios aromas. Em outras palavras: a clarividência confiou, no decorrer da história, à escrita e à linguagem as suas antigas forças.

O ritmo, porém, a velocidade na leitura ou na escrita, inseparáveis desse processo, seriam como o esforço, ou o dom, de fazer o espírito participar daquele segmento temporal no qual as semelhanças irrompem do fluxo das coisas, transitoriamente, para desaparecerem em seguida. Assim, mesmo a leitura profana, para ser compreensível, partilha com a leitura mágica a característica de submeter-se a um tempo necessário, ou antes, a um momento crítico que o leitor por nenhum preço pode esquecer se não quiser sair de mãos vazias.

Apêndice

O dom de ver semelhanças, do qual dispomos, nada mais é que um fraco resíduo da violenta compulsão, a que estava sujeito o homem, de tornar-se semelhante e de agir segundo a semelhança. E a faculdade extinta de tornar-se semelhante ia muito além do estreito universo em que hoje podemos ainda ver as semelhanças. Foi a semelhança que permitiu, há milênios, que a posição dos astros produzisse efeitos sobre a existência humana no instante do nascimento.

1933

EXPERIÊNCIA E POBREZA

Em nossos livros de leitura havia a parábola de um velho que, no leito de morte, revela a seus filhos a existência de um tesouro oculto em seus vinhedos. Bastava desenterrá-lo. Os filhos cavam, mas não descobrem qualquer vestígio do tesouro. Com a chegada do outono, porém, as vinhas produzem mais que qualquer outra na região. Só então compreenderam que o pai lhes havia transmitido uma certa experiência: a felicidade não está no ouro, mas no trabalho duro. Tais experiências nos foram transmitidas, de modo benevolente ou ameaçador, à medida que crescíamos: "Ele ainda é muito jovem, mas em breve será um dos nossos". Ou: "Um dia ainda vai experimentar na própria carne". Sabia-se também exatamente o que era a experiência: ela sempre fora comunicada pelos mais velhos aos mais jovens. De forma concisa, com a autoridade da velhice, em provérbios; de forma prolixa, com a sua loquacidade, em histórias; às vezes como narrativas de países longínquos, diante da lareira, contadas a filhos e netos. — Que foi feito de tudo isso? Quem encontra ainda pessoas que saibam narrar algo direito? Que moribundos dizem hoje palavras tão duráveis que possam ser transmitidas como um anel, de geração em geração? Quem é ajudado, hoje, por um provérbio oportuno? Quem tentará, sequer, lidar com a juventude invocando sua experiência?

Não, está claro que as ações da experiência estão em baixa, e isso numa geração que entre 1914 e 1918 viveu uma das mais terríveis experiências da história universal. Talvez isso não seja tão estranho como parece. Na época, já se podia notar que os combatentes voltavam silenciosos do campo de batalha. Mais pobres em experiências comunicáveis, e não mais ricos. Os livros de guerra que inundaram o mercado literário dez anos depois continham tudo menos experiências transmissíveis de boca em boca. Não, o fenômeno não é estranho. Porque nunca houve experiências mais radicalmente desmentidas que a experiência estratégica pela guerra de trincheiras, a experiência econômica pela inflação, a experiência do corpo pela fome, a experiência moral pelos governantes. Uma geração que ainda fora à escola num bonde puxado por cavalos viu-se sem teto, numa paisagem diferente em tudo, exceto nas nuvens, e em cujo centro, num campo de forças de correntes e explosões destruidoras, estava o frágil e minúsculo corpo humano.

Uma forma completamente nova de miséria recaiu sobre os homens com esse monstruoso desenvolvimento da técnica. A angustiante riqueza de ideias que se difundiu entre — ou melhor, sobre — as pessoas, com a renovação da astrologia e da ioga, da *Christian Science* e da quiromancia, do vegetarianismo e da gnose, da escolástica e do espiritismo, é o reverso dessa miséria. Pois não é uma renovação autêntica que está em jogo, e sim uma galvanização. Pensemos nos esplêndidos quadros de Ensor, nos quais uma fantasmagoria preenche as ruas das metrópoles: pequeno-burgueses com fantasias carnavalescas, máscaras disformes brancas de farinha, coroas de folha de estanho sobre as cabeças, rodopiam imprevisivelmente pelas vielas. Esses quadros são talvez o retrato da Renascença terrível e caótica na qual tantos depositam suas esperanças. Aqui, porém, revela-se com toda clareza que nossa pobreza de experiências é apenas uma parte da grande pobreza que recebeu novamente um rosto, nítido e preciso como o do mendigo medieval. Pois qual o valor de todo o nosso patrimônio cultural, se a experiência não mais o vincula a nós? A horrível mixórdia de estilos e visões de mundo do século passado mostrou-nos com tanta clareza aonde esses valores culturais podem nos conduzir quando a experiência nos é subtraída, hipócrita ou sorrateiramente, que é hoje em dia uma prova de honradez confessar nossa pobreza. Sim, confessemos: essa pobreza não é apenas pobreza em experiências privadas, mas em experiências da humanidade em geral. Surge assim uma nova barbárie.

Barbárie? Sim, de fato. Dizemo-lo para introduzir um conceito novo e positivo de barbárie. Pois o que resulta para o bárbaro dessa pobreza de experiência? Ela o impele a partir para a frente, a começar de novo, a contentar-se com pouco, a construir com pouco, sem olhar nem para a direita nem para a esquerda. Entre os grandes criadores sempre existiram aqueles implacáveis que operaram a partir de uma tábula rasa. Pois queriam uma prancheta: foram construtores. A essa estirpe de construtores pertenceu Descartes, que baseou sua filosofia numa única certeza — penso, logo existo — e dela partiu. Também Einstein foi um tal construtor, que subitamente perdeu o interesse por todo o universo da física, exceto uma pequena discrepância entre as equações de Newton e as experiências da astronômia. Os artistas tinham em mente esse mesmo "começar do princípio" quando se inspiravam na matemática e reconstruíam o mundo, como os cubistas, a partir de formas estereométricas, ou quando, como Klee, se inspiravam nos engenheiros. Pois as figuras de Klee são por assim dizer desenhadas na prancheta, e, assim como num bom automóvel a própria carroceria obedece acima de tudo às necessidades do motor, a expressão fisionômica dessas figuras obedece ao que está dentro. Ao que está dentro, mais que à interioridade: é isso que as torna bárbaras.

Aqui e ali, as melhores cabeças já começaram há tempos a expressar essas coisas. Sua característica é uma desilusão radical com a época e ao mesmo tempo uma fidelidade sem reservas a ela. Pouco importa se é o poeta Bertolt Brecht afirmando que o comunismo não é a repartição justa da riqueza, mas da pobreza, ou se é o precursor da moderna arquitetura, Adolf Loos, afirmando: "Só escrevo para pessoas dotadas de uma sensibilidade moderna ... Não escrevo para os nostálgicos ardentes do Renascimento ou do Rococó". Tanto um artista complexo como Paul Klee quanto um programático como Loos, ambos rejeitam a imagem do homem tradicional, solene, nobre, adornado com todas as oferendas do passado, para dirigir-se ao contemporâneo nu, deitado como um recém--nascido nas fraldas sujas de nossa época. Ninguém o saudou tão alegre e risonhamente como Paul Scheerbart. Ele escreveu romances que de longe se parecem com os de Júlio Verne, mas, ao contrário de Verne, que se limita a catapultar interminavelmente no espaço, nos veículos mais fantásticos, pequenos pensionistas ingleses ou franceses, Scheerbart interessou-se pela questão de como nossos telescópios, aviões e foguetes transformam os homens antigos em criaturas inteiramente novas, dignas de serem vistas e amadas. De resto, essas criaturas também falam uma língua inteiramente nova. Decisiva, nessa linguagem, é a dimensão arbitrária e construtiva, em contraste com a dimensão orgânica. É esse o aspecto inconfundível na linguagem dos homens de Scheerbart, ou melhor, da sua "gente"; pois eles recusam qualquer semelhança com o humano, esse princípio fundamental do humanismo. Mesmo em seus nomes próprios: os personagens do seu livro, intitulado *Lesabéndio*, segundo o nome do seu herói, chamam-se Peka, Labu, Sofanti e outros do mesmo gênero. Também os russos preferem dar aos seus filhos nomes "desumanizados": são nomes como Outubro, aludindo ao mês da Revolução, ou Pjatiletka, aludindo ao Plano Quinquenal, ou Aviachim, aludindo a uma companhia de aviação. Nenhuma renovação técnica da língua, mas sua mobilização a serviço da luta ou do trabalho e, em todo caso, a serviço da transformação da realidade, e não da sua descrição.

Scheebart, porém, para voltarmos a ele, atribui a maior importância à tarefa de hospedar sua "gente" — e, segundo esse modelo, os seus concidadãos — em acomodações adequadas à sua categoria: em casas de vidro, ajustáveis e móveis, tais como as construídas, nesse meio tempo, por Loos e Le Corbusier. Não é por acaso que o vidro é um material tão duro e tão liso, no qual nada se fixa. É também um material frio e sóbrio. As coisas de vidro *não têm nenhuma aura*. O vidro é em geral o inimigo do mistério. É também o inimigo da propriedade. O grande romancista André Gide disse certa vez: cada coisa que desejo possuir torna-se opaca para mim. Será que homens como Scheerbart sonham com construções de vidro porque professam uma nova pobreza? Mas uma comparação talvez seja aqui mais útil que qualquer teoria. Se entrarmos num quarto burguês dos anos 1880, apesar de todo o "aconchego" que possa irradiar, talvez a impressão mais forte que ele produz seja a de que "não tens nada a fazer aqui". Não temos nada a fazer ali porque não há nesse espaço um único ponto em que seu habitante não tenha deixado seus vestígios:

os bibelôs sobre as prateleiras, as mantinhas sobre as poltronas, as cortinas transparentes atrás das janelas, o guarda-fogo diante da lareira. Uma bela frase de Brecht pode ajudar-nos a compreender o que está em jogo: "Apaguem os rastros!", diz o estribilho do primeiro poema da *Cartilha para os citadinos*. Aqui, no cômodo burguês, a atitude oposta tornou-se hábito. Nele, o *"intérieur"* obriga o habitante a adquirir o máximo possível de hábitos, hábitos estes que se ajustam melhor a esse *intérieur* em que vive do que a ele próprio. Isso pode ser compreendido por qualquer pessoa que se lembre ainda da indignação absurda que acometia o ocupante desses aposentos de pelúcia quando algum objeto da sua casa se quebrava. Mesmo seu modo de encolerizar-se — e esse afeto, que começa a extinguir-se, era manipulado com grande virtuosismo — era antes de mais nada a reação de um homem cujos "vestígios sobre a terra" estavam sendo apagados. Tudo isso foi eliminado por Scheerbart com seu vidro e pelo *Bauhaus* com seu aço: eles criaram espaços em que é difícil deixar rastros. "Pelo que foi dito", explicou Scheerbart há vinte anos, "podemos falar de uma *cultura de vidro*. O novo ambiente de vidro transformará completamente os homens. Deve-se apenas esperar que a nova cultura de vidro não encontre muitos adversários."

Pobreza de experiência: isso não deve ser compreendido como se os homens aspirassem a novas experiências. Não, eles aspiram a libertar-se de toda experiência, aspiram a um mundo em que possam ostentar tão pura e tão claramente sua pobreza, externa e também interna, que algo de decente possa resultar disso. Nem sempre, tampouco, são ignorantes ou inexperientes. Frequentemente pode-se afirmar o oposto: eles "devoraram" tudo, a "cultura" e o "ser humano", e ficaram saciados e exaustos. Ninguém mais do que eles sente-se atingido pelas palavras de Scheerbart: "Vocês estão todos tão cansados — e tudo porque não concentraram todos os seus pensamentos num plano totalmente simples mas absolutamente grandioso." Ao cansaço segue-se o sonho, e não é raro que o sonho compense a tristeza e o desânimo do dia, realizando a existência inteiramente simples e absolutamente grandiosa que não pode ser realizada durante o dia, por falta de forças. A existência do camundongo Mickey é um desses sonhos do homem contemporâneo. É uma existência cheia de milagres, que não somente superam os milagres técnicos como zombam deles. Pois o mais extraordinário neles é que todos, sem qualquer maquinário, saem improvisadamente do corpo do camundongo Mickey, dos seus aliados e perseguidores, dos móveis mais cotidianos, assim como das árvores, nuvens e lagos. Natureza e técnica, primitividade e conforto unificam-se aqui completamente, e aos olhos das pessoas, fatigadas com as complicações infinitas da vida diária e que veem a finalidade da vida apenas como o mais remoto ponto de fuga numa interminável perspectiva de meios, surge uma existência redentora que em cada dificuldade se basta a si mesma, do modo mais simples e ao mesmo tempo mais cômodo, na qual um automóvel não pesa mais que um chapéu de palha, e uma fruta na árvore se arredonda como a gôndola de um balão. — Mas tomemos agora alguma distância, recuemos alguns passos.

Ficamos pobres. Abandonamos, uma a uma, todas as peças do patrimônio humano, tivemos que empenhá-las muitas vezes a um centésimo do seu valor para recebermos em troca a moeda miúda do "atual". A crise econômica está diante da porta, atrás dela uma sombra, a próxima guerra. A tenacidade tornou-se hoje privilégio de um pequeno grupo dos poderosos, que sabe Deus não serem mais humanos que a maioria; na maioria bárbaros, mas não no bom sentido. Os outros, porém, precisam arranjar-se, de novo e com poucos meios. São solidários dos homens que fizeram do essencialmente novo uma coisa sua, com lucidez e capacidade de renúncia. Em seus edifícios, quadros e histórias a humanidade se prepara, se necessário, para sobreviver à cultura. E o que é mais importante: ela o faz rindo. Talvez esse riso tenha aqui e ali um som bárbaro. Perfeito. No meio tempo, possa o indivíduo dar um pouco de humanidade àquela massa, que um dia irá retribuir-lhe com juros e com os juros dos juros.

1933

O AUTOR COMO PRODUTOR

CONFERÊNCIA PRONUNCIADA NO INSTITUTO
PARA O ESTUDO DO FASCISMO EM PARIS,
27 DE ABRIL DE 1934

> "Il s' agit de gagner les intellectuels à la classe ouvrière,
> en leur faisant prendre conscience de l' identité de leurs démarches
> spirituelles et de leurs conditions de producteur."
>
> *Ramon Fernandez*

Conhecemos o tratamento reservado por Platão aos poetas em seu projeto de Estado. No interesse da coletividade, ele lhes nega o seu abrigo. Platão tinha um alto conceito do poder da poesia. Porém julgava-a prejudicial, supérflua — numa coletividade *perfeita*, bem entendido. Desde então, a questão do direito à existência do poeta raramente tem sido colocada com essa ênfase; mas ela se coloca hoje. Não se coloca, em geral, nessa *forma*. Mas a questão vos é mais ou menos familiar sob a forma do problema da autonomia do autor: sua liberdade de escrever o que quiser. Não estais inclinados a conceder-lhe essa autonomina. Em vossa opinião, a situação social contemporânea o força a decidir a favor de que causa colocará sua atividade. O escritor burguês, que produz obras destinadas à diversão, não reconhece essa alternativa. Vós lhe demonstrais que, sem o admitir, ele trabalha a serviço de certos interesses de classe. O escritor progressista reconhece essa alternativa. Sua decisão se dá no campo da luta de classes, na qual se coloca ao lado do proletariado. É este o fim de sua autonomia. Ele orienta a sua atividade em função do que for útil ao proletariado na luta de classes. Costuma-se dizer que ele obedece a uma *tendência*.

Eis a palavra de ordem em torno da qual há muito se trava um debate, que vos é familiar. Como ele vos é familiar, sabeis também o quão infrutífero ele tem sido. Pois ele não conseguiu libertar-se da enfadonha dicotomia *por um lado por outro lado*: *por um lado* devemos exigir que o autor siga a tendência correta, *por outro lado* temos o direito de esperar que sua produção seja de boa qualidade. Essa fórmula é naturalmente insuficiente, enquanto não nos dermos conta da *verdadeira relação* existente entre os dois fatores: tendência e qualidade. Podemos, certamente, postular, por decreto, a natureza dessa relação. Podemos dizer que uma obra que revela a tendência correta não precisa demonstrar ter qualquer outra qualidade. Podemos também decretar que uma obra que revela a tendência correta deve necessariamente demonstrar ter todas as outras qualidades.

A segunda formulação não é desinteressante. Mais do que isso: ela é correta. Não hesito em aderir a ela. Ao fazê-lo, porém, recuso-me a decretá-la. A afirmação deve ser *provada*. E é para a tentativa dessa prova que rogo vossa atenção. Objetareis talvez que se trata de um tema excessivamente especializado, e mesmo remoto. Como promover, com essa prova, o estudo do fascismo? E, no entanto, é exatamente o que me proponho a fazer. Pois espero ser capaz de mostrar-vos que o conceito de tendência, na forma rudimentar em que ele normalmente aparece no debate acima mencionado, é um instrumento inteiramente inadequado para a crítica literária politicamente orientada. Pretendo mostrar-vos que a tendência de uma obra literária só pode ser correta do ponto de vista político quando for também correta do ponto de vista literário. Isso significa que a tendência politicamente correta inclui uma tendência literária. E já acrescento imediatamente que é essa tendência literária contida implícita ou explicitamente em toda tendência política *correta* — é ela, e somente ela, que determina a qualidade da obra. É *por isso*, portanto, que a tendência política correta de uma obra inclui sua qualidade literária — porque inclui sua *tendência* literária.

Creio poder prometer-vos que essa afirmação se tornará mais clara a seguir. No momento, reconheço que poderia ter escolhido outro ponto de partida. Parti do debate estéril sobre a relação entre a tendência e a qualidade de uma obra literária. Eu poderia ter partido do debate ainda mais antigo e não menos estéril sobre a relação entre forma e conteúdo, sobretudo na literatura política. Essa problemática não tem hoje boa reputação, e com toda justiça. Ela é considerada o caso exemplar da tentativa de abordar fenômenos literários de modo não dialético, por meio de estereótipos. Bem. Mas qual seria o tratamento dialético da mesma questão?

O tratamento dialético dessa questão, e com isso entro em meu tema, não pode de maneira alguma operar com essa coisa rígida e isolada: obra, romance, livro. Ele deve situá-la nos contextos sociais vivos. Direis, com razão, que nossos companheiros o empreenderam repetidamente. Certamente. Ocorre que em muitas dessas tentativas partiram diretamente para grandes perspectivas, e com isso estas permaneceram em sua maioria vagas. Sabemos que as relações sociais são condicionadas pelas relações de produção. E quando a crítica materialista abordava uma obra, costumava perguntar como ela se vinculava às relações sociais de produção da época. Esta é uma pergunta importante. Mas é também uma pergunta difícil. Sua resposta não é sempre inequívoca. Gostaria, portanto, de propor uma pergunta mais imediata. Uma pergunta mais modesta, de voo mais curto, mas que em minha opinião oferece melhores perspectivas de ser respondida. Em vez de perguntar: como se vincula uma obra com as relações de produção da época? É compatível com elas, é reacionária, ou visa sua transformação, é revolucionária? — em vez dessa pergunta, ou pelo menos antes dela, gostaria de sugerir-vos outra. Antes, pois, de perguntar qual a posição de uma obra literária *em relação* às relações de produção da época, gostaria de perguntar: qual é a sua posição *dentro* dessas relações? Essa pergunta visa imediatamente à função exercida pela obra no interior das relações de produção literárias de uma época. Em outras palavras, ela visa de modo imediato à *técnica literária* das obras.

Designei com o conceito de técnica aquele conceito que torna os produtos literários acessíveis a uma análise imediatamente social, e portanto a uma análise materialista. Ao mesmo tempo, o conceito de técnica representa o ponto de partida dialético para uma superação do contraste infecundo entre forma e conteúdo. Além disso, o conceito de técnica pode ajudar-nos a definir corretamente a relação entre tendência e qualidade, pela qual nos perguntamos no início. Se em nossa primeira formulação dissemos que a tendência política correta de uma obra inclui sua qualidade literária, porque inclui sua tendência literária, determinamos agora mais precisamente que essa tendência literária pode consistir num progresso ou num retrocesso da técnica literária.

Certamente terei vossa aprovação se passar agora, de modo só aparentemente imediato, para relações literárias totalmente concretas: as russas. Gostaria de chamar vossa atenção para Sergei Tretiakov, e para o tipo do escritor "operante", por ele definido e personificado. Esse escritor operante proporciona o exemplo mais tangível da interdependência funcional que existe sempre, sob quaisquer condições, entre a tendência política correta e a técnica literária progressista. É, de fato, apenas um exemplo: reservo-me o direito de mencionar outros. Tretiakov distingue entre o escritor operante e o informante. A missão do primeiro não é relatar, mas combater; não ser espectador, mas participante ativo. Tretiakov ilustra essa missão com depoimentos acerca de sua própria produção. Quando, na época da coletivização total da agricultura, em 1928, foi anunciada a palavra de ordem: "Escritores aos kolkhozes!", ele viajou para a comuna Farol Comunista e em duas longas estadias realizou os seguintes trabalhos: convocação de comícios populares; coleta de fundos para a aquisição de tratores; tentativas de convencer os camponeses individuais a aderirem aos kolkhozes; inspeção de salas de leituras; criação de jornais murais e direção do jornal do kolkhoz; reportagens para jornais de Moscou; introdução de rádios e de cinemas itinerantes etc. Não é surpreendente que o livro *Os generais*, redigido por Tretiakov logo em seguida a essa estadia, tenha exercido uma forte influência sobre o desenvolvimento posterior da economia coletivizada.

Podeis admirar Tretiakov e, no entanto, julgar que seu exemplo não é muito significativo no contexto atual. As tarefas de que se encarregou, objetareis talvez, são as de um jornalista ou de um propagandista, e pouco têm a ver com a literatura. Ora, escolhi o exemplo de Tretiakov deliberadamente para mostrar-vos como é vasto o horizonte a partir do qual temos que repensar a ideia de formas ou gêneros literários em função dos fatos técnicos de nossa situação atual, se quisermos alcançar as formas de expressão adequadas às energias literárias do nosso tempo. Nem sempre houve romances no passado, e eles não precisarão existir sempre, o mesmo ocorrendo com as tragédias e as grandes epopeias. Nem sempre as formas lúdicas do comentário, da tradução e mesmo da chamada falsificação tiveram um caráter literário marginal: elas ocuparam um lugar importante na Arábia e na China, não somente nos textos filosóficos como também nos literários. Nem sempre a retórica foi uma forma insignificante: pelo contrário, ela imprimiu seu selo em grandes províncias da literatura antiga. Lembro tudo isso para transmitir-vos a ideia de que estamos no centro de um grande processo de fusão de formas literárias, no qual muitas oposições em que estamos habituados a pensar poderiam perder sua força combativa. Permiti-me dar um exemplo para ilustrar a esterilidade dessas oposições e o processo de sua superação dialética. E seguiremos atendo-nos a Tretiakov. Este exemplo é o jornal.

> Várias oposições de nossa literatura, escreve um autor de esquerda[1], que em épocas mais afortunadas se fertilizavam reciprocamente, transformaram-se em antinomias insolúveis. Ocorre, assim, uma disjunção desordenada e uma perda de relação entre a ciência e as belas letras, entre a crítica e a produção, entre a cultura e a política. O jornal é o cenário dessa confusão literária. Seu conteúdo é a *matéria*, alheia a qualquer forma de organização que não seja a que lhe é imposta pela impaciência do leitor. E essa impaciência não é só a do político, que espera uma informação, ou a do especulador, que espera uma indicação, mas, atrás delas, cozinha a impaciência dos excluídos, que julgam ter direito a manifestar-se em defesa dos seus interesses. O fato de que nada prende tanto o leitor a seu jornal como essa impaciência, que exige uma alimentação diária, foi há muito utilizado pelas redações, que abrem continuamente novas seções, para satisfazer suas perguntas, opiniões e protestos. Com a assimilação indiscriminada dos fatos cresce também a assimilação indiscriminada de leitores, que se veem instantaneamente elevados à categoria de colaboradores. Mas oculta-se aí um elemento dialético: o declínio da dimensão literária na imprensa burguesa revela-se a fórmula de sua

---

1- Aqui Benjamin está citando a si mesmo: "Die Zeitung" ("O jornal"), fragmento publicado na revista suíça *Der öffentliche Dienst*, 30/03/1934 (ano 27, n.13). Essa passagem também foi retomada no ensaio sobre a obra de arte na era da sua reprodutibilidade técnica. (N.d.R.)

renovação na imprensa soviética. Pois na medida em que essa dimensão ganha em extensão o que perde em profundidade, a distinção entre o autor e o público, que a imprensa burguesa preserva de modo convencional, começa a desaparecer na imprensa soviética. Nela, o leitor está sempre pronto a escrever, descrever ou mesmo prescrever. Como especialista — se não numa área de saber, pelo menos no cargo em que exerce suas funções —, ele tem acesso à condição de autor. O próprio trabalho toma a palavra. E sua apresentação em palavras passa a fazer parte das qualificações exigidas para a sua execução. A competência literária não se funda mais numa formação especializada, e sim numa formação politécnica, e com isso transforma-se em direito de todos. Em suma, é a literarização das condições de vida que resolve as antinomias, de outra forma insuperáveis, e é no cenário em que se dá a humilhação mais extrema da palavra — o jornal — que se prepara a sua salvação.

Espero ter demonstrado com isso que a tese do autor como produtor precisa recorrer à imprensa. Porque é nela, pelo menos na soviética, que se percebe que o violento processo de fusão, já mencionado, não somente ultrapassa as distinções convencionais entre os gêneros, entre ensaístas e escritores, entre investigadores e divulgadores, mas submete à revisão a própria distinção entre autor e leitor. Nesse processo, a imprensa é a instância decisiva, e por isso qualquer análise do autor como produtor deve manter o passo com ela.

Mas não podemos demorar-nos excessivamente nessa instância. Porque na Europa Ocidental a imprensa não constitui um instrumento de produção válido nas mãos do escritor. Ela pertence ainda ao capital. Pois, uma vez que, por um lado, o jornal representa, do ponto de vista técnico, a posição mais importante a ser ocupada pelo escritor, e, por outro, essa posição é controlada pelo inimigo, não é de admirar que o escritor enfrente as maiores dificuldades para compreender seu condicionamento social, seu arsenal técnico e suas tarefas políticas. Um dos fenômenos mais decisivos dos últimos dez anos foi, para a Alemanha, o fato de que um segmento considerável de suas cabeças produtivas, sob a pressão das circunstâncias econômicas, experimentou, ao nível das opiniões, um desenvolvimento revolucionário, sem, no entanto, poder pensar de um ponto de vista realmente revolucionário seu próprio trabalho, sua relação com os meios de produção e sua técnica. Refiro-me, evidentemente, à chamada inteligência de esquerda, e limito-me aqui à fração que podemos designar como inteligência burguesa de esquerda. Os movimentos políticos-literários alemães mais importantes do último decênio partiram dessa fração. Seleciono dois desses movimentos, o "ativismo" e a "nova objetidade", como exemplos para mostrar que a tendência política, por mais revolucionária que pareça, está condenada a funcionar de modo contrarrevolucionário enquanto o escritor permanecer solidário com o proletariado somente ao nível de suas convicções, e não na qualidade de produtor.

O slogan que resume as exigências do "ativismo" é *logocracia*, ou reinado do espírito (*Geist*). Traduz-se-o correntemente por "reinado dos intelectuais" (*Geistige*). Com efeito, o conceito de intelectual ganhou terreno no campo da inteligência de esquerda e domina seus manifestos políticos, de Heinrich Mann a Döblin. Podemos observar sem grandes esforços que esse conceito foi cunhado sem levar minimamente em conta a posição da inteligência no processo produtivo. Hiller, o teórico do ativismo, não concebe os intelectuais como "membros de certos ramos profissionais", mas como "representantes de um certo tipo caracterológico". Naturalmente, esse tipo caracterológico se situa, enquanto tal, entre as classes. Ele abrange um número arbitrário de existências privadas sem oferecer a mínima base para sua organização. Quando Hiller repudia a figura do líder partidário, ele admite que esse líder tem muitas qualidades; ele pode "ser mais bem informado em temas importantes ..., falar uma linguagem mais próxima do povo ..., combater mais corajosamente" do que o intelectual, mas uma coisa é certa: "ele pensa de maneira mais deficitária". É provável, porém de que serve isso, se, como disse Brecht, do ponto de vista político não é o pensamento individual que é decisivo, mas a arte de pensar na cabeça dos outros? O ativismo tentou substituir a dialética materialista pela categoria, indeterminável em termos de classe, do senso comum. Seus intelectuais representam, na melhor das hipóteses, uma categoria. Em outras palavras: o princípio dessa coletividade é em si reacionário; não é de admirar, portanto, que ela não haja nunca exercido uma influência revolucionária.

Mas o princípio desastroso que serviu para constituir tal coletividade continua vivo. Pudemos verificá-lo quando apareceu, há três anos, *Wissen und Verändern!* (*Saber e mudar*), de Döblin. Esse texto surgiu, como se sabe, a título de resposta a um jovem — Döblin o chama Sr. Hocke — que se dirigiu ao célebre autor com a pergunta: "O que fazer?". Döblin o convida a aderir à causa socialista, mas sob condições problemáticas. O socialismo, segundo Döblin, significa "liberdade, união espontânea dos homens, recusa de toda coação, indignação contra a injustiça e a violência, humanidade, tolerância, opiniões pacíficas". Qualquer que seja a validade dessa definição, Döblin faz de tal socialismo uma arma contra a teoria e a *praxis* do movimento operário radical. Segundo Döblin, "não se pode extrair de uma coisa nada que já não esteja nela; de uma luta de classes homicida pode sair justiça, mas não socialismo". Döblin formula do seguinte modo a recomendação feita a Hocke, por essas razões e outras semelhantes:

> Seu *sim* de princípio à luta (do proletariado) só poderá ser executado se, meu caro Senhor, se o Senhor *não* se alistar em suas fileiras. O Senhor deve contentar-se em aprovar esse combate, com emoção e tristeza, mas sabes também que, se fizeres mais do que isso, deixarás vaga uma posição de enorme importância ...: a posição do comunismo primitivo, da liberdade humana individual, da solidariedade espontânea e da fraternidade dos homens ... Essa posição, prezado Senhor, é a única que lhe compete.

Vê-se aqui aonde conduz a concepção do "intelectual" como um tipo definido por suas opiniões, convicções e disposições, e não por sua posição no processo produtivo. Com diz Döblin, ele deve encontrar seu lugar *ao lado* do proletariado. Mas que lugar é esse? O lugar de um protetor, de um mecenas ideológico. Um lugar impossível. E assim voltamos à tese inicial: o lugar do intelectual na luta de classes só pode ser determinado, ou melhor, escolhido, em função de sua posição no processo produtivo.

Brecht criou o conceito de "refuncionalização" para caracterizar a transformação de formas e instrumentos de produção por uma inteligência progressista e, portanto, interessada na liberação dos meios de produção, a serviço da luta de classes. Brecht foi o primeiro a confrontar o intelectual com a exigência fundamental: não abastecer o aparelho de produção, sem modificá-lo, na medida do possível, num sentido socialista. "A publicação de *Versuche*", diz o autor na introdução à obra, "ocorre num momento em que certos trabalhos não devem mais corresponder a vivências individuais (possuir o caráter de obras), e sim visar à utilização (reestruturação) de certos institutos e instituições". O que se propõe são inovações técnicas, e não uma renovação espiritual, como proclamam os fascistas. Voltarei mais adiante a essas inovações técnicas. Limito-me aqui a aludir à diferença essencial que existe entre abastecer um aparelho produtivo e modificá-lo. E gostaria, ao iniciar minhas reflexões sobre a "nova objetividade", de afirmar que abastecer um aparelho produtivo sem ao mesmo tempo modificá-lo, na medida do possível, seria um procedimento altamente questionável, mesmo que os materiais fornecidos tivessem uma aparência revolucionária. Encontramo-nos diante do fato — abundantemente demonstrado nos últimos dez anos, na Alemanha — de que o aparelho burguês de produção e publicação pode assimilar uma surpreendente quantidade de temas revolucionários, e até mesmo propagá-los, sem colocar seriamente em risco sua própria existência e a existência das classes que o controlam. Isso continuará sendo verdade enquanto esse aparelho for abastecido por escritores revolucionários rotineiros. Defino o rotineiro como o homem que renuncia por princípio a aperfeiçoar o aparelho produtivo a fim de romper sua ligação com a classe dominante, em benefício do socialismo. Afirmo ainda que uma parcela substancial da chamada literatura de esquerda não exerceu outra função social que a de extrair da situação política efeitos sempre novos, para entreter o público. Isso me traz ao tema da "nova objetidade". Ela lançou a moda da reportagem. A questão é a seguinte: a quem serviu essa técnica?

Para maior clareza, coloco em primeiro plano a sua forma fotográfica. O que for válido para ela pode ser transposto para a forma literária.

Ambas devem seu ímpeto excepcional à técnica da publicação: ao rádio e à imprensa ilustrada. Pense-se no dadaísmo. A força revolucionária do dadaísmo estava em sua capacidade de submeter a arte à prova da autenticidade. Os autores compunham naturezas-mortas com bilhetes, carretéis, pontas de cigarro, aos quais se associavam elementos da pintura. O conjunto era posto numa moldura. E com isso mostrava-se ao público: vejam, a moldura faz explodir o tempo; o mínimo fragmento autêntico da vida diária diz mais que a pintura. Assim como a impressão digital ensanguentada de um assassino na página de um livro diz mais que o texto. A fotomontagem preservou muitos desses conteúdos revolucionários. Basta pensar nos trabalhos de John Heartfield, cuja técnica transformou as capas de livros em instrumentos políticos. Mas acompanhemos um pouco mais a trajetória da fotografia. Que vemos? Ela se torna cada vez mais matizada, cada vez mais moderna, e o resultado é que ela não pode mais fotografar cortiços ou montes de lixo sem exaltá-los. Ela não pode dizer, de uma barragem ou de uma fábrica de cabos, outra coisa senão: o mundo é belo. Este é o título do conhecido livro de fotografias de Renger-Patzsch, que representa a fotografia da "nova objetidade" em seu apogeu. Pois ela conseguiu transformar a própria miséria em objeto de fruição, ao captá-la segundo os modismos mais aperfeiçoados. Porque, se uma das funções econômicas da fotografia é alimentar as massas com certos conteúdos que antes ela estava proibida de consumir — a primavera, personalidades eminentes, países estrangeiros — através de uma elaboração baseada na moda, uma de suas funções políticas é a de *renovar*, de dentro, o mundo como ele é — em outras palavras: segundo os critérios da moda.

Temos aqui um exemplo drástico do que significa abastecer um aparelho produtivo sem modificá-lo. Modificá-lo significaria derrubar uma daquelas barreiras, superar uma daquelas contradições que acorrentam o trabalho produtivo da inteligência. Nesse caso, trata-se da barreira entre a escrita e a imagem. Temos que exigir do fotógrafo a capacidade de colocar em suas imagens legendas explicativas que as arranquem da clausura da moda e lhes confiram um valor de uso revolucionário. Mas só poderemos formular convincentemente essa exigência quando nós, escritores, começarmos a fotografar. Ou seja, também aqui, para o autor como produtor o progresso técnico é um fundamento do seu progresso político. Em outras palavras: somente a superação daquelas competências no processo da produção intelectual, que, segundo a concepção burguesa, constituem a base de sua organização, torna essa produção politicamente apropriada; para tal, as barreiras de competência entre as duas forças produtivas — a material e a intelectual —, erigidas para separá-las, precisam ser derrubadas conjuntamente. O autor como produtor, ao perceber-se como solidário com o proletariado, sente-se solidário, igualmente, com certos outros produtores, com os quais antes não parecia ter grande coisa em comum. Mencionei o fotógrafo; acrescentarei agora brevemente algumas palavras de Eisler sobre o músico:

> Também na evolução musical, tanto na esfera da produção como na da reprodução, temos que reconhecer um processo de racionalização cada vez mais intenso ... O disco, o cinema sonoro, o autômato musical, podem fazer circular obras-primas da música ... em conserva, como mercadorias. Esse processo de racionalização tem como consequência que a reprodução musical se limita a grupos cada vez menores de especialistas, mas também cada vez mais qualificados. A crise da música de concerto é a crise de uma forma produtiva obsoleta, superada por novas invenções técnicas.

A tarefa consistia, portanto, em refuncionalizar a forma-concerto, mediante duas condições: primeiro, eliminar a oposição entre intérprete e ouvinte, e segundo, eliminar a oposição entre técnica e conteúdo. A esse respeito, Eisler faz a seguinte instrutiva observação: "Devemos guardar-nos de supervalorizar a música orquestral, considerando-a a única arte elevada. Somente no capitalismo a música sem palavras obteve tanta significação e conheceu uma difusão tão ampla". Ou seja, a tarefa de transformar o concerto não é possível sem a cooperação da palavra. Somente ela, como diz Eisler, pode transformar um concerto num comício político. Brecht e Eisler provaram, com a peça didática *Die Massnahme* (*As medidas*), que essa transformação representa de fato um altíssimo nível da técnica musical e literária.

Se voltarmos agora o olhar ao processo de fusão das formas literárias, mencionado no início, veremos como a fotografia, a música e outros elementos, que não conhecemos ainda, mergulham naquela massa líquida incandescente da qual serão cunhadas as novas formas. Confirma-se, assim, que é somente a literarização de todas as relações vitais que permite dar uma ideia exata do alcance desse processo de fusão, do mesmo modo que é o nível da luta de classes que determina a temperatura na qual se dá a fusão, de modo mais ou menos completo.

Aludi ao procedimento de um certo modismo fotográfico, que faz da miséria um objeto de consumo. Comentando agora a "nova objetidade" como movimento literário, darei um passo além, dizendo que ela transformou em objeto de consumo a *luta contra a miséria*. De fato, em muitos casos sua significação política esgotou-se na conversão de reflexos revolucionários, assim que eles afloravam na burguesia, em objetos de dispersão, de diversão, facilmente absorvíveis pelos cabarés das grandes cidades. O que caracteriza essa literatura é a metamorfose da luta política, de vontade de decidir em objeto de prazer contemplativo, de meio de produção em artigo de consumo. Um crítico perspicaz[2] ilustrou esse fenômeno tomando como exemplo Erich Kästner:

> Essa inteligência radical de esquerda nada tem a ver com o movimento operário. Como sintoma de desagregação burguesa, ela é muito antes a contrapartida do mimetismo feudal, que o Império admirou no tenente de reserva. Os publicistas radicais de esquerda, do gênero de um Kästner, Mehring ou Tucholsky, são o mimetismo proletário das camadas burguesas decadentes. Sua função política é gerar *cliques*, e não partidos, sua função literária é gerar modas, e não escolas, sua função econômica é gerar agentes, e não produtores. Agentes ou profissionais da rotina, fazem despesas extravagantes com sua pobreza e transformam numa festa a sua vacuidade abissal. Nunca ninguém se acomodou tão confortavelmente numa situação tão desconfortável.

2- Novamente, Benjamin cita a si próprio, desta feita seu ensaio "Melancolia de esquerda". (N.d.R.)

Essa escola, como disse, fez despesas extravagantes com sua pobreza. Ela se esquivou, com isso, da tarefa mais urgente do escritor contemporâneo: chegar à consciência de quão pobre ele é e de quanto precisa ser pobre para poder começar de novo. Porque é disso que se trata. O Estado soviético não expulsará os poetas, como o platônico, mas lhes atribuirá tarefas — e por isso mencionei no início a *República* de Platão — que o impedem de ostentar em novas "obras-primas" a pseudorriqueza da personalidade criadora. Esperar uma renovação no sentido de tais personalidades e tais obras é um privilégio do fascismo, capaz de manifestar formulações estúpidas como aquelas com que Günther Gründel conclui sua rubrica literária, em *Missão das jovens gerações*: "Não poderíamos terminar melhor ... essa visão panorâmica do que com a observação de que o *Wilhelm Meister*, o *Grüne Heinrich* de nossa geração não foi, até hoje, escrito". O autor consciente das condições da produção contemporâneas está muito longe de esperar o advento de tais obras, ou mesmo de desejá-lo. Seu trabalho não será jamais a fabricação exclusiva de produtos, mas sempre, ao mesmo tempo, a dos meios de produção. Em outras palavras: seus produtos, junto com, e mesmo antes de seu caráter de obras, devem possuir uma função organizadora. Sua utilidade organizacional não precisa de modo algum limitar-se à utilidade propagandística. A tendência, em si, não basta. O excelente Lichtenberg já o disse: não importam as opiniões que temos, e sim o que essas opiniões fazem de nós. É verdade que as opiniões são importantes, mas mesmo as melhores não têm nenhuma utilidade quando não tornam úteis aqueles que as defendem. A melhor tendência é falsa quando não prescreve a atitude que o escritor deve adotar para concretizá-la. E o escritor só pode prescrever essa atitude em seu próprio trabalho: escrevendo. A tendência é a condição necessária, mas jamais a condição suficiente para o desempenho da função organizatória da obra. Esta exige, além disso, um comportamento prescritivo, pedagógico, por parte do escritor. Essa exigência é hoje mais imperiosa do que nunca. *Um autor que não ensina nada aos escritores não ensina ninguém.* O caráter modelar da produção é, portanto, decisivo: em primeiro lugar, ela deve poder orientar outros produtores em sua produção e, em segundo lugar, colocar à disposição deles um aparelho mais perfeito. E esse aparelho é tanto melhor quanto mais conduz consumidores à esfera da produção, ou seja, quanto maior for sua capacidade de transformar em colaboradores os leitores ou espectadores. Já possuímos um modelo desse gênero, do qual só posso falar aqui rapidamente. É o teatro épico de Brecht.

Continuam sendo escritas tragédias e óperas que parecem ter à sua disposição um aparelho teatral de eficácia comprovada, quando na verdade essas obras nada mais fazem que abastecer um aparelho caduco.

> Essa falta de clareza sobre sua situação, diz Brecht, que hoje predomina entre músicos, escritores e críticos, acarreta consequências gravíssimas, que não são suficientemente consideradas. Pois, acreditando possuir um aparelho que na realidade os possui, eles defendem um aparelho, sobre o qual não dispõem mais de qualquer controle e que não é mais, como supõem, um instrumento a serviço dos produtores, e sim um instrumento contra os produtores.

Esse teatro de maquinários complicados, com inúmeros figurantes, com efeitos refinados, transformou-se em instrumento contra o produtor porque, entre outras razões, tenta induzir os produtores a empenhar-se numa concorrência inútil com o cinema e o rádio. Esse teatro, seja o que está a serviço da cultura, seja o que está a serviço da dispersão — eles são complementares — é o de uma camada social saturada, que transforma em excitações tudo o que toca. Sua causa é uma causa perdida. Mas não a de um teatro que, em vez de competir com esses novos instrumentos de difusão, procura aplicá-los e aprender com eles, em suma, que busca confrontar-se com eles. O teatro épico transformou esse confronto em seu objeto. Ele é, comparado com o nível de desenvolvimento hoje alcançado pelo cinema e pelo rádio, o teatro adequado ao nosso tempo.

Para os fins desse confronto, Brecht limitou-se aos elementos mais primitivos do teatro. Num certo sentido, contentou-se com um púlpito. Renunciou a ações complexas. Conseguiu, assim, modificar o contexto relacional entre o palco e o público, entre o texto e a representação, entre o diretor e os atores. O teatro épico, disse ele, não se propõe a desenvolver ações, mas a representar condições. Ele atinge essas condições, como veremos mais tarde, ao interromper a ação. Recordem-se as canções, cuja principal tarefa é interromper a ação. Como vedes, o teatro épico adota aqui, com o princípio da interrupção, um procedimento que se tornou familiar para nós, nos últimos anos, com o desenvolvimento do cinema e do rádio, da imprensa e da fotografia. Refiro-me ao procedimento da montagem: pois o material montado interrompe o contexto no qual é montado. Peço-vos licença para mostrar que esse procedimento tem aqui sua justificativa especial, e mesmo uma justificativa total.

A interrupção da ação, que levou Brecht a caracterizar seu teatro como *épico*, combate sistematicamente qualquer ilusão por parte do público. Isso porque essa ilusão é inutilizável para um teatro que se propõe tratar os elementos da realidade no sentido de um ordenamento experimental. As condições, porém, surgem no fim dessa experiência, e não no começo. Condições estas que, de uma ou de outra forma, são sempre as nossas. Elas não são trazidas para perto do espectador, mas afastadas dele. Ele as reconhece como condições reais, não com arrogância, como no teatro naturalista, mas com assombro. O teatro épico, portanto, não reproduz as condições, ele as descobre. A descoberta das condições efetua-se por meio da interrupção das sequências. Mas a interrupção não possui um caráter de excitação; ela exerce uma função organizadora. Ela imobiliza os acontecimentos e com isso obriga o espectador a tomar uma posição quanto à ação, e o ator a tomar uma posição quanto ao seu papel. Desejo demonstrar-vos, com um exemplo, que a seleção e o tratamento dos gestos em Brecht nada mais é que a transposição dos métodos da montagem, decisivos para o rádio e para o cinema, de um procedimento frequentemente condicionado pela moda em um acontecimento humano. — Imaginemos uma cena de família: a mulher está prestes a apanhar um objeto de bronze, para jogá-lo em sua filha; o pai está prestes a abrir a janela, para pedir socorro. Nesse momento, entra um estranho. O acontecimento é interrompido; o que aparece em seu lugar é a situação com que se depara o olhar do estranho: fisionomias transtornadas, janela aberta, mobiliário destruído. Mas existe um olhar diante do qual mesmo as cenas mais habituais da vida contemporânea têm esse aspecto. É o olhar do dramaturgo épico.

Ele opõe ao drama da obra de arte total o laboratório dramático. Recorre, de uma nova maneira, ao grande velho privilégio do teatro — a exposição dos presentes. No ponto central de suas experiências encontra-se o homem. O homem contemporâneo: reduzido, conservado em gelo num ambiente glacial. Como, porém, é o único à nossa disposição, temos interesse em conhecê-lo. Ele é submetido a provas e a exames. O resultado é o seguinte: o acontecimento não é modificável em seus pontos altos, pela virtude e pela decisão, mas unicamente em seu fluxo rigorosamente habitual, pela razão e pela prática. O sentido do teatro épico é construir o que a dramaturgia aristotélica chama de "ação" a partir dos elementos mais minúsculos dos modos de comportamento. Seus meios — e também seus fins — são, portanto, mais modestos que os do teatro tradicional. Seu objetivo não é tanto alimentar o público com sentimentos, mesmo que sejam de revolta, mas muito mais aliená-lo sistematicamente, pelo pensamento, das situações em que vive. Observe-se de passagem que não há melhor ponto de partida para o pensamento que o riso. As vibrações do diafragma costumam oferecer melhores ocasiões para o pensamento que as vibrações da alma. O teatro épico só é exuberante ao dar ocasião para o riso.

Talvez tenha chamado vossa atenção o fato de que as observações que estou a ponto de concluir imponham ao escritor apenas uma única exigência, que é a *reflexão*: refletir sobre sua posição no processo produtivo. Podemos confiar que essa reflexão levará os escritores *que contam*, isto é, os melhores técnicos do ramo, cedo ou tarde, a conclusões que fundamentem sua solidariedade com o proletariado do modo mais sóbrio possível. Gostaria de documentar essa afirmação com um exemplo atual, extraído de uma pequena passagem do jornal francês *Commune*. O jornal organizou um inquérito em torno do tema: "Para quem V. escreve?". Cito a resposta de René Maublanc, assim como o comentário de Aragon, a seguir.

Sem dúvida, diz Maublanc, escrevo quase exclusivamente para o público burguês. Em primeiro lugar, porque tenho que fazê-lo (aqui Maublanc refere-se a suas obrigações como professor de ginásio) e, em segundo lugar, porque sou de origem burguesa, de educação burguesa e venho de um meio burguês, e, por isso, sou naturalmente apto para dirigir-me à classe a que pertenço, que conheço melhor e que posso entender melhor. Mas isso não significa que escrevo para agradar a essa classe, ou para apoiá-la. Estou convencido, por um lado, de que a revolução proletária é necessária e desejável, e por outro lado de que ela será tanto mais fácil, bem-sucedida e incruenta quanto mais fraca for a resistência da burguesia ... O proletariado precisa hoje de aliados no campo da burguesia do mesmo modo que no século XVIII a burguesia precisava de aliados no campo feudal. Eu gostaria de estar entre esses aliados.

Aragon comenta esse trecho:

Nosso camarada alude aqui a um fato que diz respeito a um grande número de escritores contemporâneos. Nem todos têm a mesma coragem de encará-lo de frente ... São raros os que têm tanta clareza sobre sua situação como René Maublanc. Mas é justamente desses escritores que devemos exigir ainda mais ... Não basta enfraquecer a burguesia de dentro, é necessário combatê-la *junto com* o proletariado ... René Maublanc e muitos dos nossos amigos escritores, que ainda hesitam, têm à sua frente o exemplo dos escritores soviéticos, que se originaram da burguesia russa e que, no entanto, se tornaram pioneiros da construção socialista.

São as palavras de Aragon. Mas como esses escritores se tornaram pioneiros? Com certeza não sem lutas amargas, não sem conflitos extremamente difíceis. As reflexões que vos apresentei tentam tirar uma lição dessas lutas. Elas se baseiam no conceito que contribuiu decisivamente para esclarecer o debate em torno da atitude dos intelectuais russos: o conceito do especialista. A solidariedade do especialista com o proletariado — e é aqui que deve começar esse processo de esclarecimento — é sempre apenas mediada. Os ativistas e os partidários da "nova objetidade" podem portar-se como quiserem: não podem jamais ignorar o fato de que mesmo a proletarização do intelectual quase nunca faz dele um proletário. Por quê? Porque a classe burguesa pôs à sua disposição, sob a forma da educação, um meio de produção que o torna solidário com essa classe e, mais ainda, que torna essa classe solidária com ele devido ao privilégio educacional. Por isso, Aragon tem total razão quando afirma, em outro contexto: "o intelectual revolucionário aparece antes de mais nada como um traidor à sua classe de origem". No escritor, essa traição consiste num comportamento que o transforma de fornecedor do aparelho de produção intelectual em engenheiro que vê sua tarefa na adaptação desse aparelho aos fins da revolução proletária. Sua eficácia é assim de caráter mediador, mas ela libera o intelectual daquela tarefa puramente destrutiva a que Maublanc e muitos dos seus companheiros acham necessário confiná-lo. Consegue ele promover a socialização dos meios de produção intelectual? Vislumbra caminhos para organizar os trabalhadores intelectuais no próprio processo produtivo? Tem propostas para a refuncionalização do romance, do drama, da poesia? Quanto mais completamente o intelectual orientar sua atividade em função dessas tarefas, mais correta será a tendência, e mais elevada, necessariamente, será a qualidade técnica do seu trabalho. Por outro lado, quanto mais exatamente conhecer sua posição no processo produtivo, menos se sentirá tentado a apresentar-se como "intelectual puro" (*Geistiger*). O espírito (*Geist*) que fala em nome do fascismo *deve* desaparecer. O espírito que o enfrenta, confiante em suas próprias forças miraculosas, *há* de desaparecer. Pois a luta revolucionária não se trava entre o capitalismo e o espírito, mas entre o capitalismo e o proletariado.

1934

FRANZ KAFKA

A PROPÓSITO DO DÉCIMO ANIVERSÁRIO DE SUA MORTE

Potemkin

Conta-se que Potemkin sofria de graves depressões, que retornavam mais ou menos regularmente, durante as quais ninguém podia aproximar-se dele, sendo o acesso a seu quarto rigorosamente proibido. Essa enfermidade não era mencionada na corte, pois era sabido que a menor alusão a respeito acarretava o desfavor da imperatriz Catarina. Uma dessas depressões do chanceler teve uma duração excepcional, o que ocasionou sérios embaraços. Os papéis acumulavam-se, e os assuntos, cuja solução era reclamada pela czarina, não podiam ser resolvidos sem a assinatura de Potemkin. Os altos funcionários estavam perplexos. Por acaso, entrou a essa época um insignificante amanuense subalterno, Chuvalkin, na antecâmara da Chancelaria, onde os conselheiros, reunidos, se queixavam e se lamentavam como de hábito. "O que se passa, Excelências? Em que posso servir Vossas Excelências?" perguntou o solícito funcionário. Explicaram-lhe o caso, lamentando que não pudessem fazer uso dos seus serviços. "Se é só isso, meus senhores", respondeu Chuvalkin, "deem-me os papéis, por favor." Os conselheiros, que não tinham nada a perder, concordaram, e Chuvalkin, o maço de papéis sob o braço, atravessou galerias e corredores em direção ao quarto de Potemkin. Sem bater, sem hesitar um só momento, girou imediatamente a maçaneta. O quarto não estava trancado. Potemkin estava sentado em seu leito na penumbra, roendo as unhas, metido num velho roupão puído.

Chuvalkin foi até a escrivaninha, mergulhou a pena na tinta e sem uma palavra colocou-a na mão de Potemkin, pondo o primeiro documento nos joelhos do chanceler. Depois de um olhar ausente sobre o intruso, Potemkin assinou como um sonâmbulo o primeiro papel, depois o segundo — e finalmente todos. Depois que o último papel estava assinado, Chuvalkin deixou o quarto com a mesma sem-cerimônia com que entrara, os maços debaixo do braço. Brandindo-os no ar, entrou triunfante na antecâmara. Os conselheiros precipitaram-se sobre ele, arrancando-lhe os papéis das mãos. Com a respiração suspensa, inclinaram-se sobre os documentos. Ninguém disse uma palavra; o grupo estava petrificado. Mais uma vez, Chuvalkin aproximou-se, indagando solícito por que os conselheiros estavam tão estupefatos. Nesse momento, também seu olhar caiu sobre as assinaturas. Todos os papéis estavam assinados: Chuvalkin, Chuvalkin, Chuvalkin...

Essa história é como um arauto, que antecipa a obra de Kafka em duzentos anos. O enigma que ela contém é o de Kafka. O mundo das chancelarias e dos arquivos, das salas mofadas, escuras, decadentes, é o mundo de Kafka. O solícito Chuvalkin, para quem tudo parece tão fácil e que acaba de mãos vazias é K., de Kafka. Potemkin, porém, semiadormecido e desleixado num quarto distante cujo acesso é proibido, vegetando na penumbra, é um antepassado daqueles seres todo-poderosos, que Kafka instala em sótãos, na qualidade de juízes, ou em castelos, na qualidade de secretários, e que, por mais elevada que seja sua posição, têm sempre as características de quem afundou, ou está afundando, mas que ao mesmo tempo podem surgir, subitamente, em toda a plenitude do seu poder, nas pessoas mais subalternas e degradadas — os porteiros e os empregados decrépitos. Em que pensam, mergulhados na semiescuridão? São talvez os descendentes de Atlas, que sustentam o globo sobre seus ombros? É por isso, talvez, que sua cabeça "está tão inclinada no peito, que seus olhos mal podem ser vistos", como o castelão em seu retrato, ou Klamm, quando está só consigo mesmo? Mas não é o globo terrestre que eles sustentam; não, o cotidiano já é suficientemente pesado: "Seu cansaço é o do gladiador depois do combate, seu trabalho consistia em caiar o canto de uma sala de funcionário". — Georg Lukács disse certa vez: para construir hoje uma mesa decente, é preciso dispor do gênio arquitetônico de um Michelangelo. Assim como Lukács pensa em períodos históricos, Kafka pensa em períodos cósmicos. Caiando um pedaço de parede, o homem precisa pôr em movimento períodos cósmicos. E isso também nos gestos mais insignificantes. De muitas maneiras, e às vezes nas ocasiões mais estranhas, os personagens batem suas mãos. Uma vez, porém, Kafka disse, casualmente, que essas mãos eram "verdadeiros pilões a vapor".

Em seu movimento contínuo e lento, ascendente ou descendente, travamos conhecimento com esses poderosos. Mas eles não são nunca mais terríveis do que quando se levantam da mais profunda degradação, como pais. O filho tranquiliza o velho pai, senil, depois de tê-lo posto na cama com toda ternura:

> "Fica tranquilo, estás bem coberto." — "Não!", gritou o pai, atropelando a pergunta com a resposta, afastando o lençol com tanta força, que ele se desdobrou no ar por um instante, e ergueu-se no leito, tocando o teto de leve com uma das mãos. "Tu querias me cobrir, bem o sei, meu pequeno, mas ainda não estou coberto. Essa é a última força que me resta, mas ela é suficiente para ti, excessiva para ti! ... Felizmente um pai não precisa aprender a desmascarar seu filho" ... — Ele ficou de pé, perfeitamente livre, movendo as pernas. Seu rosto irradiava inteligência. — ... "Sabes agora o que existia além de ti, até hoje sabias apenas de ti! Eras de fato uma criança inocente, mas o fato mesmo é que eras um ser diabólico!".

Ao repelir o fardo das cobertas, o pai repele com elas o fardo do mundo. Precisa pôr em movimento períodos cósmicos inteiros, para tornar viva e rica de consequências a imemorial relação entre pai e filho. Mas que consequências! Ele condena o filho a morrer por afogamento. O pai é a figura que pune. A culpa o atrai, como atrai os funcionários da Justiça. Há muitos indícios de que o mundo dos funcionários e o mundo dos pais são idênticos para Kafka. Essa semelhança não os honra. Ela é composta de estupidez, degradação e imundície. O uniforme do pai é todo manchado, sua roupa de baixo é suja. A imundície é o elemento vital do funcionário. "Ela não compreendia por que as partes se movimentavam tanto. 'Para sujar a escada', respondeu-lhe certa vez um funcionário, talvez por raiva, mas a resposta foi para ela deveras esclarecedora." A imundície é em tal grau um atributo dos funcionários que eles podem ser vistos como gigantescos parasitas. Isso não se refere, naturalmente, às relações econômicas, mas às forças da razão e da humanidade, que permitem a essa estirpe sobreviver. Do mesmo modo, também nas estranhas famílias de Kafka o pai sobrevive às custas do filho, devorando-o como um monstruoso parasita. Não consome apenas suas forças, consome também seu direito de existir. O pai é quem pune, mas é ao mesmo tempo quem acusa. O pecado do qual ele acusa o filho parece ser uma espécie de pecado original (*Erbsünde*). Até a definição kafkiana do pecado original é particularmente aplicável ao filho: "O pecado original, a velha injustiça cometida pelo homem, consiste na sua queixa incessante de que ele é vitima de uma injustiça, de que o pecado original foi cometido contra ele". Mas quem é acusado desse pecado original, hereditário — o pecado de haver engendrado um herdeiro (*Erbe*) — senão o pai, pelo filho? Assim, o pecador seria o filho. Porém não se pode concluir da frase de Kafka que a acusação é pecaminosa, porque falsa. Kafka não diz em lugar algum que essa acusação é injusta. Trata-se de um processo sempre pendente, e nenhuma causa é mais suspeita que aquela para a qual o pai solicita a solidariedade desses funcionários e empregados da Justiça. O pior neles não é sua ilimitada corruptibilidade. Pois em seu íntimo são de tal constituição que sua venalidade é a única esperança que a humanidade pode alimentar a seu respeito. É certo que os tribunais dispõem de códigos. Mas eles não podem ser vistos. "... faz parte da natureza desse sistema judicial condenar não apenas réus inocentes, mas também réus ignorantes", presume K. No mundo primitivo, as leis e normas prescritas permanecem não escritas. O homem pode transgredi-las sem o saber, incorrendo assim em pecado. Contudo, por mais dolorosamente que elas afetem o ignorante, sua intervenção, no sentido jurídico, não é acaso, mas destino, o qual se apresenta aqui em toda a sua ambiguidade. Já Hermann Cohen notou, numa ligeira análise da antiga concepção do destino, como "uma ideia se impõe inelutavelmente": são "os próprios decretos do destino que parecem facilitar e ocasionar essa transgressão e essa queda".[1] O mesmo ocorre com a instância que submete K. à sua jurisdição. Ela remete a uma época muito anterior à lei das doze tábuas, a um mundo primitivo, contra o qual a instituição do direito escrito representou uma das primeiras vitórias. Aqui, o direito escrito existe nos códigos, mas eles são secretos, e, apoiada sobre eles, a pré-história exerce seu domínio ainda mais ilimitadamente.

Kafka vê múltiplos contatos entre a administração e a família. Na aldeia ao pé do castelo havia para isso uma expressão eloquente. " 'Temos aqui uma expressão que você talvez conheça: as decisões administrativas são tão tímidas quanto as moças.' 'Bem observado', disse K., ... 'bem observado, e as decisões podem ter ainda outras coisas em comum com as moças.' " Entre essas qualidades comuns talvez a mais notável fosse a de se prestar a tudo, como as jovens tímidas que K. encontra em *O castelo* e em *O processo*, as quais se revelam tão devassas no seio da família como num leito. Ele as encontra a todo instante em seu caminho; elas se oferecem com tão pouca cerimônia como a moça da taberna.

> Eles se enlaçaram, o pequeno corpo ardia entre as mãos de K., eles rolavam em um frenesi do qual K. tentava salvar-se continuamente, mas em vão; alguns passos adiante, os dois bateram surdamente na porta de Klamm, deitados sobre poças de cerveja e outras imundícies que cobriam o chão. Ali permaneceram durante horas, ... durante as quais K. experimentou constantemente a sensação de estar perdido, ou de estar tão longe no estrangeiro, como nenhum outro homem havia estado antes, tão estrangeiro que mesmo o ar não tinha nem uma única partícula em comum com o ar nativo, no qual se asfixiava de tanta estranheza, mas cujas loucas seduções eram tão irresistíveis que não havia remédio senão ir mais longe, perder-se mais ainda.

1- Hermann Cohen, *Ethik des reinen Willens* (*Ética da vontade pura*), 2a. ed., Berlim, 1907, p. 362. (N.d.R.)

Voltaremos a essa terra estrangeira. É digno de nota, contudo, que essas mulheres de ar prostituído não são jamais belas. A beleza só aparece no mundo de Kafka nos lugares mais obscuros: entre os acusados, por exemplo. "É um fenômeno notável, de certo modo científico ... Não pode ser a culpa que os faz belos ... tampouco pode ser o castigo justo que desde já os embeleza ... só pode ser o processo movido contra eles, que de algum modo adere a eles."

Depreendemos de *O processo* que esse procedimento judicial não deixa via de regra nenhuma esperança aos acusados, mesmo quando subsiste para eles a esperança da absolvição. É talvez essa desesperança que faz com que os acusados sejam as únicas criaturas kafkianas em que transparece a beleza. Isto estaria pelo menos de acordo com um fragmento de diálogo, transmitido por Max Brod.

> Recordo-me de uma conversa com Kafka, escreve ele, cujo ponto de partida foi a Europa contemporânea e a decadência da humanidade. 'Somos', disse ele, 'pensamentos niilistas, pensamentos suicidas, que surgem na cabeça de Deus.' Essa frase evocou em mim a princípio a visão gnóstica do mundo: Deus como um demiurgo perverso, e o mundo como seu pecado original. 'Oh não', disse ele, 'nosso mundo é apenas um mau humor de Deus, um mau dia.' — 'Existiria então esperança, fora desse mundo de aparências que conhecemos?' — Ele sorriu: 'Ah, sim, há esperança suficiente, esperança infinita — apenas não para nós.'

Essas palavras estabelecem um vínculo com aqueles singulares personagens de Kafka, os únicos que fugiram do seio familiar e para os quais talvez ainda exista esperança. Não se trata dos animais, e nem sequer dos seres híbridos ou imaginários, como o Gato-carneiro ou Odradek, pois todos eles vivem ainda sob a influência da família. Não é por acaso que é exatamente na casa dos seus pais que Gregor Samsa se transforma em inseto, não é por acaso que o estranho animal, meio gato, meio carneiro, é um legado paterno, não é por acaso que Odradek é a grande preocupação do pai de família. Mas os "ajudantes" conseguem escapar a esse círculo.

Esses ajudantes pertencem a um círculo de personagens que atravessa toda a obra de Kafka. Dessa estirpe fazem parte tanto o vigarista que é desmascarado em *Betrachtung* (*Meditação*), assim como o estudante, que aparece à noite no balcão como vizinho de Karl Rossmann, e os loucos que moram naquela cidade do sul e que não se cansam nunca. A penumbra que recai sobre suas existências lembra a iluminação trêmula em que aparecem os personagens das pequenas peças de Robert Walser, autor do romance *Der Gehülfe* (*O ajudante*), muito admirado por Kafka. As sagas indianas conhecem os *gandharvas*, criaturas inacabadas, entes em estado de névoa. É dessa natureza que são os "ajudantes" de Kafka: não pertencem a nenhum dos outros grupos de personagens e não são estranhos a nenhum deles — são mensageiros que circulam entre todos. Como diz Kafka, assemelham-se a Barnabás, também um mensageiro. Ainda não abandonaram de todo o seio materno da natureza e, por isso, "instalaram-se num canto do chão, sobre dois velhos vestidos de mulher. Sua ambição ... era ocupar um mínimo de espaço, e, para tal, sempre sussurrando e rindo baixinho, faziam várias tentativas, cruzavam seus braços e pernas, acocoravam-se uns ao lado dos outros e na penumbra via-se em seu canto apenas uma grande aglomeração". Para eles e seus semelhantes, os inábeis e os inacabados, ainda existe esperança.

Aquilo que aparece de maneira suave e reservada no comportamento desses mensageiros, transforma-se em lei opressiva e sombria para todo esse mundo de criaturas. Nenhuma delas tem um lugar fixo, um contorno fixo e inequívoco: não há nenhuma que não esteja ou subindo ou descendo, nenhuma que não seja intercambiável com seu vizinho ou inimigo, nenhuma que não tenha consumido o tempo à sua disposição, permanecendo, no entanto, imatura, nenhuma que não esteja profundamente esgotada, e ao mesmo tempo no início de uma longa jornada. Impossível falar aqui de ordens e hierarquias. O mundo mítico, que se aproxima disso, é incomparavelmente mais jovem que o mundo de Kafka, com relação ao qual o mito já representa uma promessa de libertação. Uma coisa, porém, é certa: Kafka não cedeu à sedução do mito. Novo Odisseu, livrou-se dessa sedução graças "ao olhar dirigido a um horizonte distante", "as sereias desapareceram literalmente diante de tamanha firmeza, e justamente no momento em que estava mais próximo delas, não as percebia mais". Entre os ancestrais de Kafka no mundo antigo, os judeus e os chineses, que reencontraremos mais tarde, esse antepassado grego não deve ser esquecido. Pois Odisseu encontra-se na fronteira que separa mito e conto de fadas. A razão e a astúcia introduziram estratagemas no mito; com isso, os poderes míticos deixam de ser invencíveis. O conto de fadas é a tradição que narra a vitória sobre esses poderes. E Kafka escreveu contos de fadas para dialéticos quando se propôs narrar sagas. Introduziu nelas pequenos truques, e deles extraiu a prova de que "mesmo os meios insuficientes e até infantis podem ser úteis para a salvação". É com essas palavras que ele inicia sua narrativa sobre *O silêncio das sereias*. Pois em Kafka as sereias silenciam; elas dispõem de "uma arma ainda mais terrível que o seu canto, ... o seu silêncio". Elas utilizaram essa arma contra Odisseu. Mas ele, informa-nos Kafka,

> era tão astuto, uma tal raposa, que nem sequer a deusa do destino conseguiu devassar seu interior. Embora isso seja incompreensível para a inteligência humana, talvez ele tenha de fato percebido que as sereias estavam silenciosas, usando contra elas e contra os deuses o estratagema (que nos foi transmitido pela tradição) apenas como uma espécie de escudo.

Em Kafka as sereias silenciam. Talvez também porque a música e o canto são para ele uma expressão ou pelo menos um símbolo da fuga. Um penhor da esperança que nos vem daquele pequeno mundo intermediário, ao mesmo tempo inacabado e cotidiano, ao mesmo tempo consolador e absurdo, no qual vivem os ajudantes. Kafka é como o rapaz que saiu de casa para aprender a ter medo. Ele chegou ao palácio de Potemkin, mas acabou encontrando em seu porão Josefine, aquela ratinha cantora, cuja melodia ele descreve assim: "existe nela algo de uma infância breve e pobre, algo de uma felicidade perdida e irrecuperável, mas também algo da vida ativa de hoje, de suapequena alegria, incompreensível, mas ainda assim real e inextinguível".

Uma fotografia de criança

Existe uma foto infantil de Kafka. Poucas vezes "a pobre e breve infância" concretizou-se em imagem tão evocativa. Ela foi provavelmente tirada num desses ateliês do século XIX, que com seus cortinados e palmeiras, tapeçarias e cavaletes, constituíam um híbrido ambíguo de câmara de torturas e sala do trono. O menino de cerca de seis anos é representado numa espécie de paisagem de jardim de inverno, vestido com uma roupa de criança, muito apertada, quase humilhante, sobrecarregada com rendas. No fundo, erguem-se palmeiras imóveis. E, como para tornar esse acolchoado ambiente tropical ainda mais abafado e sufocante, o modelo segura na mão esquerda um chapéu extraordinariamente grande, de aba larga, do tipo usado pelos espanhóis. Seus olhos incomensuravelmente tristes dominam essa paisagem feita sob medida para eles, e a concha de uma grande orelha escuta tudo o que se diz.

Essa tristeza profunda foi talvez um dia compensada pelo fervoroso desejo de "ser índio".

> Como seria bom ser um índio, sempre pronto, sobre o cavalo a galope, inclinado na sela, trepidante no ar, sobre o chão que trepida, abandonando as esporas, porque não há esporas, jogando fora as rédeas, porque não há rédeas, mal vendo os prados na frente, com a vegetação rala, já sem o pescoço do cavalo, já sem a cabeça do cavalo.

Esse desejo tem um conteúdo muito rico. Ele revela seu segredo no momento em que se realiza: na América. Que esse desejo tem uma relação estreita com *Amerika*, é demonstrado pelo próprio nome do herói. Enquanto nos primeiros romances o autor designava-se, em surdina, apenas por uma inicial, nesse livro ele vivencia seu renascimento, no novo mundo, com seu nome completo. Experimenta esse renascimento no teatro ao ar livre de Oklahoma.

> Karl viu numa esquina um cartaz com os seguintes dizeres: "Na pista de corridas de Clayton contratam-se, das seis da

manhã de hoje até a meia-noite, pessoas para o teatro de Oklahoma! O grande teatro de Oklahoma os chama! Só hoje, só uma vez! Quem perder a ocasião agora, perde-a para sempre! Quem pensa em seu futuro, nos pertence! Todos são bem-vindos! Quem quiser ser artista, que se apresente! Nós somos o teatro que pode utilizar todos, cada um em seu lugar! Quem se decidir por nós, merece ser já de antemão felicitado! Mas apressem-se, para serem admitidos antes da meia-noite! À meia-noite tudo estará fechado e não reabrirá mais! Maldito seja aquele que não acredita em nós! Para Clayton!"

O leitor dessas palavras é Karl Rossmann, a terceira e mais feliz encarnação de K., o herói dos romances de Kafka. A felicidade está à sua espera no teatro ao ar livre de Oklahoma, uma verdadeira pista de corridas, do mesmo modo que a infelicidade o tinha encontrado anteriormente, no estreito tapete de seu quarto, quando caminhava sobre ele para cá e para lá, "como numa pista de corridas". Desde que Kafka escrevera suas *Reflexões para os cavaleiros*, desde que descreveu o "novo advogado" "erguendo alto as coxas, com um passo que faz ressoar o mármore sob seus pés", subindo os degraus do Foro, e desde que mostrou suas "crianças na estrada" trotando pelos campos com grandes saltos, os braços cruzados, essa figura se tornara familiar para ele. Com efeito, às vezes ocorre que também Karl Rossmann, "distraído pela sonolência, perca seu tempo dando pulos inutilmente altos". Por isso, é somente numa pista de corridas que ele pode chegar ao objeto dos seus desejos.

Essa pista é ao mesmo tempo um teatro, e isso constitui um enigma. Mas o lugar enigmático e a figura inteiramente transparente e não enigmática de Karl Rossmann pertencem ao mesmo contexto. Pois, se Karl Rossmann é transparente, límpido e mesmo desprovido de caráter, ele o é no sentido em que Franz Rosenzweig diz, em seu *Stern der Erlösung* (*Estrela da redenção*), que na China o homem interior é "inteiramente desprovido de caráter; o conceito do sábio, encarnado classicamente ... por Confúcio, supõe um caráter totalmente depurado de toda particularidade; ele é o homem verdadeiramente sem caráter, isto é, o homem médio ... O que define o chinês é algo de completamente distinto do caráter: uma pureza elementar dos sentimentos".[2] Como quer que possamos traduzir conceitualmente essa pureza de sentimentos — talvez ela seja um instrumento capaz de medir de forma especialmente sensível o comportamento gestual —, o fato é que o teatro ao ar livre de Oklahoma remete ao teatro clássico chinês, que é um teatro gestual. Uma das funções mais significativas desse teatro ao ar livre é a dissolução do acontecimento no gesto. Podemos ir mais longe e dizer que muitos estudos e contos menores de Kafka só aparecem em sua verdadeira luz quando transformados, por assim dizer, em atos do teatro ao ar livre de Oklahoma. Somente então se perceberá claramente que toda a obra de Kafka representa um códice de gestos, cuja significação simbólica não é, a princípio, de modo algum definida para o autor, mas de um tipo que é buscada em sempre novos contextos e experiências. O teatro é o lugar dessas experiências. Num comentário inédito sobre *Brudermord* (*O fratricídio*), Werner Kraft entreviu com astúcia que a ação dessa pequena história era de natureza cênica.

> O espetáculo pode começar e é anunciado efetivamente por uma campainha. Este som se produz da forma mais natural, no momento em que Wese deixa a casa em que se encontra seu escritório. Mas essa campainha, diz o autor expressamente, "toca alto demais para uma simples campainha de porta", ela ressoa "na cidade inteira, até o céu".[3]

Assim como essa campainha, que toca alto demais e chega até o céu, também os gestos dos personagens kafkianos são excessivamente enfáticos para o mundo habitual e extravasam para um mundo mais vasto. Quanto mais floresce a técnica magistral do autor, mais ele desdenha adaptar esses gestos às situações habituais e explicá-los. "É também estranha", lê-se na *Verwandlung* (*A metamorfose*), "a maneira que tem o chefe de sentar-se em sua escrivaninha e falar de cima para baixo com seu empregado, que além disso precisa chegar muito perto, devido à

2- Franz Rosenzweig, *Die Stern der Erlösung*, Frankfurt a. M., 1921, p. 24. (N.d.R.)
3- Werner Kraft, *Franz Kafka. Durchdringung und Geheimnis* (*Franz Kafka. Transpasse e mistério*), Frankfurt a.M., 1968, p. 24.

surdez do patrão". Mas no *Prozess* (*O processo*) não existem mais absolutamente essas justificações. No penúltimo capítulo, K. "parou nos primeiros bancos, mas para o padre a distância ainda era excessiva. Estendeu a mão e mostrou com o indicador um lugar bem em frente ao púlpito. K. seguiu também até esse lugar, precisando inclinar a cabeça fortemente para trás a fim de ainda ver o padre".

Se é certo, como diz Max Brod, que "era imenso o mundo dos fatos que ele considerava importantes", o mais imenso de todos era o mundo dos gestos. Cada um é um acontecimento em si e, por assim dizer, também um drama em si. O palco em que se representa esse drama é o teatro do mundo, com o céu como prospecto. Por outro lado, este céu é apenas pano de fundo; investigá-lo segundo sua própria lei significaria emoldurar um pano de fundo teatral e pendurá-lo numa galeria de quadros. Como El Greco, Kafka despedaça o céu atrás de cada gesto; mas, como em El Greco, padroeiro dos expressionistas, o gesto permanece sendo o elemento decisivo, o centro da ação. Os que ouviram a batida no portão afastam-se, curvados de terror. Um ator chinês representaria assim o terror, mas não assustaria ninguém. Em outra passagem o próprio K. faz teatro. Semiconsciente do que fazia, ele apanhou

> lentamente ... com os olhos voltados cuidadosamente para o alto ... um dos papéis da escrivaninha, sem olhá-lo, colocou-o na palma da mão e ergueu-o lentamente até os cavalheiros, enquanto ele próprio se erguia. Ele não pensava, com isso, em nada de preciso, mas agia apenas segundo a sensação de que era assim que ele devia se comportar quando terminasse a grande petição que deveria inocentá-lo completamente.

O elemento sumamente enigmático e o sumamente simples desse gesto conectam-se em seu caráter animal. Podemos ler durante muito tempo as histórias de animais de Kafka sem percebermos absolutamente que elas não tratam de seres humanos. Quando descobrimos, finalmente, o nome da criatura — símio, cão ou toupeira —, erguemos os olhos, assustados, e verificamos que o mundo dos homens já está longe. Mas Kafka é sempre assim; ele priva os gestos humanos dos seus esteios tradicionais e os transforma em temas de reflexões intermináveis.

Estranhamente, porém, elas também são intermináveis quando partem de suas histórias alegóricas (*Sinngeschichten*). Pense-se na parábola *Vor dem Gesetz* (*Diante da lei*). O leitor que a encontrou no *Landarzt* (*Médico de aldeia*) percebeu talvez os trechos nebulosos que ela contém. Mas teria pensado nas infinitas considerações que ocorrem a Kafka, quando ele a interpreta? É o que ele faz em *O processo*, por intermédio do padre, e num lugar tão oportuno que poderíamos suspeitar que o romance não é mais que o desdobramento da parábola. Mas a palavra "desdobramento" tem dois sentidos. O botão "desdobra-se" na flor, mas o papel "dobrado" em forma de barco, na brincadeira infantil, pode ser "desdobrado", transformando-se de novo em papel liso. Essa segunda espécie de desdobramento convém à parábola, e o prazer do leitor é fazer dela uma coisa lisa, cuja significação caiba na palma da mão. As parábolas de Kafka, porém, desdobram-se no primeiro sentido, a saber, como o botão se desdobra na flor. Por isso, o seu produto é semelhante à criação literária. Isso, porém, não impede que seus elementos não se ajustem inteiramente à prosa ocidental e se relacionem com o ensinamento como a *Haggadah* se relaciona com a *Halacha*.[4] Elas não são parábolas (*Gleichnisse*), nem querem ser tomadas como tais; elas são construídas de tal modo que podemos citá-las, narrá-las com fins didáticos. Mas será que conhecemos a doutrina contida nas parábolas de Kafka e que é ensinada nos gestos e atitudes de K. e dos animais kafkianos? Essa doutrina não existe; podemos dizer, no máximo, que um ou outro trecho alude a ela. Kafka talvez teria dito: esses trechos a transmitem como suas relíquias. Mas podemos dizer igualmente: eles são seus precursores, e a preparam. De qualquer maneira, trata-se da questão da organização da vida e do trabalho na comunidade humana. Essa questão preocupou Kafka tanto mais, quanto mais era para ele impenetrável.

4- Benjamin faz referência aqui a um princípio básico do judaísmo: a tradição para se manter viva necessita da lei e de seu comentário que a atualiza. Em seu texto de 1931 "Franz Kafka: na construção do muro chinês" ele explicou essa analogia de modo mais extenso: "Devemos pensar aqui na forma da *Haggadah*: assim chamam-se às histórias e anedotas judaicas da literatura rabínica, que servem ao esclarecimento da doutrina — a *Halacha*". (Benjamin, *Gesammelte Schriften*, organizado por R. Tiedemann e H. Schweppenhäuser, Frankfurt a.M.: Suhrkamp, vol. II: *Aufsätze, Essays, Vorträge*, 1974, p. 679). (N.d.R.)

Assim como, na célebre conversa de Erfurt entre Goethe e Napoleão, o Imperador substituiu o destino pela política, Kafka poderia — numa variação a essas palavras — ter definido a organização como destino. A organização está constantemente presente em Kafka, não somente nas gigantescas hierarquias de funcionários, em *O processo* e *O castelo*, mas de modo ainda mais tangível nos difíceis e incompreensíveis projetos de construção, cujo venerável modelo foi descrito por ele em *Beim Bau der Chinesischen Mauer* (*Durante a construção da muralha da China*).

> A muralha deveria servir de proteção durante séculos; por isso, o máximo de cuidado na construção, a utilização dos conhecimentos arquitetônicos de todos os tempos e povos conhecidos e um duradouro sentimento de responsabilidade pessoal por parte dos construtores constituíam pressupostos indispensáveis para esse trabalho. Para as obras acessórias podiam ser usados assalariados ignorantes do povo, homens, mulheres, crianças, enfim, todos os que se ofereciam por uma boa recompensa; mas já para dirigir quatro desses assalariados era necessário um homem prudente, especializado em arquitetura ... Nós — falo aqui em nome de muitos — somente aprendemos a nos conhecer soletrando as instruções dos nossos superiores, descobrindo que sem sua liderança nosso saber acadêmico e nosso bom senso não teriam sido suficientes para podermos executar a pequena tarefa que nos cabia no grande todo.

Essa organização assemelha-se ao destino. Em seu famoso livro *A civilização e os grandes rios históricos*, Metchnikoff descreve o esquema dessa organização com palavras que poderiam ser de Kafka.

> Os canais do Yang-tsé-kiang e as represas do Huang-ho, escreve, são, segundo todos os indícios, o resultado de um trabalho comum, conscientemente organizado, de ... gerações ... A menor desatenção na escavação de um fosso ou na sustentação de uma represa, a menor negligência, uma atitude egoísta por parte de um homem ou de um grupo de homens na

tarefa de conservar os recursos hidráulicos da comunidade, podem originar, nessas circunstâncias incomuns, grandes males e desgraças sociais de consequências incalculáveis. Por isso, um funcionário encarregado de administrar os rios exigia, com ameaças de morte, uma estreita e duradoura solidariedade entre massas da população que muitas vezes eram estranhas e mesmo inimigas entre si; ele condenava todos a trabalhos cuja utilidade coletiva só se evidenciava com o tempo, e cujo plano era muitas vezes incompreensível para o homem comum.[5]

Kafka queria ser incluído entre esses homens comuns. Passo a passo os limites da compreensão tornaram-se evidentes para ele. E ele quer impingir aos outros esses limites. Às vezes ele se parece com o Grande Inquisidor, de Dostoievski:

> Estamos, portanto, diante de um mistério que não podemos compreender. E, justamente por tratar-se de um enigma, tínhamos o direito de pregá-lo, de ensinar aos homens que o que está em jogo não é nem a liberdade, nem o amor, mas o enigma, o segredo, o mistério, ao qual têm que se submeter, sem qualquer reflexão, e mesmo contra sua consciência.[6]

Nem sempre Kafka resistiu às tentações do misticismo. Sobre seu encontro com Rudolf Steiner possuímos uma página de diário, que, pelo menos na forma em que foi publicada, não reflete a posição de Kafka. Teria ele se recusado a revelar sua opinião? Sua atitude com relação aos próprios textos sugere que essa hipótese não é de modo algum impossível. Kafka dispunha de uma capacidade rara de criar parábolas. Mas ele não se esgota jamais naquilo que é interpretável, muito pelo contrário, ele toma todas as precauções possíveis para dificultar a interpretação de seus textos. É com prudência, com circunspecção, com desconfiança

---

5- Léon Metchnikoff, *La civilisation et les grands fleuves historiques*, com prefácio de M. Elisée Reclus, Paris, 1889, p. 189. (VII. Territoire des civilisations fluviales). (N.d.R.)

6- F.M. Dostoievski, *Die Bruder Karamasoff. Roman* (*Os irmãos Karamazov. Romance*), traduzido por E.K. Rasin, Munique, s.d., p. 470 (Livro 5, capítulo 5). (N.d.R.)

que devemos penetrar, tateando, no interior dessas parábolas. Devemos ter presente sua maneira peculiar de lê-las, como ela transparece na sua interpretação da parábola citada. Precisamos pensar também em seu testamento. Suas instruções para que sua obra póstuma fosse destruída são tão difíceis de compreender e devem ser examinadas tão cuidadosamente quanto as respostas do guardião da porta, diante da lei. Cada dia de sua vida confrontou Kafka com atitudes indecifráveis e com explicações ininteligíveis, e é possível que pelo menos ao morrer Kafka tivesse decidido pagar seus contemporâneos na mesma moeda.

O mundo de Kafka é um teatro do mundo. Para ele, o homem está desde o início no palco. E a prova é que todos são contratados no teatro de Oklahoma. Impossível conhecer os critérios que presidem a essa contratação. A aptidão cênica, que parece o critério mais óbvio, não tem aparentemente nenhuma importância. Podemos exprimir esse fato também de outra forma: não se exige dos candidatos senão que interpretem a si mesmos. Está absolutamente excluída a possibilidade de que eles possam efetivamente *ser* o que alegam. Com seus papéis, os personagens procuram um abrigo no teatro ao ar livre, como os seis atores de Pirandello procuram um autor. Para uns e outros, a cena constitui o último refúgio; e não é impossível que esse refúgio seja também a redenção. A redenção não é uma recompensa outorgada à existência, mas a última oportunidade de evasão oferecida a um homem, como diz Kafka, "cujo próprio crânio bloqueia … o caminho". E a lei desse teatro está contida numa frase escondida no *Bericht für eine Akademie* (*Relatório à academia*): "… eu imitava porque estava à procura de uma saída, por nenhuma outra razão". Ao final do seu processo, K. parece ter um pressentimento de tudo isso. Ele volta-se de repente para os dois cavalheiros de cartola, que vieram levá-lo, e pergunta: " 'Em que teatro trabalham os Senhores?' 'Teatro?' perguntou um deles ao outro, retesando os cantos da boca. Este reagiu como um mudo que luta contra um organismo recalcitrante". Eles não respondem à pergunta, mas há indícios de que eles tenham sido afetados por ela.

Todos aqueles que se tornaram membros do teatro ao ar livre são servidos num longo banco, recoberto com uma toalha branca. "Todos estavam alegres e excitados." Para celebrar, os figurantes fazem o papel de anjos, em altos pedestais cobertos com panos ondulantes que têm uma escada em seu interior. Todos os elementos de uma quermesse campestre, ou talvez de uma festa infantil, na qual o menino da foto, sufocado por adornos e babados, teria perdido a tristeza do seu olhar. — Sem as asas postiças, esses anjos talvez fossem autênticos. Eles têm precursores na obra de Kafka, entre eles o empresário teatral, que sobe na rede para confortar o trapezista acometido da "primeira dor", o acaricia e aperta o seu rosto contra o dele, de modo que "também ele era encharcado pelas lágrimas do trapezista". Outro anjo, anjo da guarda ou guarda da lei, encarrega-se, depois do *Fratricídio*, do assassino Schmar, o qual, "apertando a boca contra o ombro do guarda", se deixa levar, com passos leves. — O último romance de Kafka[7] termina nas cerimônias campestres de Oklahoma. Segundo Soma Morgenstern, "em Kafka, como em todos os fundadores de religião, sopra um ar de aldeia". Devemos recordar aqui a concepção da piedade, sustentada por Lao-tsé, da qual Kafka fez uma perífrase completa em *Nächste Dorf* (*A aldeia mais próxima*):

> Terras vizinhas podem estar ao alcance da vista
> E ouvir os galos e os cães uma da outra;
> E mesmo assim seus habitantes morrem, na mais alta velhice,
> Sem jamais viajarem de uma para outra.

São palavras de Lao-tsé. Kafka também compunha parábolas, mas não fundou nenhuma religião.

Recordemos a aldeia ao pé do castelo, onde K. recebe a confirmação misteriosa e inesperada de sua suposta designação como agrimensor. Em seu posfácio a *O castelo*, Brod informa que Kafka tinha pensado num vilarejo específico ao criar essa aldeia: Zürau, no Erzgebirge. Mas podemos reconhecer nela outro lugar. É a aldeia mencionada numa lenda talmúdica, narrada por um rabino em resposta à pergunta: por que

---

7- Apesar de ser o primeiro romance escrito por Kafka, *O desaparecido* foi publicado pela primeira vez, com o título *Amerika*, apenas em 1927, após os romances *O Processo* (publicado em 1925) e *O Castelo* (com publicação em 1926). (N.d.R.)

os judeus preparam um banquete na noite de sexta-feira? Ela conta de uma princesa exilada, longe dos seus compatriotas, que definha numa aldeia cuja língua ela não compreende. Um dia ela recebe uma carta do seu noivo, anunciando que este não a tinha esquecido e que estava a caminho para revê-la. — O noivo, diz o rabino, é o Messias, a princesa, a alma, e a aldeia em que se encontra exilada é o corpo. Ignorando a língua falada na aldeia, seu único meio para comunicar-lhe a alegria que sente é preparar para ela um festim. — Essa aldeia talmúdica está no centro do mundo kafkiano. O homem de hoje vive em seu corpo como K. no vilarejo ao pé do castelo: ele lhe escapa e é hostil. Pode ocorrer que o homem acorde um dia transformado em uma criatura abjeta. O estrangeiro — o seu estrangeiro — apoderou-se dele. É o ar dessa aldeia que sopra no mundo de Kafka, e é por isso que ele nunca cedeu à tentação de fundar uma religião. A esse vilarejo pertencem também o chiqueiro de onde saem os cavalos para o médico de aldeia, o sufocante quarto dos fundos onde Klamm se senta, com o charuto na boca, diante de um copo de cerveja, e o portão no qual não se pode bater sem desafiar a morte. O ar dessa aldeia é impuro, com a mescla putrefata das coisas que não chegaram a existir e das coisas que amadureceram demais. Em sua vida, Kafka teve que respirar essa atmosfera. Não era nem adivinho nem fundador de religiões. Como conseguiu suportá-la?

O homenzinho corcunda

Há muito se sabe que Knut Hamsun tem o hábito de publicar suas opiniões na seção dos leitores do jornal que circula na cidadezinha perto da qual ele mora. Há alguns anos foi instaurado nessa cidade um processo contra uma criada que assassinara seu filho recém-nascido. Ela foi condenada à prisão. Pouco depois apareceu na folha local uma carta de Hamsun. O autor dizia que daria as costas a uma cidade que aplicasse a mães capazes de matar seus filhos outra pena que não a mais severa; se não a forca, pelo menos a prisão perpétua. Passaram-se alguns anos. Hamsun publicou *Benção da terra*, na qual havia a história de uma empregada doméstica que comete o mesmo crime, recebe a mesma pena e certamente não merecia um castigo mais severo, como o leitor percebe claramente.

As reflexões póstumas de Kafka, contidas em *Durante a construção da muralha da China*, fazem lembrar esse episódio. Pois assim que apareceu o volume póstumo, foi publicada uma exegese de Kafka, baseada apenas nessas reflexões e que procurava interpretá-las, ignorando sumariamente a própria obra. Há dois mal-entendidos fundamentais possíveis com relação a Kafka: recorrer a uma interpretação natural e a uma interpretação sobrenatural. Ambas — a psicanalítica e a teológica — ignoram o essencial. A primeira é defendida por Hellmuth Kaiser; a segunda foi praticada por numerosos autores, como H. J. Schoeps, Bernhard Rang e Groethuysen. Willy Haas pode também ser incluído nessa corrente, embora em outras ocasiões tenha escrito comentários muito instrutivos sobre Kafka, como veremos a seguir. Isso não o impediu de explicar a obra de Kafka em seu conjunto segundo certos lugares-comuns teológicos.

> O poder superior — assim escreve ele sobre Kafka —, a esfera da graça, é descrito em seu grande romance *O castelo*, enquanto o poder inferior, a esfera do julgamento e da danação, é descrito em outro romance, igualmente grandioso, *O processo*. A Terra entre ambos, ... o destino terreno, com suas difíceis exigências, ele tentou descrever, de modo altamente estilizado, num terceiro romance, *Amerika*.[8]

O primeiro terço dessa interpretação pode ser considerado hoje, desde Brod, patrimônio comum da exegese kafkiana. Assim, por exemplo, escreve Bernhard Rang: "Na medida em que o Castelo pode ser visto como a sede da Graça, os vãos esforços e tentativas dos homens significam, teologicamente falando, que eles não podem forçar e provocar arbitrariamente, por um ato de vontade, a graça divina. A agitação e a impaciência fazem somente inibir e perturbar o silêncio grandioso de Deus".[9] É uma interpretação cômoda; mas que se torna cada vez mais

---

8- Willy Haas, *Gestalten der Zeit* (*Figuras do tempo*), Berlim, 1930, p. 175. (N.d.R.)
9- Bernhard Rang, "Franz Kafka", in: *Die Schildgenossen*, ano 12, volume 2/3, Augsburg, 1932. (N.d.R.)

insustentável à medida que se avança na mesma direção. Isso fica especialmente claro com Willy Haas:

> Kafka descende ... de Kierkegaard e de Pascal; podemos considerá-lo o único descendente legítimo desses dois filósofos. Os três partem, com a mesma dureza sanguinária e implacável, do mesmo tema religioso de base: o homem nunca tem razão em face de Deus ... O mundo superior de Kafka, o Castelo, com seus funcionários imprevisíveis, mesquinhos, complicados e cobiçosos, seu estranho Céu, joga com os homens um jogo tenebroso ...; e, ainda assim, mesmo diante desse Deus o homem permanece em profunda injustiça.[10]

Em suas especulações bárbaras, que de resto não são sequer compatíveis com o próprio texto literal de Kafka, essa teologia fica muito aquém até mesmo da doutrina da justificação de Anselmo de Salisbury. É exatamente em *O castelo* que se lê: "Pode um só funcionário perdoar? No máximo, a administração como um todo poderia fazê-lo, mas provavelmente ela não pode perdoar, e sim julgar, apenas". Esse tipo de interpretação levou rapidamente a um beco sem saída. "Nada disso", diz Denis de Rougemont, "significa a miséria de um homem sem Deus, mas a miséria do homem ligado a um Deus que ele não conhece, porque não conhece Cristo."

É mais fácil extrair conclusões especulativas das notas póstumas de Kafka do que investigar um único dos motivos que aparecem em seus contos e romances. No entanto somente estes podem lançar alguma luz sobre as forças arcaicas que atravessam a obra de Kafka — forças que com igual justificação poderíamos identificar no mundo contemporâneo. Quem poderá dizer sob que nome essas forças apareceram ao próprio Kafka? O que é certo é que ele não soube orientar-se nelas. Não as conheceu. Ele apenas viu, no espelho da culpa que o mundo primitivo lhe apresentou, o futuro, sob a forma do julgamento. Como representá-lo? Seria o julgamento final? O juiz não se converte em acusado? A punição não está no próprio processo? Kafka não respondeu a essas

---

10- Willy Haas, op.cit., p. 176. (N.d.R.)

perguntas. Veria alguma utilidade nelas? Ou julgava preferível adiá-las? Nas narrativas que ele nos deixou, a epopeia recuperou a significação que lhe dera Scherazade: adiar o que estava por vir. O adiamento é em *O processo* a esperança dos acusados — se apenas o procedimento judicial não se transformasse gradualmente na própria sentença. O adiamento beneficiaria até mesmo o Patriarca, mesmo que para isso deva renunciar ao papel que lhe cabe na tradição.

> Posso imaginar um outro Abraão — que não chegaria evidentemente à condição de Patriarca, nem sequer à de negociante de roupas usadas — que se disporia a cumprir a exigência do sacrifício, solícito como um garçom, mas que não consumaria esse sacrifício, porque não pode sair de casa, onde é indispensável, porque seus negócios lhe impõem obrigações, porque há sempre alguma coisa a arrumar, porque a casa não está pronta, e sem que ela esteja pronta, sem o seu apoio não pode sair, como a própria Bíblia admite, quando diz: "ele pôs em ordem sua casa".

Abraão aparece "obsequioso como um garçom". Havia algo que Kafka podia fixar somente pelo gesto. É esse gesto, que ele não compreendia, que constitui o elemento nebuloso de suas parábolas. É dele que parte a obra literária de Kafka. Sabe-se como ele era reticente com relação a essa obra. Em seu testamento, ordenou que ela fosse destruída. Esse testamento, que nenhum estudo sobre Kafka pode ignorar, mostra que o autor não estava satisfeito com sua obra; que ele considerava seus esforços malogrados; que ele se incluía a si próprio entre os que estavam condenados ao fracasso. Fracassada foi sua grandiosa tentativa de transformar a literatura em doutrina, devolvendo-lhe, sob a forma de parábolas, a consistência e a austeridade, as únicas que lhe convinham, à luz da razão. Nenhum escritor seguiu tão rigorosamente o preceito de "não construir imagens".

"Era como se a vergonha devesse lhe sobreviver" — são as palavras que encerram *O processo*. A vergonha, que nele corresponde à "pureza elementar dos sentimentos", é o mais forte gesto de Kafka. Ela tem, porém, uma dupla face. A vergonha é ao mesmo tempo uma reação íntima do indivíduo e uma reação socialmente exigida. A vergonha não é apenas vergonha perante os outros, mas pode também ser vergonha pelos outros. A vergonha de Kafka é tão pouco pessoal quanto a vida e o pensamento que ela determina e sobre os quais Kafka escreveu: "Ele não vive por causa de sua vida pessoal, nem pensa por causa do seu pensamento pessoal. Tudo se passa como se ele vivesse e pensasse sob o peso de uma obrigação familiar ... Por causa dessa família desconhecida ... ele não pode ser despedido". Não conhecemos a composição dessa família desconhecida, constituída por homens e animais. Só uma coisa é clara: é ela que o força, ao escrever, a movimentar períodos cósmicos. Obedecendo às exigências dessa família, Kafka rola o bloco do processo histórico, como Sísifo rola seu rochedo. Nesse movimento, o lado inferior desse bloco torna-se visível. Não é um espetáculo agradável. Mas Kafka consegue suportar essa visão. "Crer no progresso não significa crer que o progresso já aconteceu. Isso não seria uma crença." A época em que vive não representa para Kafka nenhum progresso com relação aos primórdios. Seus romances passam-se num mundo pantanoso. A criatura está para ele no estágio que Bachofen caracterizou como hetaírico. O fato de que esse estágio esteja esquecido não significa que ele não se manifeste no presente. Ao contrário, é esse esquecimento que o torna presente. Ele é descoberto por uma experiência mais profunda que a do homem comum. Em uma de suas primeiras anotações, Kafka escreve: "Eu tenho experiência e não estou brincando quando digo que essa experiência é uma espécie de enjoo em terra firme". Não é por acaso que a primeira *Betrachtung* (*Contemplação*) parte de um balanço. Kafka é inesgotável em sua descrição da natureza oscilante das experiências. Cada uma cede à outra, mistura-se com a experiência contrária. "Era verão," assim começa *Schlag ans Hoftor* (*Batida no portão*), "um dia quente. Voltando para casa com minha irmã, passei diante de um portão. Não sei se ela bateu no portão, por capricho ou distração, ou se apenas ameaçou fazê-lo com o punho, sem bater." A mera possibilidade da terceira hipótese faz as duas outras, à primeira vista inofensivas, aparecerem sob outra luz. É do solo pantanoso dessas experiências que emergem os personagens femininos de Kafka. São criaturas do pântano, como Leni, que "separa o dedo médio e o anelar de sua mão direita, entre os quais a película que une os dois dedos se estende quase até atingir a articulação superior do dedo mínimo". "Belos tempos," diz a ambígua Frieda, recordando-se de sua vida passada, "nunca me perguntaste nada sobre o meu passado." Esse passado estende-se até o ponto mais escuro das profundezas em que se dá aquela cópula cuja "voluptuosidade desenfreada", para usar as palavras de Bachofen, "é abominada pelos poderes imaculados da luz celeste e que justifica a expressão *luteae voluptates*, de Arnóbio".[11]

Somente a partir daqui podemos compreender a técnica narrativa de Kafka. Quando outros personagens têm algo a dizer a K. — por mais importante e surpreendente que seja —, eles o dizem casualmente, como se ele no fundo já devesse saber há muito tempo do que se tratava. É como se não houvesse nada de novo, como se o herói fosse discretamente convidado a lembrar-se de algo que ele havia esquecido. É nesse sentido que Willy Haas interpreta, com razão, a trama de *O processo*, dizendo que "o objeto desse processo, o verdadeiro herói desse livro inacreditável, é o esquecimento, ... cujo ... principal atributo é o de esquecer-se a si mesmo ... Ele transformou-se em personagem mudo na figura do acusado, figura da mais grandiosa intensidade".[12] Não podemos afastar de todo a hipótese de que esse "centro misterioso" derive da "religião judaica".

> A memória enquanto piedade desempenha aqui um papel sumamente misterioso. É um atributo de Jeová, até mesmo o mais profundo, que ele se recorda, que conserva uma memória infalível até 'a terceira e quarta geração', até a 'centésima' geração; o ato ... mais sacrossanto do ... ritual é o apagamento dos pecados no livro da memória.[13]

Mas o esquecimento — e aqui atingimos um novo limiar na obra de Kafka — não é nunca um esquecimento meramente individual. Tudo o

---

11- Johann Jakob Bachofen, *Urreligion und antike Symbole. Systematisch angeordnete Auswahl aus seinen Werken in drei Bänden* (*Protorreligião e símbolos antigos. Coletânea ordenada sistematicamente a partir de suas obras em três volumes*), editado por Carl Albrecht Bernoulli, vol.I, Leipzig, 1926, p. 386 ("Versuch über die Grabersymbolik der Alten" ["Ensaio sobre o simbolismo sepulcral dos antigos"].) (N.d.R.)
12- Willy Haas, op.cit., p. 196s. (N.d.R.)
13- Willy Haas, op.cit., p. 196s. (N.d.R.)

que é esquecido se mescla a conteúdos esquecidos do mundo primitivo, estabelece com ele vínculos numerosos, incertos, cambiantes, para gerar criações sempre novas. O esquecimento é o receptáculo a partir do qual emergem à luz do dia os contornos do inesgotável mundo intermediário, nas narrativas de Kafka.

> Ele considera a plenitude do mundo a única realidade. Todo espírito precisa fazer-se coisa, ser isolado, para adquirir aqui um lugar e um direito à existência ... O espiritual, na medida em que ainda desempenha um papel, pulveriza-se em espíritos. Os espíritos tornam-se entes completamente individuais, com os seus próprios nomes e estreitamente associados ao nome de quem os venera ... Sem hesitação, a plenitude do mundo transborda com a plenitude desses espíritos ... Sem preocupação, aumenta a massa apinhada dos espíritos; ... aos antigos espíritos acrescentam-se sempre outros novos, distintos uns dos outros pelos seus nomes próprios.[14]

Essas palavras não se referem a Kafka, e sim à China. É assim que Franz Rosenzweig descreve o culto dos antepassados em *Estrela da redenção*. Do mesmo modo que para Kafka o mundo dos fatos importantes era imenso, também era imenso o mundo dos seus ancestrais, e é certo que esse mundo, como o mastro totêmico dos primitivos, em seu movimento descendente, chegava até os animais. De resto, não é somente em Kafka que os animais são os receptáculos do esquecimento. Na profunda obra de Tieck, *Der Blonde Eckbert* (*O louro Eckbert*), o nome esquecido de um cãozinho — Strohmian — figura como símbolo de uma culpa enigmática. Podemos entender assim por que Kafka não se cansava de escutar os animais para deles recuperar o que fora esquecido. Eles não são um fim em si, mas sem eles nada seria possível. Pense-se no "artista da fome", que "a rigor era apenas um obstáculo no caminho que levava às estrebarias". Não vemos, em *Bau* (*Construção*) ou no *Riesenmaulwurf* (*Toupeira gigante*), o animal cismando e

---

14- Franz Rosenzweig, *Der Stern der Erlösung*, op.cit., p. 76s. (I, 2). (N.d.R.)

ao mesmo tempo cavando suas galerias subterrâneas? Por outro lado, esse pensamento é também algo de muito confuso. Indeciso, ele oscila de uma preocupação para outra, saboreia todos os medos e tem a inconstância do desespero. Por isso, em Kafka também existem borboletas; *Jäger Gracchus* (*O caçador Gracchus*), sob o peso de uma culpa da qual ele nada quer saber, "transforma-se em borboleta". " 'Não riam', diz o caçador Gracchus." — O que é certo é que de todos os seres de Kafka são os animais os que mais refletem. O que a corrupção é no direito, é a angústia em seu pensamento. Ela perturba o pensamento, mas constitui o seu único elemento de esperança. Devido ao fato, porém, de o mais esquecido dos estrangeiros ser o nosso corpo — *nosso próprio* corpo —, compreende-se por que Kafka chamava "o animal" à tosse que irrompia das suas entranhas. Era o posto mais avançado da grande horda.

Em Kafka, Odradek é o mais estranho bastardo gerado pelo mundo pré-histórico em seu acasalamento com a culpa.

> À primeira vista, ele tem o aspecto de um carretel achatado, em forma de estrela, e de fato parece estar enrolado em fios: de qualquer maneira só poderiam ser fios rasgados, velhos, interligados por nós, emaranhados uns nos outros, dos mais diferentes tipos e cores. Mas não é apenas um carretel, pois do centro da estrela sai um bastonete transversal, ao qual se junta outro em ângulo reto. Com auxílio desse último bastonete, de um lado, e de uma das pontas da estrela, de outro, ele pode ficar de pé, como se tivesse duas pernas.

Odradek "fica alternadamente no sótão, na escada, no corredor, no vestíbulo". Ele frequenta, portanto, os mesmos lugares que a Justiça, à procura da culpa. O sótão é o lugar do que foi descartado e esquecido. A obrigação de comparecer ao tribunal evoca talvez um sentimento semelhante que a obrigação de remexer arcas antigas, fechadas há anos. Se dependesse de nós, adiaríamos a tarefa até o fim dos nossos dias, do mesmo modo que K. acha que seu documento de defesa "poderá um dia ocupar sua inteligência senil, depois da aposentadoria".

Odradek é o aspecto assumido pelas coisas em estado de esquecimento. Elas são desfiguradas. Desfigurada é a "preocupação do pai de família", que ninguém sabe em que consiste, desfigurado o bicho abjeto, que como sabemos é na realidade Gregor Samsa, desfigurado o grande animal, meio carneiro e meio gato, para o qual talvez "a faca do carniceiro fosse uma salvação". Mas esses personagens de Kafka se associam, através de uma longa série de figuras, com a figura primordial da desfiguração, o corcunda. Entre os trejeitos descritos por Kafka em suas narrativas nenhum é mais frequente que a do homem cuja cabeça se inclina profundamente sobre seu peito. Ele é provocada pelo cansaço nos membros do tribunal, pelo ruído nos porteiros do hotel, pelo teto excessivamente baixo nos frequentadores das galerias. Na *Strafkolonie* (*Colônia penal*), os poderosos se servem de uma antiga máquina que grava letras floreadas nas costas do culpado, aumenta as incisões, acumula os ornamentos, até que suas costas se tornem clarividentes, possam elas próprias decifrar as inscrições, de cujas letras ele deve deduzir o nome de sua culpa desconhecida. São, portanto, as costas que importam. São elas que importam para Kafka, desde muito tempo. Lemos nas primeiras anotações do *Diário*: "Para ficar tão pesado quanto possível, o que considero bom para o sono, eu cruzava os braços e punha as mãos nos ombros, como um soldado com sua mochila". É claro que a ideia de estar carregado tem relação com a de esquecer — no sono. Uma canção popular — *O homenzinho corcunda* — concretiza essa relação. Esse homenzinho é o habitante da vida desfigurada; desaparecerá quando chegar o Messias, de quem um grande rabino disse que ele não quer mudar o mundo pela força, mas apenas retificá-lo um pouco.

> Vou para o meu quartinho
> Para fazer minha caminha
> E encontro um homenzinho corcunda
> Que começa a rir.

É o riso de Odradek, que "ressoa como o murmúrio de folhas caídas". A canção continua:

> Quando me ajoelho em meu banquinho

Para rezar um pouquinho
Encontro um homenzinho corcunda
Que começa a falar.
Querida criancinha, por favor
Reza também pelo homenzinho corcunda!

Assim termina a canção. Em sua profundeza, Kafka toca o chão que não lhe era oferecido nem pelo "pressentimento mítico" nem pela "teologia existencial". É o chão da índole germânica, assim como da judia. Se Kafka não rezava — o que ignoramos — era capaz ao menos, como faculdade inalienavelmente sua, de praticar o que Malebranche chamava "a prece natural da alma" — a atenção. E nela, assim como os santos em suas preces, Kafka incluía todas as criaturas.

Sancho Pança

Conta-se que numa aldeia hassídica alguns judeus estavam sentados numa pobre estalagem, ao fim de um sabat. Eram todos residentes do lugar, menos um desconhecido, de aspecto miserável, esfarrapado, acocorado num canto escuro, ao fundo. Conversava-se aqui e ali. Num certo momento, alguém inventou de perguntar o que cada um desejaria, se tivesse a liberdade de fazer um único desejo. Um queria dinheiro, outro um genro, um terceiro queria uma nova banca de carpinteiro, e assim por diante. Depois que todos falaram, restava apenas o mendigo, em seu canto escuro. Contrariado e hesitante, ele cedeu às perguntas, com alguma relutância: "Gostaria de ser um rei poderoso, governando um vasto país, e que uma noite, ao dormir em meu palácio, um exército inimigo invadisse o meu reino, e que antes do nascer do dia os cavaleiros tivessem entrado em meu castelo, sem encontrar resistência, e que acordando assustado eu não tivesse tempo de me vestir, e com uma simples camisa no corpo eu fosse obrigado a fugir, perseguido sem parar, dia e noite, por montes, vales e florestas, até chegar a este banco, neste canto, são e salvo. É este o meu desejo". Os outros se entreolharam, sem nada entender. — "E o que você ganharia com esse desejo?" perguntou um deles. — "Uma camisa", foi a resposta.

Essa história conduz às profundezas do mundo de Kafka. Não está dito que as desfigurações que um dia o Messias corrigirá são apenas as do nosso espaço. Certamente são também as do nosso tempo. E certamente Kafka pensou nisso. É com uma certeza desse gênero que seu avô diz: "A vida é surpreendentemente curta. Ela é mesmo tão curta em minha memória, que mal posso compreender, por exemplo, como um jovem pode se decidir a viajar para a próxima aldeia sem temer — mesmo deixando de lado os acidentes imprevisíveis — que o tempo de toda uma vida normal e sem imprevistos seja de longe insuficiente para terminar essa viagem". O mendigo é um irmão desse velho. Em sua "vida normal e feliz" ele não encontra tempo para um só desejo, mas na vida anormal e infeliz da fuga, para a qual se desloca em sua história, ele renuncia a qualquer desejo e o troca por sua realização.

Entre as criaturas de Kafka existe uma estirpe singularmente consciente da brevidade da vida. Ela vem da "cidade do sul ..., da qual se ... conta: — 'Lá há pessoas que, imaginem, não dormem!' — 'E por que não?' — 'Porque não se cansam nunca.' — 'E por que não?' — 'Porque são tolos.' — 'Então os tolos não se cansam?' — 'Como poderiam os tolos cansar-se?' ". Como se vê, os tolos têm afinidades com os infatigáveis ajudantes. Mas essa estirpe tem ainda outras características. De passagem, ouvimos um comentário segundo o qual os rostos dos ajudantes "lembravam os de adultos, talvez mesmo os de estudantes". Com efeito, os estudantes, que em Kafka aparecem nos lugares mais estranhos, são os regentes e porta-vozes dessa tribo. " 'Mas quando dormem vocês?' perguntou Karl, olhando admirado os estudantes. 'Ah, dormir!' disse o estudante. 'Dormirei quando tiver acabado os meus estudos.' " Pense-se nas crianças: com que relutância vão para a cama! Pois enquanto dormem, alguma coisa interessante poderia acontecer. "Não se esqueça do melhor!" é uma observação "que nos é familiar a partir de uma quantidade incerta de velhas narrativas, embora ela talvez não ocorra em nenhuma." Mas o esquecimento diz sempre respeito ao melhor, porque diz respeito à possibilidade da redenção. "A ideia de querer ajudar-me", diz, ironicamente, o espírito sempre inquieto do caçador Gracchus, "é uma doença que deve ser curada na cama." — Os estudantes não dormem durante os seus estudos, e talvez a maior virtude dos estudos seja mantê-los acordados.

O artista da fome jejua, o guardião da porta silencia e os estudantes velam: assim, ocultas, operam em Kafka as grandes regras da ascese.

Os estudos são seu coroamento. Kafka os traz à luz do dia, resgatando-os com devoção dos anos extintos de sua juventude.

> Numa cena não muito diferente — agora já fazia muito tempo —, Karl sentava-se, em casa, à mesa dos seus pais, fazendo seus deveres escolares, enquanto o pai lia o jornal ou fazia contabilidade e redigia a correspondência para uma associação, e a mãe ocupava-se com a costura, levantando muito alto a linha. Para não incomodar o pai, Karl só colocava na mesa o caderno e o material de escrever, arrumando os livros necessários em cadeiras à direita e à esquerda. Como tudo era tranquilo ali! Como era rara a visita de estranhos!

Talvez esses estudos não tenham servido para nada. Mas esse "nada" é muito próximo daquele "nada" taoista que nos torna "algo" útil. É em busca desse "nada" que Kafka formulava o desejo de

> fabricar uma mesa com uma perícia exata e escrupulosa, e ao mesmo tempo não fazer nada, de tal maneira que, em vez de dizerem: "o martelo não é nada para ele", as pessoas dissessem: "o martelo é para ele um verdadeiro martelo e ao mesmo tempo não é nada", e com isso o martelar se tornaria ainda mais audacioso, mais decidido, mais real e, se se quiser, mais louco.

Em seus estudos, os estudantes têm uma atitude igualmente resoluta, igualmente fanática. Essa atitude não pode ser mais estranha. Escrevendo e estudando, as pessoas perdem o fôlego. Eles apenas se agitam. "Muitas vezes o funcionário dita em voz tão baixa que o escrevente não ouve nada se estiver sentado, e, por isso, precisa levantar-se de um pulo, capturar as palavras ditadas, sentar-se depressa e escrevê-las, em seguida pular de novo, e assim por diante. Como é singular! É quase incompreensível." Mas talvez possamos compreender melhor se voltarmos aos atores do teatro ao ar livre. Os atores têm que ficar extremamente atentos às suas deixas. Eles assemelham-se também sob outros aspectos a essas pessoas zelosas. Para eles, "o martelo" é de fato "um verdadeiro martelo e ao mesmo tempo não é nada" — a saber, quando esse martelar faz parte do seu papel. Eles estudam esse papel; o ator que esquecesse uma palavra ou um gesto seria um mau ator. Para os integrantes da equipe de Oklahoma, contudo, esse papel é sua vida anterior. Por isso, esse teatro ao ar livre (*Naturtheater*) é um teatro "natural". Seus atores estão redimidos. O mesmo não ocorre com o estudante que Karl vê do seu balcão, em silêncio, à noite, quando ele lê o seu livro: "ele virava as folhas, de vez em quando consultava outro livro, que ele apanhava rapidamente, fazia anotações frequentes em um caderno, ao que ele sempre inclinava o rosto sobre ele de maneira surpreendentemente exagerada."

Kafka não se cansa de dar corpo ao gesto em descrições desse tipo. Mas sempre com assombro. Com razão, K. foi comparado ao soldado Schweyk; porém o primeiro assombra-se com tudo, e o segundo não se assombra com nada. O cinema e o gramofone foram inventados na era da mais profunda alienação dos homens entre si, em que as relações mediatizadas ao infinito são as únicas que subsistiram. No cinema, o homem não reconhece seu próprio andar e no gramofone não reconhece sua própria voz. Esse fenômeno foi comprovado experimentalmente. A situação dos que se submetem a tais experiências é a situação de Kafka. É ela que o remete ao estudo. Nesse processo, talvez ele encontre fragmentos da própria existência que podem ainda estar em relação com o papel. Ele recuperaria o gesto perdido, como Peter Schlemihl recupera a sombra vendida. Ele se compreenderia enfim, mas com que esforço imenso! Pois o que sopra dos abismos do esquecimento é uma tempestade. E o estudo é uma cavalgada contra essa tempestade. É assim que o mendigo em seu banco ao lado da lareira cavalga em direção ao seu passado, para apoderar-se de si mesmo, sob a forma do rei fugitivo. À vida, que é curta demais para uma cavalgada, corresponde a cavalgada que é suficientemente longa para a vida, "... até que se abandone as esporas, porque não há esporas, jogue fora as rédeas, porque não há rédeas, veja os prados na frente, com a vegetação rala, já sem o pescoço do cavalo, já sem a cabeça do cavalo". Assim realiza-se a fantasia do cavaleiro feliz, que galopa numa viagem alegre e vazia em direção ao passado, já sem pesar sobre sua montaria. Infeliz, no entanto, o cavaleiro que está preso à sua égua porque se fixou um objetivo situado no futuro, ainda que seja o futuro mais imediato: o depósito de carvão. Infeliz também seu cavalo, infelizes os dois: o cavaleiro e o balde. "Como um cavaleiro no balde, segurando a alça, a mais simples das rédeas, desço penosamente as escadas; lá embaixo, porém, meu balde se levanta, lindo, lindo; camelos deitados no chão não se levantariam de modo mais belo, sacudindo-se sob o bastão do cameleiro." Nenhuma região é mais desolada que a região da "montanha de gelo" em que se perde para sempre o "cavaleiro do balde".[15] O vento, que lhe é favorável, sopra das "regiões inferiores da morte" — o mesmo que em Kafka sopra tão frequentemente do mundo primitivo, e que impulsiona também o barco do caçador Gracchus. "Ensina-se em toda parte", diz Plutarco, "em mistérios e sacrifícios, tanto entre os gregos como entre os bárbaros, ... que devem existir duas essências distintas e duas forças opostas, uma que leva em frente, por um caminho reto, e outra que interrompe o caminho e força a retroceder."[16] É para trás que conduz o estudo, que converte a existência em escrita. Seu professor é Bucéfalo, *O novo advogado* (*Der neue Advokat*), que sem o poderoso Alexandre — isto é, livre do conquistador, cujo ímpeto o levava para frente — toma o caminho de volta. "Livre, com seus flancos aliviados da pressão das coxas do cavaleiro, sob uma luz calma, longe do estrépito da batalha de Isso, ele lê e vira as páginas dos nossos velhos livros." Há algum tempo, essa história foi interpretada por Werner Kraft. Depois de ter examinado com cuidado cada pormenor do texto, observa o intérprete: "Nunca antes na literatura foi o mito em toda a sua extensão criticado de modo tão violento e devastador". Segundo Kraft, Kafka não usa a palavra "justiça"; não obstante, é da justiça que parte a crítica do mito. — Mas, já que chegamos tão longe, se parássemos aqui, correríamos o risco de não entender Kafka. É verdadeiramente o direito que em nome da justiça poderia ser mobilizado contra o mito? Não; como jurista, Bucéfalo permanece fiel à sua origem: porém ele não

---

15- Benjamin comenta aqui o pequeno texto de Kafka, de 1917, *Der Kübelreiter* (*O cavaleiro do balde*). (N.d.R.)

16- Plutarco, *Sobre Isis e Osíris*, citado por Bachofen, op. cit., vol.I, p. 253.

parece *praticar* o direito, e nisso, no sentido de Kafka, estaria talvez o elemento novo, para Bucéfalo e para a advocacia. A porta da justiça é o direito que não é mais praticado, mas somente estudado.

A porta da justiça é o estudo. Mas Kafka não se atreve a associar a esse estudo as promessas que a tradição associa no estudo da Torá. Seus ajudantes são bedéis que perderam a igreja, seus estudantes são discípulos que perderam a escrita. Eles não se impressionam mais com "a viagem alegre e vazia". Kafka, porém, achou a lei dos seus; pelo menos uma vez, quando conseguiu ajustar sua velocidade desenfreada a um passo épico, que ele procurou durante toda a sua vida. Ele confiou essa lei a um de seus textos mais perfeitos, e não apenas por se tratar de uma interpretação.

> Sancho Pança, que aliás nunca se vangloriou disso, conseguiu, no decorrer dos anos, afastar de si o seu demônio, que ele mais tarde chamou de Dom Quixote, fornecendo-lhe, para ler de noite e de madrugada, inúmeros romances de cavalaria e de aventura. Em consequência, esse demônio foi levado a praticar incessantemente as proezas mais delirantes, mas que não faziam mal a ninguém, por falta do seu objeto predeterminado, que deveria ter sido o próprio Sancho Pança. Sancho Pança, um homem livre, seguia impassível Dom Quixote em suas cruzadas, talvez por um certo sentimento de responsabilidade, daí derivando até o fim de sua vida um grande e útil entretenimento.

Sancho Pança, tolo sensato e ajudante inepto, mandou na frente o seu cavaleiro. Bucéfalo sobreviveu ao seu. Homem ou cavalo, pouco importa, desde que o dorso seja aliviado de seu fardo.

1934

A OBRA DE ARTE NA ERA DE SUA REPRODUTIBILIDADE TÉCNICA
PRIMEIRA VERSÃO[1]

> "Le vrai est ce qu'il peut; le faux est ce qu'il veut."
>
> *Madame de Duras*

Introdução

Quando Marx empreendeu a análise do modo de produção capitalista, esse modo de produção ainda estava em seus primórdios. Marx orientou suas investigações de forma a dar-lhes valor de prognósticos. Remontou às relações fundamentais da produção capitalista e, ao descrevê-las, previu o futuro do capitalismo. Concluiu que se podia esperar desse sistema não somente uma exploração crescente e mais aguda do proletariado, mas também, em última análise, a criação de condições para a sua própria supressão.

Tendo em vista que a superestrutura se modifica mais lentamente que a base econômica, as mudanças ocorridas nas condições de produção precisaram mais de meio século para refletir-se em todos os setores da cultura. Só hoje podemos constatar sob que forma isso se deu. Tais constatações devem por sua vez comportar alguns prognósticos. Mas esses prognósticos não se referem a teses sobre a arte do proletariado depois da tomada do poder, e muito menos na fase da sociedade sem classes, e sim a teses sobre as tendências evolutivas da arte, nas atuais condições produtivas. A dialética dessas tendências não é menos visível na superestrutura que na economia. Seria, portanto, um

---

1- O texto aqui publicado é inédito no Brasil, trata-se da primeira versão deste ensaio. O ensaio traduzido em português por José Lino Grünnewald e publicado em *A ideia do cinema* (Rio de Janeiro, Civilização Brasileira, 1969) e na coleção "Os Pensadores", da Abril Cultural, é a *terceira* versão alemã, que Benjamin começou a escrever em 1936 e só foi publicada em 1955.

erro subestimar o valor dessas teses para o combate. Elas põem de lado numerosos conceitos tradicionais — como criatividade e gênio, valores eternos e estilo, forma e conteúdo — cuja aplicação incontrolada, e no momento dificilmente controlável, conduz à elaboração dos dados num sentido fascista. *Os conceitos seguintes, novos na teoria da arte, distinguem-se dos outros pela circunstância de não serem de modo algum apropriáveis para os fins do fascismo. Em compensação, podem ser utilizados para a formulação de exigências revolucionárias na política artística.*

Reprodutibilidade técnica

Em sua essência, a obra de arte sempre foi reprodutível. O que os homens faziam sempre podia ser imitado por outros homens. Essa imitação era praticada por discípulos, em seus exercícios, pelos mestres, para a difusão das obras, e finalmente por terceiros, interessados no lucro. Em contraste, a reprodução técnica da obra de arte representa um processo novo, que se vem desenvolvendo na história intermitentemente, através de saltos separados por longos intervalos, mas com intensidade crescente. Com a xilogravura, as artes gráficas tornaram-se pela primeira vez tecnicamente reprodutíveis, muito antes que a imprensa prestasse o mesmo serviço para a palavra escrita. São conhecidas as gigantescas transformações provocadas na literatura pela impressão — a reprodução técnica da escrita. Mas ela representa apenas um caso especial, embora de importância decisiva, de um processo histórico mais amplo. A xilogravura, na Idade Média, seguem-se a estampa em chapa de cobre e a água-forte, assim como a litografia, no início do século XIX.

Com a litografia, a técnica de reprodução atinge uma etapa essencialmente nova. Esse procedimento muito mais preciso, que distingue a transcrição do desenho numa pedra de seu entalhe sobre um bloco de madeira ou inscrição numa prancha de cobre, permitiu às artes gráficas pela primeira vez colocar no mercado suas produções não somente em massa, como já acontecia antes, mas também sob a forma de criações diariamente sempre novas. Dessa forma, as artes gráficas adquiriram os meios de ilustrar a vida cotidiana. Elas começaram a situar-se no mesmo nível que a imprensa. Mas a litografia no seu início, já poucas décadas após a sua invenção, foi ultrapassada pela fotografia. Pela primeira vez no processo de reprodução da imagem, a mão foi liberada das responsabilidades artísticas mais importantes, que agora cabiam unicamente ao olho. Como o olho apreende mais depressa do que a mão desenha, o processo de reprodução das imagens experimentou tal aceleração que começou a situar-se no mesmo nível que a fala. Se o jornal ilustrado estava contido virtualmente na litografia, o cinema falado estava contido virtualmente na fotografia. *A reprodução técnica do som iniciou-se no fim do século passado. Com ela, a reprodução técnica atingiu tal padrão de qualidade que ela não somente podia transformar em seus objetos a totalidade das obras de arte tradicionais, submetendo-as a transformações profundas, como conquistar para si um lugar próprio entre os procedimentos artísticos.* Para estudar esse padrão, nada é mais instrutivo que examinar como suas duas funções — a reprodução da obra de arte e a arte cinematográfica — repercutem uma sobre a outra.

Autenticidade

Mesmo na reprodução mais perfeita, *um elemento* está ausente: o aqui e agora da obra de arte, sua existência única, no lugar em que ela se encontra. É nessa existência única, e somente nela, que se desdobra a história à qual ela estava submetida no curso da sua existência. Essa história compreende não apenas as transformações que ela sofreu, com a passagem do tempo, em sua estrutura física, como as cambiantes relações de propriedade em que ela ingressou. Os vestígios das primeiras só podem ser investigados por análises químicas ou físicas, irrealizáveis na reprodução; os vestígios das segundas são o objeto de uma tradição, cuja reconstituição precisa partir do lugar em que se achava o original.

O aqui e agora do original constitui o conteúdo da sua autenticidade, e nela, por sua vez, se enraíza a concepção de uma tradição que identifica esse objeto, até os nossos dias, como sendo *aquele* objeto, sempre igual e idêntico a si mesmo. *A esfera da autenticidade, como um todo, escapa à reprodutibilidade técnica, e naturalmente não apenas a técnica.* Mas, enquanto o autêntico preserva toda a sua autoridade com relação à reprodução manual, em geral classificada como uma falsificação, o mesmo não ocorre no que diz respeito à reprodução técnica, e isso por duas razões. Em primeiro lugar, relativamente ao original, a reprodução técnica tem mais autonomia que a reprodução manual. Ela pode, por exemplo, pela fotografia, acentuar certos aspectos do original, acessíveis à objetiva — ajustável e capaz de selecionar arbitrariamente o seu ângulo de observação —, mas não acessíveis ao olhar humano. Ela pode, também, graças a procedimentos como a ampliação ou a câmara lenta, fixar imagens que fogem inteiramente à ótica natural. Em segundo lugar, a reprodução técnica pode colocar a cópia do original em situações inatingíveis para o próprio original. Ela pode, principalmente, aproximar do receptor a obra, seja sob a forma da fotografia, seja do disco. A catedral abandona seu lugar para instalar-se no estúdio de um amador; o coro, executado numa sala ou ao ar livre, pode ser ouvido num quarto.

Mesmo que essas novas circunstâncias deixem intata a continuidade da obra de arte, elas desvalorizam, de qualquer modo, o seu aqui e agora. Embora esse fenômeno não seja exclusivo da obra de arte, podendo ocorrer, por exemplo, numa paisagem, que aparece num filme aos olhos do espectador, ele afeta a obra de arte em um núcleo especialmente sensível que não existe *de tal modo* num objeto da natureza: sua autenticidade. A autenticidade de uma coisa é a quintessência de tudo o que foi transmitido pela tradição, a partir de sua origem, desde sua duração material até o seu testemunho histórico. Como este depende da materialidade da obra, quando ela se esquiva do homem através da reprodução, também o testemunho se perde. Sem dúvida, só esse testemunho desaparece, mas o que desaparece com ele é a autoridade da coisa, seu peso tradicional.

O conceito de aura permite resumir essas características: o que se atrofia na era da reprodutibilidade técnica da obra de arte é sua aura. Esse processo é sintomático, e sua significação vai muito além da esfera da arte. *Generalizando, podemos dizer que a técnica de reprodução retira do domínio da tradição o objeto reproduzido.* Na medida em que ela multiplica a reprodução, substitui a existência única da obra por uma existência massiva. E, na medida em que essa técnica permite à reprodução vir ao encontro do espectador, em todas as situações, ela atualiza o objeto reproduzido. Esses dois processos resultam num violento abalo da tradição, um abalo da tradição que constitui o reverso da crise e renovação atuais da humanidade. Eles se relacionam intimamente com os movimentos de massa, em nossos dias. Seu agente mais poderoso é o cinema. Seu significado social também não é concebível, mesmo em seus traços mais positivos, e precisamente neles, sem seu lado destrutivo e catártico: a liquidação do valor tradicional do patrimônio da cultura. Esse fenômeno é especialmente tangível nos grandes filmes históricos, de Cleópatra e Ben Hur até Frederico, o Grande e Napoleão. Ele conquista sempre novas posições para seu domínio. E quando Abel Gance, em 1927, proclamou com entusiasmo: "Shakespeare, Rembrandt, Beethoven, farão cinema... Todas as lendas, todas as mitologias e todos os mitos, todos os fundadores de novas religiões, sim, todas as religiões... aguardam sua ressurreição luminosa, e os heróis se acotovelam às nossas portas",[2] ele nos convida, sem o saber talvez, para essa grande liquidação.

Destruição da aura

No interior de grandes períodos históricos, a forma de percepção das coletividades humanas se transforma ao mesmo tempo que seu modo de existência. O modo pelo qual se organiza a percepção humana, o meio em que ela se dá, não é apenas condicionado naturalmente, mas também historicamente. A época das invasões dos bárbaros, durante a qual surgiram a indústria artística do Baixo Império Romano e o *Gênese* de Viena, não tinha apenas uma arte diferente da que caracterizava o período clássico, mas também uma outra forma de percepção. Os grandes estudiosos da escola vienense, Riegl e Wickhoff, que se revoltaram contra o peso da tradição classicista, sob o qual aquela arte tinha sido

---

2- Gance, Abel. "Le temps de l'image est venu". In: *L'art cinématographique II*. Paris, 1927. p. 94-6.

soterrada, foram os primeiros a tentar extrair dessa arte algumas conclusões sobre a organização da percepção nas épocas em que ela estava em vigor. Por mais penetrantes que fossem, essas conclusões estavam limitadas pelo fato de que esses pesquisadores se contentaram em descrever as características formais que eram próprias da percepção do Baixo Império. Não tentaram, talvez não tivessem a esperança de consegui-lo, mostrar as convulsões sociais que se exprimiram nessas metamorfoses da percepção. Em nossos dias, as perspectivas de empreender com êxito semelhante pesquisa são mais favoráveis, e, se podemos compreender as transformações contemporâneas da faculdade perceptiva sob o signo do declínio da aura, as causas sociais dessas transformações também podem ser apontadas.

Em suma, o que é a aura? É uma teia singular, composta de elementos espaciais e temporais: a aparição única de uma coisa distante, por mais perto que ela esteja. Observar, em repouso, numa tarde de verão, uma cadeia de montanhas no horizonte, ou um galho, que projeta sua sombra sobre nós, significa respirar a aura dessas montanhas, desse galho. Com base nessa definição, é fácil identificar os fatores sociais específicos que condicionam o declínio atual da aura. Ele deriva de duas circunstâncias, estreitamente ligadas à crescente difusão e intensidade dos movimentos de massas. Fazer as coisas "ficarem mais próximas" é uma preocupação tão apaixonada das massas modernas como sua tendência a superar o caráter único de todos os fatos através da sua reprodutibilidade. Cada dia fica mais irresistível a necessidade de possuir o objeto, de tão perto quanto possível, na imagem, ou antes, na sua cópia, na sua reprodução. E é inequívoco como se diferencia a reprodução, como ela nos é oferecida pelas revistas ilustradas e pelas atualidades cinematográficas, e a imagem. Nesta, a unidade e a durabilidade se associam tão intimamente como, na reprodução, a transitoriedade e a repetibilidade. *Retirar o objeto do seu invólucro, destruir sua aura, é a característica de um tipo de percepção cuja capacidade de captar "o semelhante no mundo"* (Johannes V. Jensen) *é tão aguda, que graças a reprodução ela consegue captá-lo até no fenômeno único.* Assim se manifesta na esfera sensorial a tendência que na esfera teórica deixa-se perceber na importância crescente da estatística. Orientar a realidade em função das massas e as massas em função da realidade é um processo de imenso alcance, tanto para o pensamento como para a intuição.

Ritual e política

A unicidade da obra de arte é idêntica à sua inserção no contexto da tradição. Sem dúvida, essa tradição é algo de muito vivo, de extraordinariamente variável. Uma antiga estátua de Vênus, por exemplo, estava inscrita numa certa tradição entre os gregos, que faziam dela um objeto de culto, e em outra tradição na Idade Média, quando os doutores da Igreja viam nela um ídolo malfazejo. O que era comum às duas tradições, contudo, era a unicidade da obra ou, em outras palavras, sua aura. A forma mais originária de inserção da obra de arte no contexto da tradição se exprimia no culto. As mais antigas obras de arte, como sabemos, surgiram a serviço de um ritual, inicialmente mágico, e depois religioso. O que é de importância decisiva é que esse modo de ser aurático da obra de arte nunca se destaca completamente de sua função ritual. Em outras palavras: o valor único da obra de arte "autêntica" tem sempre um fundamento teológico, por mais mediatizado que seja: ele pode ser reconhecido, como ritual secularizado, mesmo nas formas mais profanas do culto do belo. Essas formas profanas do culto do belo, surgidas na Renascença e vigentes durante três séculos, deixaram manifesto esse fundamento quando sofreram seu primeiro abalo grave. Com efeito, quando o advento do primeiro meio de reprodução verdadeiramente revolucionário — a fotografia, contemporânea do início do socialismo — levou a arte a pressentir a proximidade de uma crise, que só fez aprofundar-se nos cem anos seguintes, ela reagiu ao que se anunciava com a doutrina da arte pela arte, que é uma teologia da arte. Dela resultou uma teologia negativa da arte, sob a forma de uma arte pura, que não rejeita apenas toda função social, mas também qualquer determinação objetiva. (Na literatura, foi Mallarmé o primeiro a alcançar esse estágio.) É indispensável levar em conta essas relações em um estudo que se propõe estudar a arte na era de sua reprodutibilidade técnica. Porque elas preparam o caminho para a concepção que é decisiva aqui: *a reprodutibilidade técnica da obra de arte emancipa-a, pela primeira vez na história, de sua existência parasitária no ritual.* A obra de arte reproduzida é cada vez mais a reprodução de uma obra de arte criada para ser reproduzida. A chapa fotográfica, por exemplo, permite um grande número de cópias; a questão da autenticidade da cópia não tem nenhum sentido. Mas, no momento em que o critério da autenticidade deixa de aplicar-se à produção artística, toda a função social da arte se transforma. Em vez de fundar-se no ritual, ela passa a fundar-se em outra práxis: na política.

Nas obras cinematográficas, a reprodutibilidade técnica do produto não é, como no caso da literatura ou da pintura, uma condição externa para sua difusão maciça. *A reprodutibilidade técnica do filme tem seu fundamento imediato na técnica de sua produção. Esta não apenas permite, da forma mais imediata, a difusão em massa da obra cinematográfica, como a torna obrigatória. A difusão se torna obrigatória, porque a produção de um filme é tão cara que um consumidor, que poderia, por exemplo, pagar um quadro, não pode mais pagar um filme.* O filme é uma criação da coletividade. Em 1927, calculou-se que um filme de longa metragem, para ser rentável, precisaria atingir um público de nove milhões de pessoas. É certo que o cinema falado representou, inicialmente, um retrocesso; seu público restringiu-se ao delimitado pelas fronteiras linguísticas, e esse fenômeno foi concomitante com a ênfase dada pelo fascismo aos interesses nacionais. Mais importante, contudo, que registrar esse retrocesso, que de qualquer modo será em breve compensado pela sincronização, é analisar sua relação com o fascismo. A simultaneidade dos dois fenômenos se baseia na crise econômica. As mesmas turbulências que de modo geral levaram à tentativa de estabilizar as relações de propriedade vigentes pela violência aberta, isto é, segundo formas fascistas, levaram o capital investido na indústria cinematográfica, ameaçado, a preparar o caminho para o cinema falado. A introdução do cinema falado aliviou temporariamente a crise. E isso não somente porque com ele as massas voltaram a frequentar as salas de cinema, como porque criou vínculos de solidariedade entre os novos capitais da indústria elétrica e os aplicados na produção cinematográfica. Assim, se numa perspectiva externa, o cinema falado estimulou interesses nacionais, visto de dentro ele internacionalizou a produção cinematográfica numa escala ainda maior.

Valor de culto e valor de exposição

Seria possível reconstituir a história da arte a partir do confronto de dois polos, no interior da própria obra de arte, e ver a história do seu decurso na variação do peso conferido seja a um polo, seja a outro. Os dois polos são o valor de culto da obra e seu valor de exposição. A produção artística começa com imagens a serviço da magia. O que importa, nessas imagens, é que elas existem, e não que sejam vistas. O alce, copiado pelo homem paleolítico nas paredes de sua caverna, é um instrumento de magia, só ocasionalmente exposto aos olhos dos outros homens: no máximo, ele deve ser visto pelos espíritos. O valor de culto, como tal, quase obriga a manter secretas as obras de arte: certas estátuas divinas somente são acessíveis ao sumo sacerdote, na *cella*, certas madonas permanecem cobertas quase o ano inteiro, certas esculturas em catedrais da Idade Média são invisíveis, do solo, para o observador. *À medida que as obras de arte se emancipam do seu uso cultual, aumentam as ocasiões para que elas sejam expostas*. A exponibilidade de um busto, que pode ser deslocado de um lugar para outro, é maior que a de uma estátua divina, que tem sua sede fixa no interior de um templo. A exponibilidade de um quadro é maior que a de um mosaico ou de um afresco, que o precederam. E se a exponibilidade de uma missa, por sua própria natureza, não era talvez menor que a de uma sinfonia, esta surgiu num momento em que sua exponibilidade prometia ser maior que a da missa. A exponibilidade de uma obra de arte cresceu em uma escala tão descomunal, com os vários métodos de sua reprodutibilidade técnica, que a mudança de ênfase de um polo para outro corresponde a uma mudança qualitativa comparável à que ocorreu na pré-história. Com efeito, assim como na pré-história a preponderância absoluta do valor de culto conferido à obra levou-a a ser concebida em primeiro lugar como instrumento mágico, e só mais tarde como obra de arte, do mesmo modo a preponderância absoluta conferida hoje a seu valor de exposição atribui-lhe funções inteiramente novas, entre as quais a "artística", a única de que temos consciência, talvez se revele mais tarde como rudimentar. Uma coisa é certa: atualmente o cinema nos fornece a base mais útil para examinar essa questão. É certo, também, que o alcance histórico dessa refuncionalização da arte, especialmente visível no cinema, permite um confronto com a pré-história da arte, não só do ponto de vista metodológico como material. Essa arte registrava certas imagens, a serviço da magia, com funções práticas: seja provavelmente como execução de atividades mágicas, seja a título de ensinamento dessas práticas mágicas, seja como objeto de contemplação, à qual se atribuíam efeitos mágicos. Os temas dessa arte eram o homem e seu meio, copiados segundo as exigências de uma sociedade cuja técnica se fundia inteiramente com o ritual. Essa sociedade é a antítese da nossa, cuja técnica é a mais emancipada. Mas essa técnica emancipada se confronta com a sociedade moderna sob a forma de uma segunda natureza, não menos elementar que a da sociedade primitiva, como provam as guerras e as crises econômicas. Diante dessa segunda natureza, que o homem inventou mas há muito não controla, somos obrigados a aprender, como outrora diante da primeira. Mais uma vez, a arte põe-se a serviço desse aprendizado. Isso se aplica, em primeira instância, ao cinema. O filme serve para exercitar o homem nas novas percepções e reações exigidas por um aparelho técnico cujo papel cresce cada vez mais em sua vida cotidiana. Fazer do gigantesco aparelho técnico do nosso tempo o objeto das inervações humanas — é essa a tarefa histórica cuja realização dá ao cinema o seu verdadeiro sentido.

Fotografia

Com a fotografia, o valor de culto começa a recuar, em todas as frentes, diante do valor de exposição. Mas o valor de culto não se entrega sem oferecer resistência. Antes, ele habita uma última trincheira: o rosto humano. Não é por acaso que o retrato era o principal tema das primeiras fotografias. O refúgio derradeiro do valor de culto foi o culto da rememoração, consagrada aos amores ausentes ou defuntos. Nas antigas fotos, a aura acena pela última vez na expressão fugaz de um rosto humano. É o que lhes dá sua beleza melancólica e incomparável. Porém, quando o ser humano se retira da fotografia, o valor de exposição supera pela primeira vez o valor de culto. O mérito inexcedível de Atget é ter radicalizado esse processo ao fotografar as ruas de Paris, desertas de homens, por volta de 1900. Com justiça, escreveu-se dele que fotografou as ruas como quem fotografa o local de um crime. Também esse local é deserto. É fotografado por causa dos indícios que ele contém. Com Atget, as fotos se transformam em autos no processo da história. Nisso está sua significação política latente. Essas fotos orientam a recepção num sentido predeterminado. A contemplação livre não lhes é adequada. Elas inquietam o observador, que pressente que deve buscar um caminho definido para se aproximar delas. Ao mesmo tempo, as publicações ilustradas começam a mostrar-lhe indicadores de caminho — verdadeiros ou falsos, pouco importa. Nelas as legendas explicativas se tornam pela primeira vez obrigatórias. É evidente que esses textos têm um caráter completamente distinto dos títulos de um quadro. As instruções que o observador recebe das publicações ilustradas através das legendas se tornarão, em seguida, ainda mais precisas e imperiosas no cinema, em que a compreensão de cada imagem é prescrita pela sequência de todas as imagens anteriores.

Valor de eternidade

Os gregos só conheciam dois processos técnicos para a reprodução de obras de arte: o molde e a cunhagem. As moedas e terracotas eram as únicas obras de arte por eles fabricadas em massa. Todas as demais eram únicas e tecnicamente irreprodutíveis. *Por isso*, precisavam ser construídas para a eternidade. *Os gregos foram obrigados, pelo estágio de sua técnica, a produzir valores eternos na arte.* Devem a essa circunstância o seu lugar privilegiado na história da arte e sua capacidade de marcar, com seu próprio ponto de vista, toda a evolução artística posterior.

Não há dúvida de que esse ponto de vista se encontra no polo oposto do nosso. Nunca as obras de arte foram reprodutíveis tecnicamente, em tal escala e amplitude, como em nossos dias. O filme é uma forma cujo caráter artístico é pela primeira vez continuamente determinado por sua reprodutibilidade. Seria ocioso confrontar essa forma, em todas as suas determinantes, com a arte grega. Mas num ponto preciso esse confronto é possível. Com o cinema, a obra de arte adquiriu um atributo decisivo, que os gregos ou não aceitariam ou considerariam o menos essencial de todos: a perfectibilidade. O filme acabado não é produzido de *um* só jato, e sim montado a partir de inúmeras imagens isoladas e de sequências de imagens entre as quais o montador exerce seu direito de escolha — imagens, aliás, que poderiam, desde o início da filmagem, ter sido corrigidas, sem qualquer restrição. Para produzir *A opinião pública*, com seus 3 000 metros, Chaplin filmou 125 000 metros. O filme é, pois, a mais perfectível das obras de arte. O fato de que essa perfectibilidade se relaciona com a renúncia radical aos valores eternos pode ser demonstrado por uma contraprova. Para os gregos, cuja arte visava a produção de valores eternos, a mais alta das artes era a menos perfectível, a escultura, cujas criações se fazem literalmente a partir de *um só bloco*. Daí o declínio inevitável da escultura, na era da obra de arte montável.

Fotografia e cinema como arte

A controvérsia travada no século XIX entre a pintura e a fotografia quanto ao valor artístico de suas respectivas produções parece-nos hoje irrelevante e confusa. Mas, longe de reduzir o alcance dessa controvérsia, tal fato serve, ao contrário, para sublinhar sua significação. Na realidade, essa polêmica foi a expressão de uma transformação histórica, que como tal não se tornou consciente para nenhum dos dois antagonistas. Ao se emancipar dos seus fundamentos no culto, na era da reprodutibilidade técnica, a arte perdeu para sempre qualquer aparência de autonomia. Porém a época não se deu conta da refuncionalização da arte, decorrente dessa circunstância.

Ela não foi percebida, durante muito tempo, nem sequer no século XX, quando o cinema se desenvolveu. Muito se escreveu, no passado, de modo tão sutil como estéril, sobre a questão de saber se a fotografia era ou não uma arte, sem que se colocasse sequer a questão prévia de saber *se a invenção da fotografia não havia alterado a própria natureza da arte.* Hoje, os teóricos do cinema retomam a questão na mesma perspectiva superficial. Mas as dificuldades com que a fotografia confrontou a estética tradicional eram brincadeiras infantis em comparação com as suscitadas pelo cinema. Daí a violência cega que caracteriza os primórdios da teoria cinematográfica. Assim, Abel Gance compara o filme com os hieróglifos.

> Nous voilà, par un prodigieux retour en arrière, revenussur le plan d'expression des Egyptiens... Le langage des images n'est pas encore au point parce que nos yeux ne sont pas encore faits pour elles. Il n'y a pas encore assez de respect, de culte, pour ce qu'elles expriment.

Ou, como escreve Séverin-Mars:

> Quel art eut un rêve... plus poétique à la fois et plus réel. Considéré ainsi, le cinématographe deviendrait un moyen d'expression tout à fait exceptionnel, et dans son atmosphere ne devraient se mouvoir que des personnages de la pensée la plus supérieure, aux moments le plus parfaits et les plus mystérieux de leur course.[3]

É revelador como o esforço de conferir ao cinema a dignidade da "arte" obriga esses teóricos, com uma inexcedível falta de consideração, a introduzir na obra elementos vinculados ao culto. E, no entanto, na época em que foram publicadas essas especulações, já existiam obras como *A opinião pública* ou *Em busca do ouro*, o que não impediu Abel Gance de falar de uma escrita sagrada e Séverin-Mars de falar do

---

3- *L'art cinématographique* II. Paris, 1927. p. 101 e 102.

cinema como quem fala das figuras de Fra Angelico. É típico que ainda hoje autores especialmente reacionários busquem na mesma direção o significado do filme e o vejam, senão na esfera do sagrado, pelo menos na do sobrenatural. Comentando a transposição cinematográfica, por Reinhardt, do *Sonho de uma noite de verão*, Werfel observa que é a tendência estéril de copiar o mundo exterior, com suas ruas, interiores, estações, restaurantes, automóveis e praças, que têm impedido o cinema de incorporar-se ao domínio da arte. "O cinema ainda não compreendeu seu verdadeiro sentido, suas verdadeiras possibilidades... Seu sentido está na sua faculdade característica de exprimir, por meios naturais e com uma incomparável força de persuasão, a dimensão do fantástico, do miraculoso e do sobrenatural."[4]

Cinema e teste

Fotografar um quadro é um modo de reprodução; fotografar num estúdio cinematrográfico um acontecimento encenado é outro. No primeiro caso, o objeto reproduzido é uma obra de arte, e a reprodução não o é. Pois o desempenho do fotógrafo manejando sua objetiva tem tão pouco a ver com a arte como o de um maestro regendo uma orquestra sinfônica: na melhor das hipóteses, é um desempenho artístico. O mesmo não ocorre no caso de um estúdio cinematográfico. O objeto reproduzido não é mais uma obra de arte, e a reprodução não o é tampouco, como no caso anterior da fotografia. Na melhor das hipóteses, a obra de arte surge através da montagem, na qual cada fragmento é a reprodução de um acontecimento que nem constitui em si uma obra de arte, nem engendra uma obra de arte, ao ser fotografado. Quais são esses acontecimentos não artísticos reproduzidos no filme?

A resposta está na forma *sui generis* do desempenho artístico do ator cinematográfico. Ao contrário do ator de teatro, o intérprete de um filme não representa diante de um público qualquer a cena a ser

---

4- Werfel, Franz. *Ein Sommernachtstraum. Ein Film von Shakespeare und Reinhardt. Neues WienerJournal*, citado por *Lu*, 15 nov. 1935.

reproduzida, e sim diante de um grêmio de especialistas — produtor, diretor, operador, engenheiro do som ou da iluminação etc. — que a todo momento tem o direito de intervir. Do ponto de vista social, é uma característica muito importante. A intervenção de um grêmio de técnicos é com efeito típica do desempenho esportivo e, em geral, da execução de um teste. É uma intervenção desse tipo que determina, em grande parte, o processo de produção cinematográfica. Como se sabe, muitos trechos são filmados com variantes. Um grito de socorro, por exemplo, pode ser registrado em várias versões. O montador procede então à seleção, escolhendo uma delas como quem proclama um recorde. Um acontecimento filmado no estúdio distingue-se assim de um acontecimento real como um disco lançado num estádio, numa competição esportiva, se distingue do mesmo disco, no mesmo local, com a mesma trajetória e cujo lançamento tivesse como efeito a morte de um homem. O primeiro ato seria a execução de um teste, mas não o segundo.

Porém a execução desse teste, por parte do ator de cinema, tem uma característica muito especial. Qual seria ela? Ela consiste em ultrapassar um certo limite que restringe num âmbito muito estreito o valor social dos testes. Não se trata aqui da competição esportiva, e sim dos testes mecanizados. O esportista só conhece, num certo sentido, os testes naturais. Ele executa tarefas impostas pela natureza, e não por um aparelho, salvo casos excepcionais, como o do atleta Nurmi, de quem se dizia que "corria contra o relógio". Ao contrário, o processo do trabalho submete o operário a inúmeras provas sob a forma de testes mecânicos, principalmente depois da introdução da cadeia de montagem. Essas provas ocorrem implicitamente: quem não as passa com êxito, é excluído do processo do trabalho. Elas podem também ser explícitas, como nos institutos de orientação profissional. Aqui aparece o limite acima referido.

Essas provas não podem ser mostradas, como seria desejável, e como acontece com as provas esportivas. É esta a especificidade do cinema: *ele torna mostrável a execução do teste, na medida em que transforma num teste essa "mostrabilidade".* O intérprete do filme não representa diante de um público, mas de um aparelho. O diretor ocupa o lugar exato que o controlador ocupa num exame de habilitação profissional. Representar à luz dos refletores e ao mesmo tempo atender às exigências do microfone é uma prova extremamente rigorosa. Ser aprovado nela significa para o ator conservar sua dignidade humana diante do aparelho. O interesse desse desempenho é imenso. Porque é diante de um aparelho que a esmagadora maioria dos citadinos precisa alienar-se de sua humanidade, nos balcões e nas fábricas, durante o dia de trabalho. À noite, as mesmas massas enchem os cinemas para assistirem à vingança que o intérprete executa em nome delas, na medida em que o ator não somente afirma diante do aparelho sua humanidade (ou o que aparece como tal aos olhos dos espectadores), como coloca esse aparelho a serviço do seu próprio triunfo.

O intérprete cinematográfico

Para o cinema é menos importante o ator representar diante do público um outro personagem, que ele representar a si mesmo diante do aparelho. Pirandello foi um dos primeiros a pressentir essa metamorfose do ator através da experiência do teste. A circunstância de que seus comentários, no romance *Si gira*, limitam-se a salientar o lado negativo desse processo, em nada diminui o alcance de tais observações. Elas não são afetadas, tampouco, pelo fato de que está se referindo ao cinema mudo, pois o cinema falado não trouxe a esse processo qualquer modificação decisiva. O importante é que o intérprete representa para um aparelho, ou dois, no caso do cinema falado.

> "O ator de cinema", diz Pirandello, "sente-se exilado. Exilado não somente do palco, mas de si mesmo. Com um obscuro mal-estar, ele sente o vazio inexplicável resultante do fato de que seu corpo perde a substância, volatiliza-se, é privado de sua realidade, de sua vida, de sua voz, e até dos ruídos que ele produz ao deslocar-se, para transformar-se numa imagem muda que estremece na tela e depois desaparece em silêncio... O pequeno aparelho representa com sua sombra diante do

público, e ele próprio deve resignar-se a representar diante do aparelho."[5]

Com a representação do homem pelo aparelho, a autoalienação humana encontrou um aproveitamento altamente produtivo. Esse aproveitamento pode ser avaliado pelo fato de que a estranheza do intérprete diante do aparelho, segundo a descrição de Pirandello, é da mesma espécie que a estranheza do homem, no período romântico, diante de sua imagem no espelho, tema favorito de Jean-Paul, como se sabe. Hoje, essa imagem especular se torna destacável e transportável. Transportável para onde? Para diante da massa. Naturalmente, o intérprete tem plena consciência desse fato, em todos os momentos. Ele sabe, quando está diante do aparelho, que sua relação é em última instância com a massa. É ela que vai controlá-lo. E ela, precisamente, não está visível, não existe ainda, enquanto o ator executa a atividade que será por ela controlada. Mas a autoridade desse controle é reforçada por tal invisibilidade. Não se deve, evidentemente, esquecer que a utilização política desse controle terá que esperar até que o cinema se liberte das algemas de sua exploração pelo capitalismo. Pois o capital cinematográfico dá um caráter contrarrevolucionário às oportunidades revolucionárias imanentes a esse controle. Esse capital estimula o culto do estrelato, que não visa conservar apenas a magia da personalidade, há muito reduzida ao clarão putrefato que emana do seu caráter de mercadoria, mas também o seu complemento, o culto do público, e estimula, além disso, a consciência corrupta das massas, que o fascismo tenta pôr no lugar de sua consciência de classe.

A arte contemporânea será tanto mais eficaz quanto mais se orientar em função da reprodutibilidade e, portanto, quanto menos colocar em seu centro a obra original. É óbvio, à luz dessas reflexões, por que a arte dramática é de todas a que enfrenta a crise mais manifesta. Pois nada contrasta mais radicalmente com a obra de arte sujeita ao processo de reprodução técnica, e por ele engendrada, a exemplo do cinema,

---

5- Citado por Léon Pierre-Quint: "Signification du cinéma". In: *L' art cinématographique* II, Paris, 1927. p. 14-5.

que a obra teatral, caracterizada pela atuação sempre nova e originária do ator. Isso é confirmado por qualquer exame sério da questão. Desde muito, os observadores especializados reconheceram que "quase sempre os maiores efeitos são alcançados quando os atores representam o menos possível". Segundo Arnheim, em 1932, "o estágio final será atingido quando o intérprete for tratado como um acessório cênico, escolhido por suas características... e colocado no lugar certo".[6] Há outra circunstância correlata. O ator de teatro, ao aparecer no palco, entra no interior de um papel. Essa possibilidade é muitas vezes negada ao ator de cinema. Sua atuação não é unitária, mas decomposta em várias sequências individuais, cuja concretização é determinada por fatores puramente aleatórios, como o aluguel do estúdio, disponibilidade dos outros atores, cenografia etc. Assim, pode-se filmar, no estúdio, um ator saltando de um andaime, como se fosse uma janela, mas a fuga subsequente será talvez rodada semanas depois, numa tomada externa. Exemplos ainda mais paradoxais de montagem são possíveis. O roteiro pode exigir, por exemplo, que um personagem se assuste, ouvindo uma batida na porta. O desempenho do intérprete pode não ter sido satisfatório. Nesse caso, o diretor recorrerá ao expediente de aproveitar a presença ocasional do ator no local da filmagem e, sem aviso prévio, mandará que disparem um tiro às suas costas. O susto do intérprete pode ser registrado nesse momento e montado na versão final. Nada demonstra mais claramente que a arte abandonou a esfera da "bela aparência", longe da qual, como se acreditou muito tempo, nenhuma arte teria condições de florescer.

O procedimento do diretor, que para filmar o susto do personagem provoca experimentalmente um susto real no intérprete, é totalmente adequado ao universo cinematográfico. *Durante a filmagem, nenhum intérprete pode reivindicar o direito de perceber o contexto total no qual se insere sua própria ação.* A exigência de um desempenho independente de qualquer contexto vivido, através de situações externas ao espetáculo, é comum a todos os testes, tanto os esportivos como os

---

6- Arnheim, Rudolf. *Film als Kunst*. Berlim, 1932. p. 176-7.

cinematográficos. Esse fato foi ocasionalmente posto em evidência por Asta Nielsen, de modo impressionante. Certa vez, houve uma pausa no estúdio. Rodava-se um filme baseado em *O idiota*, de Dostoievski. Asta Nielsen, que representava o papel de Aglaia, conversava com um amigo. A cena seguinte, uma das mais importantes, seria o episódio em que Aglaia observa de longe o príncipe Mishkin, passeando com Nastassia Filippovna, e começa a chorar. Asta Nielsen, que durante a conversa recusara todos os elogios do seu interlocutor, viu de repente a atriz que fazia o papel de Nastassia, tomando seu café da manhã, enquanto caminhava de um lado para outro. "Veja, é assim que eu compreendo a arte de representar no cinema", disse Asta Nielsen a seu visitante, encarando-o com olhos que se tinham enchido de lágrimas, ao ver a outra atriz, exatamente como teria que fazer na cena seguinte, e sem que um músculo de sua face se tivesse alterado.

As exigências técnicas impostas ao ator de cinema são diferentes das que se colocam para o ator de teatro. Os astros cinematográficos só muito raramente são bons atores, no sentido do teatro. Ao contrário, em sua maioria foram atores de segunda ou terceira ordem, aos quais o cinema abriu uma grande carreira. Do mesmo modo, os atores de cinema que tentaram passar da tela para o palco não foram, em geral, os melhores, e na maioria das vezes a tentativa malogrou. (Esse fenômeno está ligado à natureza específica do cinema, pela qual é menos importante que o intérprete represente um personagem diante do público que ele represente a si mesmo diante do aparelho.) *O ator cinematográfico típico só representa a si mesmo.* Ele é a antítese do pantomimo. Essa circunstância limita seu campo de ação no palco, mas o amplia extraordinariamente no cinema. Pois o astro de cinema impressiona seu público sobretudo porque parece abrir a todos, a partir do seu exemplo, a possibilidade de "fazer cinema". A ideia de se fazer reproduzir pela câmara exerce uma enorme atração sobre o homem moderno. Sem dúvida, os adolescentes de outrora também sonhavam em entrar no teatro. Porém o sonho de fazer cinema tem sobre o anterior duas vantagens decisivas. Em primeiro lugar, é realizável, porque o cinema absorve muito mais atores que o teatro, já que no filme cada intérprete representa somente a si mesmo. Em segundo lugar, é mais audacioso, porque a ideia de uma difusão em massa da sua própria figura, de sua própria voz, faz empalidecer a glória do grande artista teatral.

Exposição perante a massa

A transformação do modo de exposição pela técnica da reprodução é visível também na política. *A crise da democracia pode ser interpretada como uma crise nas condições de exposição do político profissional.* As democracias expõem o político de forma imediata, em pessoa, diante de certos representantes. O Parlamento é seu público. Mas, com as inovações nos aparelhos de gravação, que permitem ao orador durante a sua fala ser ouvido por um número ilimitado de pessoas e, pouco depois, ser visto por um número ilimitado de pessoas, a exposição do político diante dos aparelhos passa ao primeiro plano. Com isso os parlamentos se atrofiam, juntamente com o teatro. O rádio e o cinema não modificam apenas a função do intérprete profissional, mas também a função de quem se representa a si mesmo diante desses dois veículos de comunicação, como é o caso do político. O sentido dessa transformação é o mesmo no ator de cinema e no político, qualquer que seja a diferença entre suas tarefas especializadas. Seu objetivo é tornar "mostráveis", sob certas condições sociais, determinadas ações de modo que todos possam controlá-las e compreendê-las, da mesma forma como o esporte o fizera antes, sob certas condições naturais. Esse fenômeno determina um novo processo de seleção, uma seleção diante do aparelho, do qual emergem, como vencedores, o campeão, o astro e o ditador.

Exigência de ser filmado

A técnica do cinema assemelha-se à do esporte no sentido de que nos dois casos os espectadores são semiespecialistas. Basta, para nos convencermos disso, escutarmos um grupo de jovens jornaleiros, apoiados em suas bicicletas, discutindo os resultados de uma competição de ciclismo. No que diz respeito ao cinema, os filmes de atualidades provam com clareza que todos têm a oportunidade de aparecer na tela. Mas isso não é tudo. *Cada pessoa, hoje em dia, pode reivindicar o direito de ser filmada.* Esse fenômeno pode ser ilustrado pela situação histórica dos escritores em nossos dias. Durante séculos, houve uma separação rígida entre um pequeno número de escritores e um grande número de leitores. No fim do século passado, a situação começou a modificar-se. Com a ampliação gigantesca da imprensa, colocando à disposição dos leitores uma quantidade cada vez maior de órgãos políticos, religiosos, científicos, profissionais e regionais, um número crescente de leitores começou a escrever, a princípio esporadicamente. No início, essa possibilidade limitou-se à publicação de sua correspondência na seção "Cartas dos leitores". Hoje em dia, raros são os europeus inseridos no processo de trabalho que em princípio não tenham uma ocasião qualquer para publicar um episódio de sua vida profissional, uma reclamação ou uma reportagem. Com isso a diferença essencial entre autor e público está a ponto de desaparecer. Ela se transforma numa diferença funcional e contingente. A cada instante, o leitor está pronto a converter-se num escritor. Num processo de trabalho cada vez mais especializado, cada indivíduo se torna bem ou mal um perito em algum setor, mesmo que seja num pequeno comércio, e como tal pode ter acesso à condição de autor. O mundo do trabalho toma a palavra. Saber escrever sobre o trabalho passa a fazer parte das habilitações necessárias para executá-lo. A competência literária passa a fundar-se na formação politécnica, e não na educação especializada, convertendo-se, assim, em coisa de todos.

Tudo isso é aplicável sem restrições ao cinema, onde se realizaram numa década deslocamentos que duraram séculos no mundo das letras. Pois essa evolução já se completou em grande parte na prática do cinema, sobretudo do cinema russo. Alguns dos atores que aparecem nos filmes russos não são atores em nosso sentido, e sim pessoas que *se* autorrepresentam, principalmente no processo do trabalho. Na Europa Ocidental, a exploração capitalista do cinema impede a concretização da aspiração legítima do homem moderno de ver-se reproduzido. De resto, ela também é bloqueada pelo desemprego, que exclui grandes massas do processo produtivo, no qual deveria materializar-se, em primeira instância, essa aspiração à reproduão. Nessas circunstâncias, a indústria cinematográfica tem todo interesse em estimular a participação das massas através de concepções ilusórias e especulações ambivalentes. Seu êxito maior é com as mulheres. Com esse objetivo, ela mobiliza um poderoso aparelho publicitário, põe a seu serviço a carreira e a vida amorosa das estrelas, organiza plebiscitos, realiza concursos de beleza. Tudo isso para corromper e falsificar o interesse original das massas pelo cinema, totalmente justificado, na medida em que é um interesse pelo seu próprio conhecimento e, desse modo também, pelo conhecimento da classe. Vale para o capital cinematográfico o que vale para o fascismo no geral: ele explora secretamente, no interesse de uma minoria de proprietários, a inquebrantável aspiração por novas condições sociais. Já por essa razão a expropriação do capital cinematográfico é uma exigência prioritária do proletariado.

Toda forma de arte amadurecida está no ponto de intersecção de três linhas evolutivas. Em primeiro lugar, a técnica atua sobre uma forma de arte determinada. Antes do advento do cinema, havia álbuns fotográficos, cujas imagens, rapidamente viradas pelo polegar, mostravam ao espectador lutas de boxe ou partidas de tênis, e havia nas Passagens aparelhos automáticos, mostrando uma sequência de imagens que se moviam quando se acionava uma manivela. Em segundo lugar, em certos estágios do seu desenvolvimento as formas artísticas tradicionais tentam laboriosamente produzir efeitos que mais tarde serão obtidos sem qualquer esforço pelas novas formas de arte. Antes que se desenvolvesse o cinema, os dadaístas tentavam com seus espetáculos suscitar no público um movimento que mais tarde Chaplin conseguiria provocar com muito maior naturalidade. Em terceiro lugar, transformações sociais muitas vezes imperceptíveis acarretam mudanças na estrutura da recepção, que serão mais tarde utilizadas pelas novas formas de arte. Antes que o cinema começasse a formar seu público, já o Panorama do Imperador mostrava imagens, já a essa altura móveis, diante de um público reunido. Também havia um público nos salões de pintura, porém a estruturação interna do seu espaço, ao contrário, por exemplo, do espaço teatral, não permitia organizar esse público. No Panorama do Imperador, em compensação, havia assentos cuja distribuição diante dos vários estereoscópios pressupunha um grande número de espectadores. Uma sala vazia pode ser agradável numa galeria de quadros, mas é indesejável no Panorama do Imperador e inconcebível no cinema. E, no entanto, cada espectador, nesse Panorama, dispunha de sua própria sequência de imagens, como nos salões de pintura. Nisso, precisamente, fica visível a dialética desse processo: imediatamente antes que a contemplação das imagens experimentasse com o advento do cinema uma guinada decisiva, tornando-se coletiva, o princípio da contemplação individual se afirma, mais uma vez, com uma força, como outrora, no santuário, a contemplação pelo sacerdote da imagem divina.

Pintor e cinegrafista

A realização de um filme, principalmente de um filme sonoro, oferece um espetáculo jamais imaginado em outras épocas. Não existe, durante a filmagem, um único ponto de observação que nos permita excluir do nosso campo visual as câmaras, os aparelhos de iluminação, os assistentes e outros objetos alheios à cena. Essa exclusão somente seria possível se a pupila do observador coincidisse com a objetiva do aparelho, que muitas vezes quase chega a tocar o corpo do intérprete. Mais que qualquer outra, essa circunstância torna superficial e irrelevante toda comparação entre uma cena no estúdio e uma cena no palco. Pois o teatro conhece esse ponto de observação, que permite preservar o caráter ilusionístico da cena. Esse ponto não existe no estúdio. A natureza ilusionística do cinema é de segunda ordem e está no resultado da montagem. Em outras palavras, *no estúdio o aparelho penetrou tão profundamente o real que o que aparece como realidade "pura", sem o corpo estranho da máquina, é de fato o resultado de um procedimento puramente técnico, isto é, a imagem é filmada por uma câmara disposta num ângulo especial e montada com outras da mesma espécie.* A realidade, aparentemente depurada de qualquer intervenção técnica, acaba se revelando artificial, e a visão da realidade imediata não é mais que a visão de uma flor azul no jardim da técnica.

Esses dados, obtidos a partir do confronto com o teatro, se tornarão mais claros ainda a partir de um confronto com a pintura. A pergunta aqui é a seguinte: qual a relação entre o operador da câmara e o pintor? A resposta pode ser facilitada por uma construção auxiliar, baseada na figura do operador comum no campo da cirurgia. O cirurgião está no polo oposto ao do mágico. O comportamento do mágico, que deposita as mãos sobre um doente para curá-lo, é distinto do comportamento do cirurgião, que realiza uma intervenção em seu corpo. O mágico preserva a distância natural entre ele e o paciente, ou antes, ele a diminui um pouco, graças à sua mão estendida, e a aumenta muito, graças à sua autoridade. O contrário ocorre com o cirurgião. Ele diminui muito sua distância com relação ao paciente, ao penetrar em seu organismo, e a aumenta pouco, devido à cautela com que sua mão se move entre os órgãos. Em suma, diferentemente do mágico (do qual restam alguns traços no clínico geral), o cirurgião renuncia, no momento decisivo, a relacionar-se com seu paciente de homem a homem e em vez disso intervém nele, pela operação. O mágico e o cirurgião estão entre si como o pintor e o cinegrafista. O pintor observa em seu trabalho uma distância natural entre a realidade dada e ele próprio, ao passo que o cinegrafista penetra profundamente no tecido dessa realidade. As imagens que cada um produz são, por isso, extraordinariamente diferentes. A imagem do pintor é total, a do operador é composta de inúmeros fragmentos, que se recompõem segundo novas leis. *Assim, a apresentação cinematográfica da realidade é para o homem moderno infinitamente mais significativa, porque ela lhe oferece o que temos o direito de exigir da arte: um aspecto da realidade livre de qualquer manipulação pelos aparelhos, precisamente graças ao procedimento de penetrar, com os aparelhos, no âmago da realidade.*

Recepção dos quadros

A reprodutibilidade técnica da obra de arte modifica a relação da massa com a arte. Retrógrada diante de Picasso, ela se torna progressista diante de Chaplin. O comportamento progressista se caracteriza pela ligação direta e interna entre o prazer de ver e sentir, por um lado, e a atitude do especialista, por outro. Esse vínculo constitui um valioso indício social. Quanto mais se reduz a significação social de uma arte, maior fica a distância, no público, entre a atitude de fruição e a atitude crítica, como se evidencia com o exemplo da pintura. Desfruta-se o que é convencional, sem criticá-lo; critica-se a contragosto o que é verdadeiramente novo. Não é assim no cinema. O decisivo, aqui, é que no cinema, mais que em qualquer outra arte, as reações do indivíduo, cuja soma constitui a reação coletiva do público, são condicionadas, desde o início, pelo caráter coletivo dessa reação. Ao mesmo tempo que essas reações se manifestam, elas se controlam mutuamente. De novo, a comparação com a pintura se revela útil. Os pintores queriam que seus quadros fossem vistos por uma pessoa, ou poucas. A contemplação simultânea de quadros por um grande público, que se iniciou no século XIX, é um sintoma precoce da crise da pintura, que não foi determinada apenas pelo advento da fotografia, mas independentemente dela, através do apelo dirigido às massas pela obra de arte.

Na realidade, a pintura não pode ser objeto de uma recepção coletiva, como foi sempre o caso da arquitetura, como antes foi o caso da epopeia, e como hoje é o caso do cinema. Embora esse fato em si mesmo não nos autorize a tirar uma conclusão sobre o papel social da pintura, ele não deixa de representar um grave obstáculo social, num momento em que a pintura, devido a certas circunstâncias e de algum modo contra a sua natureza, se vê confrontada com as massas, de forma imediata. Nas igrejas e conventos da Idade Média ou nas cortes dos séculos XVI, XVII e XVIII, a recepção coletiva dos quadros não se dava simultaneamente, mas através de inúmeras mediações. A situação mudou e essa mudança traduz o conflito específico em que se envolveu a pintura, durante o século passado, em consequência de sua reprodutibilidade técnica. Por mais que se tentasse confrontar a pintura com a massa do público, nas galerias e salões, esse público não podia de modo algum, na recepção das obras, organizar- se e controlar-se. Teria que recorrer ao escândalo para manifestar abertamente o seu julgamento. Em outros termos: a manifestação aberta do seu julgamento teria constituído um escândalo. Assim, o mesmo público, que tem uma reação progressista diante de um filme burlesco, tem uma reação retrógrada diante de um filme surrealista.

Camundongo Mickey

Dentre as funções sociais do cinema, a mais importante é criar um equilíbrio entre o homem e o aparelho. O cinema não realiza essa tarefa apenas pelo modo com que o homem se representa diante do aparelho, mas pelo modo com que ele representa o mundo, graças a esse aparelho. Através dos seus grandes planos, de sua ênfase sobre pormenores ocultos dos objetos que nos são familiares, e de sua investigação dos ambientes mais vulgares sob a direção genial da objetiva, o cinema faz-nos vislumbrar, por um lado, os mil condicionamentos que determinam nossa existência, e por outro assegura-nos um grande e insuspeitado espaço de liberdade. Nossos cafés e nossas ruas, nossos escritórios e nossos quartos alugados, nossas estações e nossas fábricas pareciam aprisionar-nos inapelavelmente. Veio então o cinema, que fez explodir esse universo carcerário com a dinamite dos seus décimos de segundo, permitindo-nos empreender viagens aventurosas entre as ruínas arremessadas à distância. O espaço se amplia com o primeiro plano, o movimento se torna mais vagaroso com a câmara lenta. É evidente, pois, que a natureza que se dirige à câmara não é a mesma que a que se dirige ao olhar. A diferença está principalmente no fato de que o espaço em que o homem age conscientemente é substituído por outro em que sua ação é inconsciente. Se podemos perceber o caminhar de uma pessoa, por exemplo, ainda que em grandes traços, nada sabemos, em compensação, sobre sua atitude precisa na fração de segundo em que ela dá um passo. O gesto de pegar um isqueiro ou uma colher nos é aproximadamente familiar, mas nada sabemos sobre o que se passa verdadeiramente entre a mão e o metal, e muito menos sobre as alterações provocadas nesse gesto pelos nossos vários estados de espírito. Aqui intervém a câmara com seus inúmeros recursos auxiliares, suas imersões e emersões, suas interrupções e seus isolamentos, suas extensões e suas acelerações, suas ampliações e suas miniaturizações. Ela nos abre, pela primeira vez, a experiência do inconsciente ótico, do mesmo modo que a psicanálise nos abre a experiência do inconsciente pulsional. De resto, existem entre os dois inconscientes as relações mais estreitas. Pois os múltiplos aspectos que o aparelho pode registrar da realidade situam-se em grande parte fora do espectro de uma percepção sensível *normal*. Muitas deformações e estereotipias, metamorfoses e catástrofes que o mundo visual pode sofrer no filme afetam realmente esse mundo nas psicoses, alucinações e sonhos. Desse modo, os procedimentos da câmara correspondem aos procedimentos graças aos quais a percepção coletiva do público se apropria dos modos de percepção individual do psicótico ou do sonhador. O cinema introduziu uma brecha na velha verdade de Heráclito segundo a qual o mundo dos homens acordados é comum, o dos que dormem é privado. E o fez menos pela descrição do mundo onírico que pela criação de personagens do sonho coletivo, como o camundongo Mickey, que hoje percorre o mundo inteiro. Se levarmos em conta as perigosas tensões que a tecnização, com todas as suas consequências, engendrou nas massas — tensões que em estágios críticos assumem um caráter psicótico —, perceberemos que essa mesma tecnização abriu a possibilidade de uma imunização contra tais psicoses de massa através de certos filmes, capazes de impedir, pelo desenvolvimento artificial de fantasias sadomasoquistas, seu amadurecimento natural e perigoso. A hilaridade coletiva representa a eclosão precoce e saudável dessa psicose de massa. A enorme quantidade de episódios grotescos atualmente consumidos no cinema constituem um índice impressionante dos perigos que ameaçam a humanidade, resultantes das repressões que a civilização traz consigo. Os filmes grotescos, dos Estados Unidos, e os filmes de Disney, produzem uma explosão terapêutica do inconsciente. Seu precursor foi o excêntrico. Nos novos espaços de liberdade abertos pelo filme, ele foi o inquilino de primeira hora: já os habitou antes de estarem prontos. É aqui que se situa Chaplin, como figura histórica.

Dadaísmo

Uma das tarefas mais importantes da arte foi sempre a de gerar uma demanda cujo atendimento integral só poderia produzir-se mais tarde. A história de toda forma de arte conhece épocas críticas em que essa forma aspira a efeitos que só podem concretizar-se sem esforço num novo estágio técnico, isto é, numa nova forma de arte. As extravagâncias e grosserias artísticas daí resultantes e que se manifestam sobretudo nas chamadas "épocas de decadência" derivam, na verdade, do seu campo de forças historicamente mais rico. Ultimamente, foi o dadaísmo que se alegrou com tais barbarismos. Sua impulsão profunda só agora pode ser identificada: *o dadaísmo tentou produzir através da pintura (ou da literatura) os efeitos que o público procura hoje no cinema.*

Toda tentativa de gerar uma demanda fundamentalmente nova, visando à abertura de novos caminhos, acaba ultrapassando seus próprios objetivos. Foi o que ocorreu com o dadaísmo, na medida em que sacrificou os valores de mercado intrínsecos ao cinema, em benefício de intenções mais significativas, das quais naturalmente ele não tinha consciência, na forma aqui descrita. Os dadaístas estavam menos interessados em assegurar a utilização mercantil de suas obras de arte que em torná-las impróprias para qualquer imersão contemplativa. Tentavam atingir esse objetivo, entre outros métodos, pela desvalorização sistemática do seu material. Seus poemas são "saladas de palavras", contêm interpelações obscenas e todos os detritos verbais concebíveis. O mesmo se dava com seus quadros, nos quais colocavam botões e bilhetes de trânsito. Com esses meios, aniquilavam impiedosamente a aura de suas criações, que eles estigmatizavam como reprodução, com os instrumentos da produção. Impossível, diante de um quadro de Arp ou de um poema de August Stramm, consagrar algum tempo ao recolhimento ou à avaliação, como diante de um quadro de Derain ou de um poema de Rilke. À imersão, que se transformou, na fase da degenerescência da burguesia, numa escola de comportamento antissocial, opõe-se a *distração*, como uma variedade do comportamento social. O comportamento social provocado pelo dadaísmo foi o escândalo. Na realidade, as manifestações dadaístas asseguravam uma *distração* intensa, transformando a obra de arte no centro de um escândalo. Essa obra de arte tinha que satisfazer *uma* exigência básica: suscitar a indignação pública. De espetáculo atraente para o olhar e sedutor para o ouvido, a obra convertia-se num tiro. Atingia o espectador. E com isso esteve a ponto de recuperar para o presente a qualidade tátil, a mais indispensável para a arte nas grandes épocas de reconstrução histórica.

O dadaísmo colocou de novo em circulação a fórmula básica da percepção onírica, que descreve ao mesmo tempo o lado tátil da percepção artística: tudo o que é percebido e tem caráter sensível é algo que nos atinge. Com isso, favoreceu a demanda pelo cinema, cujo valor de *distração* é fundamentalmente de ordem tátil, isto é, baseia-se na mudança de lugares e ângulos, que golpeiam intermitentemente o espectador. O dadaísmo ainda mantinha, por assim dizer, o choque físico embalado no choque moral; o cinema o libertou desse invólucro. Em suas obras mais progressistas, especialmente nos filmes de Chaplin, ele unificou os dois efeitos de choque, num nível.

Compare-se a tela em que se projeta o filme com a tela em que se encontra o quadro. Na primeira, a imagem se move, mas na segunda, não. Esta convida o espectador à contemplação; diante dela, ele pode abandonar-se às suas associações. Diante do filme, isso não é mais possível. Mal o espectador percebe uma imagem, ela não é mais a mesma. Ela não pode ser fixada, nem como um quadro nem como algo de real. A associação de ideias do espectador é interrompida imediatamente, com a mudança da imagem. Nisso se baseia o efeito de choque provocado pelo cinema, que, como qualquer outro choque, precisa ser interceptado por uma atenção aguda. *O cinema é a forma de arte correspondente aos perigos existenciais mais intensos com os quais se confronta o homem contemporâneo.* Ele corresponde a modificações profundas do aparelho perceptivo, como as que experimenta o passante, numa escala individual, quando enfrenta o tráfico, e como as experimenta, numa escala histórica, todo aquele que combate a ordem social vigente.

Recepção tátil e recepção ótica

A massa é a matriz da qual emana, no momento atual, toda uma atitude nova com relação à obra de arte. A quantidade converteu-se em qualidade. O número substancialmente maior de participantes produziu um novo modo de participação. O fato de que esse modo tenha se apresentado inicialmente sob uma forma desacreditada não deve induzir em erro o observador. Afirma-se que as massas procuram na obra de arte dispersão, enquanto o conhecedor a aborda com *recolhimento*. Para as massas, a obra de arte seria objeto de diversão, e para o conhecedor, objeto de devoção. Vejamos mais de perto essa critica. A dispersão e o recolhimento representam um contraste que pode ser assim formulado: quem se recolhe diante de uma obra de arte mergulha dentro dela e nela se dissolve, como ocorreu com um pintor chinês, segundo a lenda, ao contemplar seu quadro acabado. A massa dispersa, pelo contrário, faz a obra de arte mergulhar em si, envolve-a com o ritmo de suas vagas, absorve-a em seu fluxo. O exemplo mais evidente é a arquitetura. Desde o início, a arquitetura foi o protótipo de uma obra de arte cuja recepção se dá coletivamente, segundo o critério da dispersão. As leis de sua recepção são extremamente instrutivas.

Os edifícios acompanham a humanidade desde sua pré-história. Muitas formas de arte nasceram e passaram. A tragédia se origina com os gregos, extingue-se com eles, e renasce séculos depois. A epopeia, cuja origem se situa na juventude dos povos, desaparece na Europa com o fim do Renascimento. O quadro é uma criação da Idade Média, e nada garante sua duração eterna. Mas a necessidade humana de morar é permanente. A arquitetura jamais deixou de existir. Sua história é mais longa que a de qualquer outra arte, e é importante ter presente a sua influência em qualquer tentativa de compreender a relação entre as massas e a obra de arte segundo a sua função histórica.

Os edifícios comportam uma dupla forma de recepção: pelo uso e pela percepção. Em outras palavras: por meios táteis e óticos. Não podemos compreender a especificidade dessa recepção se a imaginarmos segundo o modelo do recolhimento, atitude habitual, por exemplo, do viajante diante de edifícios célebres. Pois não existe nada na recepção tátil que corresponda ao que a contemplação representa na recepção ótica. A recepção tátil se efetua menos pela atenção que pelo hábito. No que diz respeito à arquitetura, o hábito determina em grande medida a própria recepção ótica. Também ela, de inicio, se realiza mais sob a forma de uma observação casual que de uma atenção concentrada. Essa recepção, concebida segundo o modelo da arquitetura, tem em certas circunstâncias um valor canônico. Pois as tarefas impostas ao aparelho perceptivo do homem, em momentos históricos decisivos, são insolúveis na perspectiva puramente ótica: pela contemplação. Elas se tornam realizáveis gradualmente, pela recepção tátil, através do hábito.

Mas o disperso também pode habituar-se. Mais: realizar certas tarefas, quando estamos dispersos, prova que realizá-las se tornou para nós um hábito. Através da dispersão, como ela nos é oferecida pela arte, podemos avaliar, indiretamente, até que ponto nossa percepção está apta a responder a novas tarefas. E, como os indivíduos se sentem tentados a esquivar-se a tais tarefas, a arte conseguirá resolver as mais difíceis e importantes sempre que possa mobilizar as massas. É o que ela faz, hoje em dia, no cinema. *A recepção através da dispersão, que se observa crescentemente em todos os domínios da arte e constitui o sintoma de transformações profundas nas estruturas perceptivas, tem no cinema o seu cenário privilegiado.* E aqui, onde a coletividade procura a dispersão, não falta de modo algum a dominante tátil, que rege a reestruturação do sistema perceptivo. É na arquitetura que ela está em seu elemento, de forma mais originária. Mas nada revela mais claramente as violentas tensões do nosso tempo que o fato de que essa dominante tátil prevalece no próprio universo da ótica. É justamente o que acontece no cinema, através do efeito de choque de suas sequências de imagens. O cinema se revela assim, também desse ponto de vista, o objeto atualmente mais importante daquela ciência da percepção que os gregos chamavam de estética.

Estética da guerra

A crescente proletarização dos homens contemporâneos e a crescente massificação são dois lados do mesmo processo. O fascismo tenta organizar as massas proletárias recém-surgidas sem alterar as relações de produção e propriedade que tais massas tendem a abolir. Ele vê sua salvação no fato de permitir às massas a expressão de sua natureza, mas certamente não a dos seus direitos. Deve-se observar aqui, especialmente se pensarmos nas atualidades cinematográficas, cuja significação propagandística não pode ser superestimada, *que a reprodução em massa corresponde de perto à reprodução das massas.* Nos grandes desfiles, nos comícios gigantescos, nos espetáculos esportivos e guerreiros, todos captados pelos aparelhos de filmagem e gravação, a massa vê o seu próprio rosto. Esse processo, cujo alcance é inútil enfatizar, está estreitamente ligado ao desenvolvimento das técnicas de reprodução e registro. De modo geral, o aparelho apreende os movimentos de massas mais claramente que o olho humano. Multidões de milhares de pessoas podem ser captadas mais exatamente numa perspectiva a voo de pássaro. E, ainda que essa perspectiva seja tão acessível ao olhar quanto à objetiva, a imagem que se oferece ao olhar não pode ser ampliada, como a que se oferece ao aparelho. Isso significa que os movimentos de massa e em primeira instância a guerra constituem uma forma do comportamento humano especialmente adaptada ao aparelho. *As massas têm o direito de exigir a mudança das relações de propriedade; o fascismo permite que elas se exprimam, conservando, ao mesmo tempo, essas relações. Ele desemboca, consequentemente, na estetização da vida política.* A política se deixou impregnar, com d'Annunzio, pela decadência, com Marinetti, pelo futurismo, e com Hitler, pela tradição de Schwabing.[1]

Todos os esforços para estetizar a política convergem para um ponto. Esse ponto é a guerra. A guerra e somente a guerra permite dar um objetivo aos grandes movimentos de massa, preservando as relações de propriedade existentes. Eis como o fenômeno pode ser formulado do ponto de vista político. Do ponto de vista técnico, sua formulação é a seguinte: somente a guerra permite mobilizar em sua totalidade os meios técnicos do presente, preservando as atuais relações de propriedade. É óbvio que a apoteose fascista da guerra não recorre a *esse* argumento. Mas seria instrutivo lançar os olhos sobre a maneira com que ela é formulada. Em seu manifesto sobre a guerra colonial da Etiópia, diz Marinetti:

1- Bairro boêmio de Viena.

Há vinte e sete anos, nós futuristas contestamos a afirmação de que a guerra é antiestética ... Por isso, dizemos: ... a guerra é bela, porque graças às máscaras de gás, aos megafones assustadores, aos lança-chamas e aos tanques, funda a supremacia do homem sobre a máquina subjugada. A guerra é bela, porque inaugura a sonhada metalização do corpo humano. A guerra é bela, porque enriquece um prado florido com as orquídeas de fogo das metralhadoras. A guerra é bela, porque conjuga numa sinfonia os tiros de fuzil, os canhoneios, as pausas entre duas batalhas, os perfumes e os odores de decomposição. A guerra é bela, porque cria novas arquiteturas, como a dos grandes tanques, dos esquadrões aéreos em formação geométrica, das espirais de fumaça pairando sobre aldeias incendiadas, e muitas outras... Poetas e artistas do futurismo... lembrai-vos desses princípios de uma estética da guerra, para que eles iluminem vossa luta por uma nova poesia e uma nova escultura.

Esse manifesto tem o mérito da clareza. Sua maneira de colocar o problema merece ser transposta do literato para o dialético. Segundo ele, a estética da guerra moderna se apresenta do seguinte modo: como a utilização natural das forças produtivas é bloqueada pelas relações de propriedade, a intensificação dos recursos técnicos, dos ritmos e das fontes de energia exige uma utilização antinatural. Essa utilização é encontrada na guerra, que prova com suas devastações que a sociedade não estava suficientemente madura para fazer da técnica o seu órgão, e que a técnica não estava suficientemente avançada para controlar as forças elementares da sociedade. Em seus traços mais cruéis, a guerra imperialista é determinada pela discrepância entre os poderosos meios de produção e sua utilização insuficiente no processo produtivo, ou seja, pelo desemprego e pela falta de mercados. Essa guerra é uma revolta da técnica, que cobra em "material humano" o que lhe foi negado pela sociedade. Em vez de usinas energéticas, ela mobiliza energias humanas, sob a forma dos exércitos. Em vez do tráfego aéreo, ela regulamenta o tráfego de fuzis, e na guerra dos gases encontrou uma forma nova de liquidar a aura. "*Fiat ars, pereat mundus*", diz o fascismo, que espera que a guerra proporcione a satisfação artística de uma percepção sensível modificada pela técnica, como faz Marinetti. É a forma mais perfeita do *art pour l'art*. Na época de Homero, a humanidade oferecia-se em espetáculo aos deuses olímpicos; agora, ela se transforma em espetáculo para si mesma. Sua autoalienação atingiu o ponto que lhe permite viver sua própria destruição como um prazer estético de primeira ordem. *Eis a estetização da política, como a pratica o fascismo. O comunismo responde com a politização da arte.*

1935/1936

O NARRADOR

CONSIDERAÇÕES SOBRE A OBRA DE NIKOLAI LESKOV

1

O narrador — por mais familiar que nos soe esse nome — não está absolutamente presente entre nós, em sua eficácia viva. Ele é para nós algo de distante, e que se distancia cada vez mais. Descrever um Leskov[1] como narrador não significa trazê-lo mais perto de nós, e sim, pelo contrário, aumentar a distância que nos separa dele. Vistos de uma certa distância, os traços grandes e simples que caracterizam o narrador destacam-se nele. Ou melhor, esses traços aparecem, como um rosto humano ou um corpo de animal aparecem num rochedo, para um observador localizado numa distância apropriada e num ângulo favorável. Essa distância e esse ângulo de observação nos são impostos por uma experiência quase cotidiana. É a experiência de que a arte de narrar está em vias de extinção. São cada vez mais raras as pessoas que sabem narrar devidamente. É cada vez mais frequente que, quando o desejo de ouvir uma história é manifestado, o embaraço se generalize. É como se estivéssemos sendo privados de uma faculdade que nos parecia totalmente segura e inalienável: a faculdade de intercambiar experiências.

1- Nikolai Leskov nasceu em 1831 na província de Orjol e morreu em 1895, em S. Petersburgo. Por seus interesses e simpatias pelos camponeses, tem certas afinidades com Tolstoi, e por sua orientação religiosa, com Dostoievski. Mas os textos menos duradouros de sua obra são exatamente aqueles em que tais tendências assumem uma expressão dogmática e doutrinária — os primeiros romances. A significação de Leskov está em suas narrativas, que pertencem a uma fase posterior de sua produção. Desde o fim da guerra houve várias tentativas de difundir essas narrativas nos países de língua alemã. Além das pequenas coletâneas publicadas pelas editoras Musarion e Georg Müller, devemos mencionar, com especial destaque, a seleção em nove volumes da editora C. H. Beck.

Uma das causas desse fenômeno é evidente: as ações da experiência estão em baixa. E tudo indica que continuarão caindo em um buraco sem fundo. Basta olharmos um jornal para nos convencermos de que seu nível está mais baixo que nunca, e que da noite para o dia não somente a imagem do mundo exterior mas também a do mundo moral sofreu transformações que antes teríamos julgado como absolutamente impossíveis. Com a guerra mundial começou a tornar-se manifesto um processo que desde então segue ininterrupto. Não se notou, ao final da guerra, que os combatentes voltavam mudos do campo de batalha; não mais ricos, e sim mais pobres em experiência comunicável? E o que se derramou dez anos depois, na enxurrada de livros sobre a guerra, nada tinha em comum com uma experiência transmitida de boca em boca. E não havia nada de anormal nisso. Porque nunca houve experiências mais radicalmente desmentidas que a experiência estratégica pela guerra de trincheiras, a experiência econômica pela inflação, a experiência do corpo pela batalha material e a experiência moral pelos governantes. Uma geração que ainda fora à escola num bonde puxado por cavalos encontrou-se deabrigada, numa paisagem em que nada permanecera inalterado, exceto as nuvens, e, debaixo delas, num campo de forças de torrentes e explosões destruidoras, o frágil e minúsculo corpo humano.

2

A experiência que passa de boca em boca é a fonte a que recorreram todos os narradores. E, entre as narrativas escritas, as melhores são as que menos se distinguem das histórias orais contadas pelos inúmeros narradores anônimos. Entre estes últimos existem dois grupos que se interpenetram de múltiplas maneiras. A figura do narrador só se torna plenamente tangível se tivermos presentes ambos esses grupos. "Quem viaja tem muito que contar", diz o povo, e com isso imagina o narrador como alguém que vem de longe. Mas também escutamos com prazer o homem que ganhou honestamente sua vida sem sair do seu país e que conhece suas histórias e tradições. Se quisermos concretizar esses dois grupos através dos seus representantes arcaicos, podemos dizer que um é exemplificado pelo camponês sedentário, e o outro pelo marinheiro comerciante. De fato, ambos estilos de vida produziram de certo modo suas respectivas linhagens de narradores. Cada uma delas conservou, no decorrer dos séculos, suas características próprias. Assim, entre os autores alemães modernos, Hebel e Gotthelf pertencem à primeira, e Sealsfield e Gerstäcker à segunda. De resto, essas duas linhagens constituem, como já foi dito, apenas tipos fundamentais. A extensão real do reino narrativo, em todo o seu alcance histórico, só pode ser compreendida se levarmos em conta a íntima interpenetração desses dois tipos arcaicos. O sistema corporativo medieval contribuiu especialmente para essa interpenetração. O mestre sedentário e os artífices viajantes trabalhavam juntos na mesma oficina; e cada mestre tinha sido um artífice viajante antes de se fixar em sua pátria ou no estrangeiro. Se os camponeses e os marujos foram os decanos da arte de narrar, foram os artífices a sua escola mais avançada. No sistema corporativo associava-se o conhecimento de terras distantes, trazido para casa pelo homem viajado, ao conhecimento do passado, recolhido pelo trabalhador sedentário.

3

Leskov está à vontade tanto na distância espacial como na distância temporal. Pertencia à Igreja Ortodoxa grega e tinha um genuíno interesse religioso. Mas sua hostilidade para com a burocracia eclesiástica não era menos genuína. Como suas relações com o funcionalismo leigo tampouco eram melhores, os cargos oficiais que exerceu não foram de longa duração. O emprego de agente russo de uma firma inglesa, que ocupou durante muito tempo, foi provavelmente de todos o mais útil para sua produção literária. A serviço dessa firma, viajou pela Rússia, e essas viagens enriqueceram tanto o seu conhecimento do mundo como o familiarizaram com as condições russas. Desse modo teve ocasião de conhecer o funcionamento das seitas rurais, o que deixou traços em suas narrativas. Nas lendas russas, Leskov encontrou aliados em seu combate contra a burocracia ortodoxa. Escreveu uma série de narrativas lendárias, cujo personagem central é o justo, raramente um asceta, em geral um homem simples e ativo, que se transforma em santo com a maior naturalidade. A exaltação mística é alheia a Leskov. Por mais que se interessasse ocasionalmente pelo maravilhoso, em questões de piedade preferia uma atitude solidamente natural. Seu ideal é o homem que sabe se orientar no mundo, mas sem se prender demasiadamente a ele. Seu comportamento em questões mundanas correspondia a essa atitude. É coerente com tal comportamento que ele tenha começado tarde a escrever, ou seja, apenas com 29 anos, depois de suas viagens comerciais. Seu primeiro texto impresso intitulava-se: *Por que são caros os livros em Kiev?* Suas narrativas foram precedidas por uma série de escritos sobre a classe operária, sobre o alcoolismo, sobre os médicos da polícia e sobre os vendedores desempregados.

4

O senso prático é uma das características de muitos narradores natos. Mais persistente que em Leskov, pode-se reconhecer esse atributo num Gotthelf, que dava conselhos de agronomia a seus camponeses; num Nodier, que se preocupava com os perigos da iluminação a gás; e num Hebel, que transmitiu a seus leitores pequenas informações científicas em seu *Schatzkästlein* (*Caixinha de tesouros*). Tudo isso aponta para o parentesco entre esse senso prático e a natureza da verdadeira narrativa. Ela traz sempre consigo, de forma aberta ou latente, uma utilidade. Essa utilidade pode consistir por vezes num ensinamento moral, ou numa sugestão prática, ou também num provérbio ou norma de vida — de qualquer maneira, o narrador é um homem que sabe dar conselhos ao ouvinte. Mas, se "dar conselhos" soa hoje como algo antiquado, isto se deve ao fato de as experiências estarem perdendo a sua comunicabilidade. Em consequência, não podemos dar conselhos nem a nós mesmos nem aos outros. Aconselhar é menos responder a uma pergunta do que fazer uma sugestão sobre a continuação de uma história que está se desenrolando. Para obter essa sugestão, seria necessário primeiro saber narrar a história (sem contar que um homem só é receptivo a um conselho na medida em que verbaliza a sua situação). O conselho tecido na substância da vida vivida tem um nome: sabedoria. A arte de narrar aproxima-se de seu fim porque a sabedoria — o lado épico da verdade — está em extinção. Mas este é um processo que vem de longe. E nada seria mais tolo do que ver nele um "sintoma de decadência", e muito menos de uma decadência "moderna". Ele é muito mais um sintoma das forças produtivas seculares, históricas, que expulsam gradualmente a narrativa da esfera do discurso vivo, conferindo, ao mesmo tempo, uma nova beleza ao que está desaparecendo.

5

O primeiro indício do processo que vai culminar no ocaso da narrativa é o surgimento do romance no início do período moderno. O que separa o romance da narrativa (e da epopeia no sentido estrito) é que ele está essencialmente vinculado ao livro. A difusão do romance só se torna possível com a invenção da imprensa. A tradição oral, patrimônio da poesia épica, tem uma natureza fundamentalmente distinta da que caracteriza o romance. O que distingue o romance de todas as outras formas de prosa — contos de fada, lendas e mesmo novelas — é que ele nem procede da tradição oral nem a alimenta. Ele se distingue, porém, especialmente da narrativa. O narrador retira o que ele conta da experiência: de sua própria experiência ou da relatada por outros. E incorpora, por sua vez, as coisas narradas à experiência dos seus ouvintes. O romancista segrega-se. A origem do romance é o indivíduo isolado, que não pode mais falar exemplarmente sobre suas preocupações mais importantes e que não recebe conselhos nem sabe dá-los. Escrever um romance significa, na descrição da vida humana, levar o incomensurável a seus últimos limites. Em meio à plenitude dessa vida e na descrição dessa plenitude, o romance anuncia a profunda perplexidade de quem a vive. O primeiro grande livro do gênero, *Dom Quixote*, já ensina como a grandeza de alma, a coragem e a generosidade de um dos mais nobres heróis — de Dom Quixote, justamente — são totalmente refratárias ao conselho e não contêm a menor centelha de sabedoria.

Quando, no correr dos séculos, se tentou ocasionalmente incluir no romance algum ensinamento — talvez o melhor exemplo seja *Wilhelm Meisters Wanderjahre* (*Os anos de peregrinação de Wilhelm Meister*) —, essas tentativas resultaram sempre na transformação da própria forma romanesca. O romance de formação (*Bildungsroman*), por outro lado, não se afasta absolutamente da estrutura fundamental do romance. Ao integrar o processo da vida social na vida de uma pessoa, ele justifica de modo extremamente frágil as leis que determinam tal processo. A legitimação dessas leis nada tem a ver com sua realidade. No romance de formação, a insuficiência torna-se acontecimento.

6

Devemos imaginar a transformação das formas épicas segundo ritmos comparáveis aos que presidiram à transformação da crosta terrestre no decorrer dos milênios. Poucas formas de comunicação humana desenvolveram-se mais lentamente e se extinguiram mais lentamente. O romance, cujos primórdios remontam à Antiguidade, precisou de centenas de anos para encontrar, na burguesia ascendente, os elementos favoráveis a seu florescimento. Quando esses elementos surgiram, a narrativa começou pouco a pouco a retroceder em direção ao arcaico; sem dúvida, ela se apropriou, de múltiplas formas, do novo conteúdo, mas não foi determinada verdadeiramente por ele. Por outro lado, verificamos que com a consolidação da burguesia — da qual a imprensa, no alto capitalismo, é um dos instrumentos mais importantes — destacou-se uma forma de comunicação que, por mais antigas que fossem suas origens, nunca havia influenciado decisivamente a forma épica. Agora ela exerce essa influência. Ela é tão estranha à narrativa como o romance, mas é mais ameaçadora que ele, e, de resto, provoca uma crise no próprio romance. Essa nova forma de comunicação é a informação.

Villemessant, o fundador do *Figaro*, caracterizou a essência da informação com uma fórmula famosa. "Para meus leitores", costumava dizer, "o incêndio num sótão do Quartier Latin é mais importante que uma revolução em Madri." Essa fórmula lapidar mostra claramente que o saber que vem de longe encontra hoje menos ouvintes que a informação que forneça um ponto de apoio para o que está próximo. O saber que vinha de longe — seja espacialmente, das terras estranhas, ou temporalmente, da tradição — dispunha de uma autoridade que lhe conferia validade, mesmo que não fosse subsumível ao controle. A informação, porém, aspira a uma verificabilidade imediata. Para tal, ela precisa ser, antes de mais nada, "compreensível em si e para si". Muitas vezes não é mais exata que os relatos antigos. Mas enquanto esses relatos recorriam frequentemente ao miraculoso, é indispensável que a informação soe plausível. Nisso ela se revela incompatível com o espírito da narrativa. Se a arte da narrativa é hoje rara, a difusão da informação tem uma participação decisiva nesse declínio.

A cada manhã recebemos notícias de todo o mundo. E, no entanto, somos pobres em histórias surpreendentes. A razão para tal é que todos os fatos já nos chegam impregnados de explicações. Em outras palavras: quase nada do que acontece é favorável à narrativa, e quase tudo beneficia a informação. Metade da arte narrativa está em, ao comunicar uma história, evitar explicações. Nisso Leskov é magistral (pensemos em textos como *A fraude*, ou *A águia branca*). O extraordinário, o miraculoso é narrado com a maior exatidão, mas o contexto psicológico da ação não é imposto ao leitor. Ele é livre para interpretar a história como quiser, e com isso o episódio narrado atinge uma amplitude que falta à informação.

7

Leskov frequentou a escola dos Antigos. O primeiro narrador grego foi Heródoto. No capítulo XIV do terceiro livro de suas *Histórias* encontramos um relato muito instrutivo. Ele trata de Psamético. Quando o rei egípcio Psamético foi derrotado e reduzido ao cativeiro pelo rei persa Cambises, este resolveu humilhar seu cativo. Deu ordens para que Psamético fosse posto na rua em que passaria o cortejo triunfal dos persas. Organizou esse cortejo de modo que o prisioneiro pudesse ver sua filha degradada à condição de criada, indo ao poço com um jarro, para buscar água. Enquanto todos os egípcios se queixavam e lamentavam com esse espetáculo, Psamético ficou silencioso e imóvel, com os olhos no chão; e, quando logo em seguida viu seu filho, conduzido pelo cortejo para ser executado, continuou imóvel. Mas, quando viu um dos seus servos, um velho empobrecido, na fila dos cativos, golpeou a cabeça com os punhos e mostrou os sinais do mais profundo desespero.

Essa história nos ensina o que é a verdadeira narrativa. A informação só tem valor no momento em que é nova. Ela só vive nesse momento, precisa entregar-se inteiramente a ele e sem perda de tempo tem que se explicar nele. Muito diferente é a narrativa. Ela não se esgota jamais. Ela conserva suas forças e depois de muito tempo ainda é capaz de desdobramentos. Assim, Montaigne retornou à história do rei egípcio, perguntando-se: por que ele só se lamenta quando reconhece o seu servente? Sua resposta é que ele "já estava tão cheio de tristeza, que uma gota a mais bastaria para derrubar as comportas". É a explicação de Montaigne. Mas poderíamos também dizer: "O destino da família real não afeta o rei, porque é o seu próprio destino". Ou: "muitas coisas que não nos afetam na vida nos afetam no palco, e para o rei o criado era apenas um ator". Ou: "as grandes dores são contidas, e só irrompem quando ocorre uma distensão. A visão desse servo foi essa distensão". — Heródoto não explica nada. Seu relato é dos mais secos. Por isso, essa história do antigo Egito ainda é capaz, depois de milênios, de suscitar espanto e reflexão. Ela assemelha-se às sementes de trigo que durante milhares de anos ficaram fechadas hermeticamente nas câmaras das pirâmides, conservando até hoje suas forças germinativas.

8

Nada facilita mais a memorização das narrativas do que aquela sóbria concisão que as subtrai à análise psicológica. E quanto maior a naturalidade com que o narrador renuncia às sutilezas psicológicas, tanto mais facilmente a história será gravada na memória do ouvinte, tanto mais completamente ela irá assimilar-se à sua própria experiência, tanto mais irresistivelmente ele cederá à inclinação de recontá-la um dia. Esse processo de assimilação se dá em camadas muito profundas e exige um estado de distensão que se torna cada vez mais raro. Se o sono é o ponto mais alto da distensão física, o tédio é o ponto mais alto da distensão psíquica. O tédio é o pássaro onírico que choca os ovos da experiência. O menor sussurro nas folhagens o assusta. Seus ninhos — as atividades intimamente associadas ao tédio — já se extinguiram nas cidades, e também no campo estão em vias de extinção. Com isso, desaparece o dom de ouvir, e desaparece a comunidade dos ouvintes. Contar histórias sempre foi a arte de contá-las de novo, e ela se perde quando as histórias não são mais conservadas. Ela se perde porque ninguém mais fia ou tece enquanto ouve a história. Quanto mais o ouvinte se esquece de si mesmo, mais profundamente se grava nele o que é ouvido. Quando o ritmo do trabalho se apodera dele, ele escuta as histórias de tal maneira que adquire espontaneamente o dom de narrá-las. Assim se teceu a rede em que está guardado o dom narrativo. E assim essa rede se desfaz hoje em todas as pontas, depois de ter sido tecida, há milênios, em torno das mais antigas formas de trabalho manual.

9

A narrativa, que durante tanto tempo floresceu num meio artesão — no campo, no mar e na cidade —, é ela própria, num certo sentido, uma forma artesanal de comunicação. Ela não está interessada em transmitir o "puro em si" da coisa narrada, como uma informação ou um relatório. Ela mergulha a coisa na vida do narrador para em seguida retirá-la dele. Assim, imprime-se na narrativa a marca do narrador, como a mão do oleiro na argila do vaso. É uma inclinação dos narradores começar sua história com uma descrição das circunstâncias em que foram informados dos fatos que vão contar a seguir, isso quando não atribuem essa história simplesmente a uma vivência própria. Leskov começa *A fraude* com uma descrição de uma viagem de trem, na qual ouviu de um companheiro de viagem os episódios que vai narrar; ou pensa no enterro de Dostoievski, no qual travou conhecimento com a heroína de *A propósito da Sonata de Kreuzer*; ou evoca uma reunião num círculo de leitura, no qual ouviu falar dos fatos relatados em *Homens interessantes*. Assim, seus vestígios estão presentes de muitas maneiras nas coisas narradas, se não na qualidade de quem as viveu, ao menos na de quem as relata.

O próprio Leskov considerava essa arte artesanal — a narrativa — como um ofício manual. "A literatura", diz ele em uma carta, "não é para mim uma arte liberal, mas um trabalho manual." Não admira que ele tenha se sentido ligado ao trabalho manual e estranho à técnica industrial. Tolstoi, que deve ter tido afinidades com essa atitude, alude de passagem a esse elemento central do talento narrativo de Leskov, quando diz que ele foi o primeiro "a apontar a insuficiência do progresso econômico ... É estranho que Dostoievski seja tão lido ... Em compensação, não compreendo por que não se lê Leskov. Ele é um escritor fiel à verdade". No astucioso e petulante *A pulga de aço*, intermediário entre a lenda e a farsa, Leskov exalta, nos ourives de Tula, o trabalho artesanal. Sua obra-prima, a pulga de aço, chega aos olhos de Pedro, o Grande e o convence de que os russos não precisam envergonhar-se perante os ingleses.

Talvez ninguém tenha descrito de maneira mais significativa que Paul Valéry a imagem espiritual dessa esfera artesanal, da qual provém o narrador. Falando das coisas perfeitas que se encontram na natureza — pérolas imaculadas, vinhos encorpados e maduros, criaturas realmente perfeitas —, ele as descreve como "o produto precioso de uma longa cadeia de causas semelhantes entre si".[2] O acúmulo dessas causas só teria limites temporais quando fosse atingida a perfeição.

> Antigamente o homem imitava esse procedimento paciente da natureza, prossegue Valéry. Miniaturas, marfins cuidadosamente trabalhados, pedras perfeitas no polimento e no acabamento, lacas e pinturas nas quais se sobrepõem uma sequência de camadas finas e translúcidas ... — todas essas produções de uma indústria tenaz e plena de resignação estão

---

2- Paul Valéry, "Les broderies de Marie Monnier", in: *Oeuvres*, vol.II, edição por Jean Hytier, Paris, 1960, p. 1244 ("Pièces sur l'art" III). (N.d.R.)

desaparecendo, e já passou o tempo em que o tempo não contava. O homem de hoje não cultiva mais aquilo que não pode ser abreviado.[3]

Com efeito, o homem conseguiu abreviar até mesmo a narrativa. Vivenciamos em nossos dias o nascimento da *short story*, que se emancipou da tradição oral e não mais permite essa lenta superposição de camadas finas e translúcidas, que representa a melhor imagem do processo pelo qual a narrativa perfeita vem à luz do dia a partir das várias camadas constituídas pelas narrações sucessivas.

10

Valéry conclui suas reflexões com as seguintes palavras: "É como se o desaparecimento da ideia de eternidade coincidisse com a crescente aversão ao trabalho prolongado". A ideia da eternidade sempre teve na morte sua fonte mais rica. Se essa ideia está se atrofiando, temos que concluir que o rosto da morte deve ter assumido outro aspecto. Essa transformação é a mesma que reduziu a comunicabilidade da experiência à medida que a arte de narrar se extinguia.

No decorrer dos últimos séculos, pode-se observar que a ideia da morte vem perdendo, na consciência coletiva, sua onipresença e sua força de evocação. Esse processo acelera-se em suas últimas etapas. Durante o século XIX, a sociedade burguesa produziu, com as medidas higiênicas e sociais privadas e públicas, um efeito colateral que inconscientemente talvez tivesse sido seu objetivo principal: permitir aos homens evitarem o espetáculo da morte. Morrer era antes um episódio público na vida do indivíduo, e seu caráter era altamente exemplar: pense-se nas imagens da Idade Média, nas quais o leito de morte se transforma num trono em direção ao qual se precipita o povo, através das portas escancaradas. Hoje, a morte é expulsa para cada vez mais

---

3- Valéry, idem, ibid. (N.d.R.)

longe do universo dos vivos. Antes não havia uma só casa e quase nenhum quarto em que não tivesse morrido alguém. (A Idade Média conhecia a contrapartida espacial daquele sentimento temporal expresso num relógio solar de Ibiza: *ultima multis*.) Hoje, os burgueses, inquilinos de primeira hora da eternidade, vivem em espaços depurados da morte e, quando chegar sua hora, serão depositados por seus herdeiros em sanatórios e hospitais. Ora, é no moribundo que não apenas o saber e a sabedoria do homem, mas sobretudo sua vida vivida — e é dessa substância que são feitas as histórias — assumem pela primeira vez uma forma transmissível. Assim como no interior do agonizante desfilam inúmeras imagens — visões de si mesmo, nas quais ele havia se encontrado sem dar-se conta disso —, o inesquecível aflora de repente também em suas expressões e olhares, conferindo a tudo o que lhe dizia respeito aquela autoridade que mesmo um pobre-diabo possui, ao morrer, para os vivos em seu redor. Na origem da narrativa está essa autoridade.

11

A morte é a sanção de tudo o que o narrador pode relatar. É da morte que ele deriva sua autoridade. Em outras palavras: suas histórias remetem à história natural. Esse fenômeno é ilustrado exemplarmente numa das mais belas narrativas do incomparável Johann Peter Hebel. Ela faz parte do *Schatzkästlein des rheinischen Hausfreundes* (*Caixinha de tesouros do amigo renano das famílias*) e chama-se *Unverhofftes Wiedersehen* (*Reencontro inesperado*). A história começa com o noivado de um jovem aprendiz que trabalha nas minas de Falun. Na véspera do casamento, o rapaz morre em um acidente, no fundo de sua galeria subterrânea. Sua noiva mantém-se fiel a ele além da morte e vive o suficiente para reconhecer um dia, já extremamente velha, em um cadáver encontrado em sua galeria perdida, preservado da decomposição pelo sulfato ferroso, o seu noivo. A anciã morre pouco depois desse reencontro. Ora, Hebel precisava mostrar palpavelmente o longo tempo decorrido desde o início da história, e sua solução foi a seguinte:

Entrementes, a cidade de Lisboa foi destruída por um terremoto, e a guerra dos Sete Anos terminou, e o imperador Francisco I morreu, e a ordem dos jesuítas foi dissolvida, e a Polônia foi dividida, e a imperatriz Maria Teresa morreu, e Struensee foi executado, a América tornou-se independente, e a potência combinada da França e da Espanha não pôde conquistar Gibraltar. Os turcos prenderam o general Stein na grota dos veteranos, na Hungria, e o imperador José morreu também. O rei Gustavo da Suécia tomou a Finlândia dos russos, e a Revolução Francesa e a longa guerra começaram, e o rei Leopoldo II também faleceu. Napoleão conquistou a Prússia, e os ingleses bombardearam Copenhague, e os camponeses semeavam e ceifavam. O moleiro moeu, e os ferreiros forjaram, e os mineiros cavaram à procura de filões metálicos, em suas oficinas subterrâneas. Mas, quando no ano de 1809 os mineiros de Falun...

Jamais outro narrador conseguiu inscrever tão profundamente seu relato na história natural como Hebel o faz com essa cronologia. Leia-se-a com atenção: a morte reaparece nela tão regularmente como o ceifador, nos cortejos que desfilam ao meio-dia nos relógios das catedrais.

12

Cada vez que se pretende estudar uma certa forma épica é necessário investigar a relação entre essa forma e a historiografia. Podemos ir mais longe e perguntar se a historiografia não representa uma zona de indiferenciação criadora com relação a todas as formas épicas. Nesse caso, a história escrita relacionar-se-ia com as formas épicas como a luz branca com as cores do espectro. Como quer que seja, entre todas as formas épicas a crônica é aquela cuja inclusão na luz pura e incolor da história escrita é mais incontestável. E, no amplo espectro da crônica, todas as maneiras com que uma história pode ser narrada estratificam-se como se fossem variações da mesma cor. O cronista é o narrador da história. Pense-se no trecho de Hebel, citado acima, cujo tom é claramente o da crônica, e notar-se-á facilmente a diferença entre quem escreve a história, o historiador, e quem a narra, o cronista. O historiador é obrigado a explicar de uma ou outra maneira os episódios com que lida; ele não pode absolutamente contentar-se em representá-los como modelos da história do mundo. É exatamente isso, porém, o que faz o cronista, especialmente em seus representantes clássicos, os cronistas medievais, precursores da historiografia moderna. Ao colocarem na base de sua historiografia o plano da salvação, inescrutável em seus desígnios, libertaram-se com isso desde o início do ônus da explicação verificável. Ela é substituída pela exegese, que não se preocupa com o encadeamento exato de fatos determinados, mas com a maneira de sua inserção no fluxo insondável das coisas.

Não importa se esse fluxo se inscreve na história sagrada ou se tem caráter natural. No narrador, o cronista conservou-se, transformado e por assim dizer secularizado. Entre eles, Leskov é aquele cuja obra demonstra esse fenômeno de maneira especialmente clara. Tanto o cronista, vinculado à história sagrada, como o narrador, vinculado à história profana, participam igualmente da natureza dessa obra, e a tal ponto que, em muitas de suas narrativas, é difícil decidir se o fundo sobre o qual elas se destacam é a trama dourada de uma concepção religiosa da história ou a trama colorida de uma concepção mundana. Pense-se, por exemplo, no conto *A alexandrita*, que desloca o leitor para "aqueles velhos tempos" em que

> as pedras nas entranhas da terra e os planetas nas esferas celestes se preocupavam ainda com o destino do homem, ao contrário dos dias de hoje, em que tanto no céu como na terra tudo se tornou indiferente ao destino humano, e em que de parte alguma uma voz lhes dirige a palavra ou lhes obedece. Todos os planetas recém-descobertos não desempenham mais nenhum papel no horóscopo, e existem inúmeras pedras novas, todas medidas e pesadas e com seu peso específico e

sua densidade exatamente calculados, mas elas não nos anunciam nada e não têm nenhuma utilidade para nós. Já passou o tempo em que elas conversavam com os homens.

Como se vê, é difícil caracterizar inequivocamente o curso das coisas, como Leskov o ilustra nessa narrativa. É determinado pela história sagrada ou pela história natural? É certo apenas que, enquanto tal, o curso das coisas escapa a qualquer categoria verdadeiramente histórica. Já se foi a época, diz Leskov, em que o homem podia sentir-se em harmonia com a natureza. Schiller chamava essa época o tempo da poesia ingênua.[4] O narrador mantém sua fidelidade a essa época, e seu olhar não se desvia do relógio diante do qual desfila a procissão das criaturas, na qual a morte tem seu lugar, ou à frente do cortejo, ou ao final, como retardatária miserável.

13

Não se percebeu devidamente até agora que a relação ingênua entre o ouvinte e o narrador é dominada pelo interesse em conservar o que foi narrado. Para o ouvinte imparcial, o importante é assegurar a possibilidade da transmissão. A memória é a faculdade épica por excelência. Somente uma memória abrangente permite à poesia épica apropriar-se do curso das coisas, por um lado, e resignar-se, por outro, com o desaparecimento dessas coisas, com a violência da morte. Não admira que para um personagem de Leskov, um simples homem do povo, o czar, o centro do mundo e em torno do qual gravitam suas histórias, disponha de uma memória excepcional. "Nosso imperador e toda a sua família possuem de fato uma memória altamente surpreendente."

Mnemosyne, a que rememora (*die Erinnernde*), era para os gregos a musa da poesia épica. Esse nome chama a atenção para uma decisiva

---

4- Benjamin conecta aqui o mundo do narrador à figura idílica do poeta ingênuo descrita por Schiller em seu famoso e influente ensaio de 1795 *Über naive und sentimentalische Dichtung* (*Sobre a poesia ingênua e a sentimental*). (N.d.R.)

guinada histórica. Se o registro escrito do que foi transmitido pela rememoração — a historiografia — representa uma zona de indiferenciação criadora com relação às várias formas épicas (como a grande prosa representa uma zona de indiferenciação criadora com relação às diversas formas métricas do verso), sua forma mais antiga, a epopeia propriamente dita, contém em si, por uma espécie de indiferenciação, a narrativa e o romance. Quando no decorrer dos séculos o romance começou a emergir do seio da epopeia, ficou evidente que nele a musa épica — a rememoração — aparecia sob uma forma totalmente distinta do que na narrativa.

A *rememoração* funda a cadeia da tradição, que transmite os acontecimentos de geração em geração. Ela corresponde à musa épica no sentido mais amplo. Ela inclui todas as variedades específicas da forma épica. Entre elas, encontra-se em primeiro lugar a encarnada pelo narrador. Ela tece a rede que em última instância todas as histórias constituem entre si. Uma se liga à outra, como demonstraram todos os grandes narradores, principalmente os orientais. Em cada um deles vive uma Scherazade, à qual ocorre uma nova história em cada passagem da história que está contando. Tal é a *memória épica*, a musa da narração. Mas a esta musa deve opor-se outra, igualmente mais específica, a musa do romance que, no princípio, isto é, na epopeia, ainda se encontra oculta, indiferenciada da musa da narrativa. Porém ela já pode ser pressentida na poesia épica. Acima de tudo nas invocações solenes das Musas, que abrem os poemas homéricos. O que se anuncia nessas passagens é a memória perpetuadora do romancista, em contraste com a breve memória do narrador. A primeira é consagrada a *um* herói, *uma* peregrinação, *um* combate; a segunda, a *muitos* fatos dispersos. Em outras palavras, a *reminiscência (Eingedenken)*, musa do romance, surge ao lado da memória *(Gedächtnis)*, musa da narrativa, depois que a desagregação da poesia épica apagou a unidade de sua origem comum na rememoração *(Erinnerung)*.[5]

5- O uso que Benjamin propõe dos termos referentes às modalizações das narrativas do passado não encontra correspondentes precisos em português (e mesmo ele não o respeita de modo estrito). Para tentar manter a homogeneidade e coerência na tradução, tanto aqui neste ensaio como no sobre Proust e nas teses sobre o conceito de história, mantivemos a tradução de *Gedächtnis* por memória, de *Erinnerung* por rememoração ou por recordação e de *Eingedenken* por reminiscência (ou, nos casos em de Benjamin está traduzindo o termo proustiano de *mémoire involuntaire* por *das ungewollte Eingedenken*, por *memória involuntária*). (N.d.R.)

14

Como disse Pascal, "ninguém morre tão pobre que não deixe alguma coisa atrás de si". Em todo caso, ele deixa recordações, embora nem sempre elas encontrem um herdeiro. O romancista recebe essa herança, e quase sempre com uma profunda melancolia. Pois, assim como se diz num romance de Arnold Bennet que uma pessoa que acabara de morrer "não tinha de fato vivido", o mesmo costuma acontecer com as somas que o romancista recebe de herança. Devemos a Georg Lukács as conclusões mais importantes acerca desse aspecto da coisa. Para ele, o romance é "a forma da apatricidade (*Heimatlosigkeit*) transcendental". Ao mesmo tempo, segundo Lukács, o romance é a única forma que inclui o tempo entre os seus princípios constitutivos.

> O tempo, diz a *Teoria do romance*, só pode ser constitutivo quando cessa a ligação com a pátria transcendental ... Somente o romance ... separa o sentido e a vida, e, com isso, o essencial e o temporal; podemos quase dizer que toda a ação interna do romance não é senão a luta contra o poder do tempo ... E desse combate ... emergem as vivências temporais autenticamente épicas: a esperança e a rememoração ... Somente no romance ... ocorre uma rememoração criadora, que atinge seu objeto e o transforma ... O sujeito só pode ultrapassar o dualismo da interioridade e da exterioridade quando percebe ... a unidade de toda a sua vida ... na corrente vital do seu passado, comprimida na rememoração ... A visão capaz de perceber essa unidade é a apreensão divinatória e intuitiva do sentido da vida, inatingido e, portanto, inexprimível.[6]

Com efeito, "o sentido da vida" é o centro em torno do qual se movimenta o romance. Mas essa questão não é outra coisa que a expressão

---

6- Georg Lukács, *Die Theorie des Romans. Ein geschichtsphilosophisches Versuch über die Formen der großen Epik* (*Teoria do Romance. Um ensaio histórico-filosófico sobre as formas da grande épica*). Berlim, 1920, p. 127. (N.d.R.)

da perplexidade (*Ratlosigkeit*) do leitor quando mergulha na descrição dessa vida. Aqui, "o sentido da vida", e lá, "a moral da história" — esses dois lemas distinguem entre si o romance e a narrativa, permitindo-nos compreender o estatuto histórico completamente diferente dessas formas artísticas. Se o modelo completo mais antigo do romance é *Dom Quixote*, o mais recente talvez seja *A educação sentimental*. Nas últimas palavras deste romance, o sentido com o qual o período burguês se confrontava no início do seu declínio depositou-se como um sedimento no copo da vida. Frédéric e Deslauriers, amigos de juventude, recordam-se de sua mocidade e lembram um pequeno episódio: uma vez, entraram no bordel de sua cidade natal, furtiva e timidamente, e limitaram-se a oferecer à dona da casa um ramo de flores que tinham colhido no jardim. "Falava-se ainda dessa história três anos depois. E agora eles a contavam extensivamente, um completando as recordações do outro. 'Foi, talvez', disse Frédéric, quando haviam terminado, 'o momento mais belo de nossas vidas.' 'Sim, é capaz que tenhas razão', disse Deslauriers. 'O mais belo de nossas vidas.'" Com essa descoberta, o romance chega a seu fim, e num sentido mais rigoroso que em qualquer narrativa. Com efeito, não há nenhuma narrativa em que a pergunta — e o que aconteceu depois? — não se justifique. O romance, ao contrário, não pode dar um único passo além daquele limite em que, escrevendo na parte inferior da página a palavra *fim*, convida o leitor a refletir sobre o sentido da vida.

15

Quem escuta uma história está em companhia do narrador; mesmo quem a lê partilha dessa companhia. Mas o leitor de um romance é solitário. Mais solitário que qualquer outro leitor (pois mesmo quem lê um poema está disposto a declamá-lo em voz alta para um ouvinte ocasional). Nessa solidão, o leitor do romance apodera-se da matéria de sua leitura de uma maneira extremamente ciosa. Quer apropriar-se dela, devorá-la, de certo modo. Sim, ele destrói, devora a substância lida, como o fogo devora lenha na lareira. A tensão que atravessa o romance se assemelha muito à corrente de ar que alimenta e reanima a chama.

O interesse ardente do leitor se nutre de um material seco. — O que significa isto? "Um homem que morre com trinta e cinco anos", disse certa vez Moritz Heimann, "é em cada momento de sua vida um homem que morre com trinta e cinco anos." Nada mais duvidoso. Mas apenas porque o autor se engana na dimensão do tempo. A verdade contida na frase é a seguinte: um homem que morre aos trinta e cinco anos aparecerá sempre, na *reminiscência* (*Eingedenken*), em cada momento de sua vida, como um homem que morre com trinta e cinco anos. Em outras palavras: a frase, que não tem nenhum sentido com relação à vida real, torna-se incontestável com relação à vida rememorada (*erinnerte*). Impossível descrever melhor a essência dos personagens do romance. A frase diz que o "sentido" da sua vida somente se revela a partir de sua morte. Mas o leitor do romance procura realmente homens nos quais possa ler "o sentido da vida". Ele precisa, portanto, estar seguro de antemão, de um modo ou outro, de que participará de sua morte. Se necessário, a morte no sentido figurado: o fim do romance. Mas de preferência a morte verdadeira. Como esses personagens anunciam que a morte já está à sua espera, uma morte determinada, num lugar determinado? É dessa questão que se alimenta o interesse absorvente do leitor pelo enredo do romance.

Ou seja, o romance não é significativo por descrever pedagogicamente um destino alheio, mas porque esse destino alheio, graças à chama que o consome, pode nos fornecer o calor que não podemos encontrar em nosso próprio destino. O que atrai o leitor ao romance é a esperança de aquecer sua vida gelada com a morte descrita no livro.

16

Segundo Gorki, "Leskov é o escritor ... mais profundamente enraizado no povo, e o mais inteiramente livre de influências estrangeiras". O grande narrador tem sempre suas raízes no povo, principalmente nas camadas artesanais. Contudo, assim como essas camadas abrangem o estrato camponês, marítimo e urbano, nos múltiplos estágios do seu desenvolvimento econômico e técnico, assim também se estratificam de múltiplas maneiras os conceitos em que o acervo de experiências dessas camadas se manifesta para nós. (Para não falar da contribuição nada desprezível dos comerciantes ao desenvolvimento da arte narrativa, não tanto no sentido de aumentarem seu conteúdo didático, mas no de refinarem os artifícios destinados a prender a atenção dos ouvintes. Os comerciantes deixaram marcas profundas no ciclo narrativo de *As mil e uma noites*.) Em suma, independentemente do papel elementar que a narrativa desempenha no patrimônio da humanidade, são múltiplos os conceitos através dos quais seus frutos podem ser colhidos. O que em Leskov pode ser interpretado da maneira mais tangível numa perspectiva religiosa, parece em Hebel ajustar-se espontaneamente às categorias pedagógicas do Iluminismo, surge em Poe como tradição hermética e encontra um último refúgio em Kipling, no círculo dos marinheiros e soldados coloniais britânicos. Comum a todos os grandes narradores é a facilidade com que se movem para cima e para baixo nos degraus de sua experiência, como numa escada. Uma escada que chega até o centro da terra e que se perde nas nuvens — é a imagem de uma experiência coletiva, para a qual mesmo o mais profundo choque da experiência individual, a morte, não representa nem um escândalo nem um impedimento.

"E se não morreram, vivem até hoje", diz o conto de fadas. Ele é ainda hoje o primeiro conselheiro das crianças, porque foi o primeiro da humanidade, e sobrevive, secretamente, na narrativa. O primeiro narrador verdadeiro é e continua sendo o narrador de contos de fadas. Esse conto sabia dar um bom conselho quando ele era difícil de obter, e era o primeiro a ajudar em caso de emergência. Essa emergência era a emergência provocada pelo mito. O conto de fadas revela-nos as primeiras medidas tomadas pela humanidade para libertar-se do pesadelo que o mito havia infundido em nossos corações. Ele nos mostra, no personagem do "tolo", como a humanidade se "fez de tola" para proteger-se do mito; no personagem do irmão caçula, mostra-nos como aumentam as possibilidades do homem quando ele se afasta da pré-história mítica; no personagem do rapaz que saiu de casa para aprender a ter medo, mostra que as coisas que tememos podem ser devassadas; o personagem sagaz mostra que as perguntas feitas pelo mito são tão simples quanto as feitas pela esfinge; no personagem do animal que socorre uma criança, mostra que a natureza prefere associar-se ao homem do que ao mito. O conto de fadas ensinou há muitos séculos à humanidade, e continua ensinando hoje às crianças, que o mais aconselhável é enfrentar as forças do mundo mítico com astúcia e arrogância. (Assim, o conto de fadas dialetiza a coragem (*Mut*) desdobrando-a em dois polos: de um lado *Untermut*, isto é, astúcia, e de outro *Übermut*, isto é, arrogância.) O feitiço libertador do conto de fadas não põe em cena a natureza como uma entidade mítica, mas indica a sua cumplicidade com o homem liberado. O adulto percebe essa cumplicidade apenas ocasionalmente, isto é, quando está feliz; para a criança, ela aparece pela primeira vez no conto de fadas e provoca nela uma sensação de felicidade.

17

Poucos narradores tiveram uma afinidade tão profunda com o espírito do conto de fadas como Leskov. Essas tendências foram favorecidas pelos dogmas da Igreja Ortodoxa grega. Nesses dogmas, como se sabe, a especulação de Orígenes, rejeitada pela Igreja Romana, sobre a *apocatastasis*, a admissão de todas as almas ao Paraíso, desempenha um papel significativo.[7] Leskov foi muito influenciado por Orígenes. Tinha a intenção de traduzir sua obra *Dos primeiros princípios*. No espírito das crenças populares russas, interpretou a ressurreição menos como uma transfiguração que como um desencantamento, num sentido semelhante ao do conto de fadas. Essa interpretação de Orígenes é o fundamento

---

7- Esse conceito de *apocatastasis* de Orígenes (que pode ser lido no seu *De principiis*, III, I, 3) é retomado por Benjamin nas suas notas do trabalho sobre as *Passagens* e é fundamental para a compreensão das teses "Sobre o conceito da história". Para Benjamin, apenas em uma sociedade liberta caberia uma memória total do passado. Com Orígenes ele pensa em um juízo universal redentor que salvaria a tudo e a todos: *apocatastasis*. (Cf. Benjamin, *Passagens,* org. W. Bolle e O. Matos, tradução Cleonice Paes Barreto Mourão e Irene Aron, São Paulo: Editora UFMG e Imprensa Oficial do Estado de São Paulo, p. 501) (N.d.R.)

da narrativa *O peregrino encantado*. Essa história, como tantas outras de Leskov, é um híbrido de conto de fadas e lenda, semelhante ao híbrido de conto de fadas e saga descrito por Ernst Bloch numa passagem em que retoma à sua maneira nossa distinção entre mito e conto de fadas. Segundo Bloch,

> nessa mescla de conto de fadas e saga o elemento mítico é figurado, no sentido de que age de forma estática e cativante, mas nunca fora do homem. "Míticos", nesse sentido, são certos personagens de saga, de tipo taoista, sobretudo os muito velhos, como o casal Filemon e Baucis: salvos, como nos contos de fada, embora em repouso, como na natureza. Existe certamente uma relação desse tipo também no taoismo muito menos pronunciado de Gotthelf; ele priva ocasionalmente a saga da localidade do feitiço, salva a luz da vida, a luz própria à vida humana, que arde serenamente, tanto fora como dentro.[8]

"Salvos, como nos contos de fadas", são os seres à frente do cortejo humano de Leskov: os justos. Pavlin, Figura, o cabeleireiro, o domador de ursos, a sentinela prestimosa — todos eles, encarnando a sabedoria, a bondade e o consolo do mundo, aglomeram-se em torno do narrador. É incontestável que são todos permeados pela *imago* materna. Segundo a descrição de Leskov,

> ela era tão bondosa que não podia fazer mal a ninguém, nem mesmo aos animais. Não comia nem peixe nem carne, tal sua compaixão por todas as criaturas vivas. De vez em quando, meu pai costumava censurá-la por isso … Mas ela respondia: "…eu mesma criei esses animaizinhos, eles são como meus filhos. Não posso comer meus próprios filhos!" Mesmo na casa dos vizinhos ela se abstinha de carne, dizendo: "eu vi esses

---

8- Ernst Bloch, *Erbschaft dieser Zeit* (*Herança desta época*), Zurique, 1935, p. 127. (N.d.R.)

animais vivos; são meus conhecidos. Não posso comer meus conhecidos".

O justo é o porta-voz da criatura e ao mesmo tempo sua mais alta encarnação. Ele tem em Leskov traços maternais, que ocasionalmente se elevam até o plano mítico (pondo em perigo, assim, a pureza da sua condição de conto de fadas). Característico, nesse sentido, é o personagem central da narrativa *Kotin, o provedor e Platônida*. Esse personagem, um camponês chamado Pisonski, é hermafrodita. Durante doze anos, a mãe o educou como menina. Seu lado masculino e o feminino amadurecem simultaneamente e seu hermafroditismo transforma-se em "símbolo do Homem-Deus".

Leskov vê aqui o ponto mais alto da criatura e ao mesmo tempo uma ponte entre o mundo terreno e o supraterreno. Pois essas poderosas figuras masculinas, telúricas e maternais, sempre retomadas pela imaginação de Leskov, foram arrancadas, no desabrochar de sua força, à escravidão do instinto sexual. Mas nem por isso encarnam um ideal ascético; a castidade desses justos tem um caráter tão pouco privado que ela se transforma na antítese elementar da luxúria desenfreada, que o narrador personificou na *Lady Macbeth de Mzensk*. Se a distância entre Pavlin e essa mulher de comerciante representa a *amplitude* do mundo das criaturas, Leskov sondou igualmente, na hierarquia dos seus personagens, a *profundidade* desse mundo.

18

A hierarquia do mundo das criaturas, que culmina na figura do justo, desce por múltiplos estratos até os abismos do inanimado. Convém ter em mente, a esse respeito, uma circunstância especial. Para Leskov, esse mundo se exprime menos através da voz humana que através do que poderíamos chamar, segundo o título de um dos seus contos mais significativos, *A voz da natureza*. Essa narrativa trata de um pequeno funcionário, Filip Filipovitch, que usa todos os meios a seu dispor para hospedar em sua casa um marechal de campo, que está de passagem por sua cidadezinha. Ele tem sucesso em fazê-lo. O hóspede, a princípio admirado com a insistência do funcionário, com o tempo julga reconhecer nele alguém que havia encontrado antes. Mas quem? Ele é incapaz de se recordar. O mais estranho é que o dono da casa, de sua parte, nada faz para revelar sua identidade. Em vez disso, ele consola seu ilustre hóspede, dia após dia, dizendo que "a voz da natureza" não deixará de se fazer ouvir um dia. Isso vai tão longe, até que o hóspede, logo antes de seguir viagem, dá ao funcionário a permissão, por este solicitada, de fazer ouvir "a voz da natureza". A mulher do anfitrião se afasta.

> Ela voltou com uma corneta de caça, de cobre polido, e entregou-a a seu marido. Ele pegou a corneta, colocou-a na boca e no mesmo instante encontrava-se como que metamorfoseado. Mal enchera a boca, produzindo um som forte como um trovão, o marechal de campo gritou: "Para! Já sei, irmão, agora te reconheço! És o músico do regimento de caçadores, que como recompensa por sua honestidade enviei para vigiar um intendente corrupto". — "É verdade, Excelência", respondeu o dono da casa. "Eu não queria recordar esse fato a Vossa Excelência, e sim deixar que falasse a voz da natureza".

A maneira pela qual a profundidade dessa história se esconde atrás de sua estupidez aparente dá uma ideia do extraordinário humor de Leskov.

Esse humor reaparece na mesma história de modo ainda mais discreto. Sabemos que o pequeno funcionário fora enviado "como recompensa por sua honestidade ... para vigiar um intendente corrupto". Essas palavras estão no final, na cena do reconhecimento. Porém no começo da história lemos o seguinte sobre o anfitrião:

> Os habitantes do lugar conheciam o homem e sabiam que não tinha uma posição de destaque, pois não era nem alto funcionário do Estado nem militar, mas apenas um pequeno fiscal no modesto serviço de intendência, onde, juntamente com os ratos, roía os biscoitos e as botas do Estado, chegando com o tempo a roer para si uma bela casinha de madeira.

Justifica-se assim, como se vê, a simpatia tradicional do narrador pelos patifes e malandros. Toda a literatura burlesca partilha essa simpatia, que se encontra mesmo nas culminâncias da arte: os companheiros mais fiéis de Hebel são o *Zundelfrieder*, o *Zundelheiner* e Dieter, o ruivo. No entanto, também para Hebel o justo desempenha o papel principal no *theatrum mundi*. Mas, como ninguém está à altura desse papel, ele passa de uns para outros. Ora é o vagabundo, ora o judeu avarento, ora o imbecil, que entram em cena para representar esse papel. A peça varia segundo as circunstâncias, é uma improvisação moral. Hebel é um casuísta. Ele não se solidariza, por nenhum preço, com nenhum princípio, mas tampouco rejeita nenhum, porque cada um deles pode tornar-se um instrumento dos justos. Compare-se essa atitude com a de Leskov. "Tenho consciência", escreve ele em *A propósito da Sonata de Kreuzer*, "de que minhas ideias se baseiam muito mais numa concepção prática da vida do que na filosofia abstrata ou numa moral elevada, mas não me sinto, por isso, menos inclinado a pensar dessa maneira." De resto, as catástrofes morais que ocorrem no universo de Leskov relacionam-se com os incidentes morais que ocorrem no universo de Hebel como a vasta e silenciosa torrente do Volga se relaciona com o riacho tagarela e saltitante que faz girar o moinho. Entre as narrativas históricas de Leskov existem várias nas quais as paixões são tão destruidoras como a ira de Aquiles ou o ódio de Hagen. É surpreendente verificar como o mundo pode ser sombrio para esse autor e com que majestade o mal pode empunhar o seu cetro. É evidente que Leskov conheceu estados de espírito em que estava muito próximo de uma ética antinomística — e esse é talvez um dos seus poucos pontos de contato com Dostoievski. As naturezas elementares dos seus *Contos dos velhos tempos* vão até o fim em sua paixão implacável. Mas esse fim é justamente o ponto em que, para os místicos, a mais profunda abjeção se converte em santidade.

19

Quanto mais baixo Leskov desce na hierarquia das criaturas, mais sua concepção das coisas se aproxima do misticismo. Aliás, como veremos, há indícios de que essa característica é própria da natureza do narrador. Contudo poucos ousaram mergulhar nas profundezas da natureza inanimada, e não há muitas obras, na literatura narrativa recente, nas quais a voz do narrador anônimo, anterior a qualquer escrita, ressoe de modo tão audível como na história de Leskov, *A alexandrita*. Trata-se de uma pedra, o piropo. A pedra é o estrato mais ínfimo da criatura. Mas para o narrador ela está imediatamente ligada ao estrato mais alto. Ele consegue vislumbrar nessa pedra semipreciosa, o piropo, uma profecia natural do mundo mineral e inanimado dirigida ao mundo histórico, na qual ele próprio vive. Esse mundo é o de Alexandre II. O narrador — ou antes, o homem a quem ele transmite o seu próprio saber — é um lapidador chamado Wenzel, que levou sua arte à mais alta perfeição. Podemos aproximá-lo dos ourives de Tula e dizer que, segundo Leskov, o artífice perfeito tem acesso aos arcanos mais secretos do reino das criaturas. Ele é a encarnação do homem piedoso. Leskov diz o seguinte desse lapidador:

> Ele segurou de repente a minha mão, na qual estava o anel com a alexandrita, que como se sabe emite um brilho rubro quando exposta a uma iluminação artificial, e gritou: "Olhe, ei-la aqui, a pedra russa profética... Ó siberiana astuta! Ela sempre foi verde como a esperança e somente à noite assume uma cor de sangue. Ela sempre foi assim, desde a origem do mundo, mas escondeu-se por muito tempo e permaneceu oculta sob a terra, e só consentiu em ser encontrada no dia da maioridade do czar Alexandre, quando um grande feiticeiro visitou a Sibéria para achá-la, a pedra, um mágico..." "Que tolices o Senhor está dizendo!", interrompi-o. "Não foi nenhum mágico que achou essa pedra, e sim um sábio chamado Nordenskjöld!" "Um mágico! digo-lhe, um mágico!" gritou Wenzel em voz alta. "Veja, que pedra! Ela contém manhãs verdes e noites sangrentas... Esse é o destino, o destino do nobre czar Alexandre!" E, com essas palavras, o velho Wenzel voltou-se para a parede, apoiou-se nos cotovelos... e começou a soluçar.

Para esclarecer o significado dessa importante narrativa, não há melhor comentário que o trecho seguinte de Valéry, escrito num contexto completamente distinto.

> A observação artística pode atingir uma profundidade quase mística. Os objetos sobre os quais recai perdem os seus nomes: sombra e claridade formam sistemas e problemas altamente específicos, que não dependem de nenhuma ciência, nem aludem a nenhuma prática, mas que recebem toda sua existência e todo o seu valor de certas afinidades singulares entre a alma, o olho e a mão de uma pessoa nascida para apreender tais afinidades em si mesmo, e para as produzir.[9]

A alma, o olho e a mão estão assim inscritos num mesmo contexto. Interagindo, eles definem uma prática. Essa prática deixou de nos ser familiar. O papel da mão no trabalho produtivo tornou-se mais modesto, e o lugar que ela ocupava durante a narração está agora vazio. (Pois a narração, em seu aspecto sensível, não é de modo algum o produto exclusivo da voz. Na verdadeira narração, a mão intervém decisivamente, com seus gestos, aprendidos na experiência do trabalho, que sustentam de cem maneiras o fluxo do que é dito.) A antiga coordenação da alma, do olho e da mão, que transparece nas palavras de Valéry, é típica do artesão, e é ela que encontramos sempre, onde quer que a arte de narrar seja praticada. Podemos ir mais longe e perguntar se a relação entre o narrador e sua matéria — a vida humana — não seria ela própria uma relação artesanal. Não seria sua tarefa trabalhar a matéria-prima da experiência — a própria e a alheia — transformando-a num produto sólido, útil e único? Talvez se tenha uma noção mais clara desse processo no provérbio, concebido como ideograma de uma narrativa. Podemos dizer que os provérbios são ruínas de antigas narrativas, nas quais a moral da história abraça um gesto, como a hera abraça um muro.

9- Paul Valéry, "Autour de Corot", in: *Oeuvres*, vol. II, op.cit., p. 1318s. (N.d.R.)

Assim definido, o narrador figura entre os mestres e os sábios. Ele sabe dar conselhos: não para alguns casos, como o provérbio, mas para muitos casos, como o sábio. Pois pode recorrer ao acervo de toda uma vida (uma vida que não inclui apenas a própria experiência, mas em grande parte a experiência alheia. O narrador infunde a sua substância mais íntima também naquilo que sabe por ouvir dizer). Seu dom é poder contar sua vida; sua dignidade é contá-la *inteira*. O narrador é o homem que poderia deixar a luz tênue de sua narração consumir completamente a mecha de sua vida. Daí a atmosfera incomparável que circunda o narrador, em Leskov como em Hauff, em Poe como em Stenvenson. O narrador é a figura na qual o justo se encontra consigo mesmo.

1936

SOBRE O CONCEITO DA HISTÓRIA

1

É conhecido que deve ter havido um autômato construído de tal modo que podia responder a cada lance de um jogador de xadrez com um contralance que lhe assegurasse a vitória na partida. Um fantoche vestido à turca, com um narguilé na boca, sentava-se diante do tabuleiro, colocado sobre uma grande mesa. Um sistema de espelhos criava a ilusão de que a mesa era totalmente transparente. Na verdade, um anão corcunda se escondia nela, um mestre no xadrez, que dirigia com cordões a mão do fantoche. Podemos imaginar uma contrapartida filosófica desse mecanismo. O fantoche, que chamamos "materialismo histórico", deve ganhar sempre. Ele pode enfrentar qualquer desafio, desde que tome a seu serviço a teologia, a qual é hoje reconhecidamente pequena e feia e não ousa mostrar-se diretamente.

2

"Entre os atributos mais surpreendentes da alma humana", diz Lotze, "está, ... ao lado de tanto egoísmo no indivíduo, uma ausência, no geral, de inveja de cada presente com relação a seu futuro". Essa reflexão conduz-nos a pensar que a imagem da felicidade que nutrimos é totalmente tingida pela época que nos foi atribuída pelo curso da nossa própria existência. A felicidade capaz de suscitar nossa inveja existe apenas no ar que respiramos com pessoas com as quais poderíamos ter conversado, com mulheres que poderiam ter se entregado a nós. Em outras palavras, a imagem da felicidade está indissoluvelmente ligada à da redenção. O mesmo ocorre com a representação do passado, que a história transforma em seu objeto. O passado traz consigo um índice secreto, que o impele à redenção. Pois não somos tocados por um sopro do ar que envolveu nossos antepassados? Não existem, nas vozes a que agora damos ouvidos, ecos de vozes que emudeceram? Não têm as mulheres que cortejamos irmãs que elas não chegaram a conhecer? Se assim é, então existe um encontro secreto marcado entre as gerações precedentes e a nossa. Então, alguém na terra esteve à nossa espera. Se assim é, foi-nos concedida, como a cada geração anterior à nossa, uma *frágil força messiânica* para a qual o passado dirige um apelo. Esse apelo não pode ser rejeitado impunemente. O materialista histórico sabe disso.

3

O cronista que narra os acontecimentos, sem distinguir entre os grandes e os pequenos, leva em conta a verdade de que nada do que um dia aconteceu pode ser considerado perdido para a história. Sem dúvida, somente a humanidade redimida obterá o seu passado completo. Isso quer dizer: somente para a humanidade redimida o seu passado tornou-se citável, em cada um dos seus momentos. Cada um dos seus momentos vividos transforma-se numa *citation à l' ordre du jour* — e esse dia é justamente o do juízo final.

4

"Lutai primeiro pela alimentação e pelo vestuário,
e em seguida o reino de Deus virá por si mesmo."

Hegel, 1807

A luta de classes, que um historiador educado por Marx jamais perde de vista, é uma luta pelas coisas brutas e materiais, sem as quais não existem as refinadas e espirituais. Apesar disso, estas últimas não podem ser representadas na luta de classes como despojos atribuídos ao vencedor. Elas vivem nessa luta sob a forma da confiança, da coragem, do humor, da astúcia, da firmeza, e atuam retroativamente até os tempos mais remotos. Elas questionarão sempre cada vitória dos dominadores. Assim como as flores dirigem sua corola para o sol, o passado, graças a um misterioso heliotropismo, anseia por dirigir-se para o sol que se levanta *no céu da história*. O materialismo histórico deve ficar atento a essa transformação, a mais imperceptível de todas.

5

A verdadeira imagem do passado *passa voando*. O passado só se deixa capturar como imagem que relampeja irreversivelmente no momento de sua conhecibilidade. "A verdade jamais nos escapará" — essa frase de Gottfried Keller indica, na imagem da história do historicismo, exatamente o local em que o materialismo histórico o esmaga. Pois é uma imagem irrecuperável do passado que ameaça desaparecer com cada presente que não se sinta visado por ela.

6

Articular historicamente o passado não significa conhecê-lo "tal como ele de fato foi". Significa apropriar-se de uma recordação, como ela relampeja no momento de um perigo. Para o materialismo histórico, trata-se de fixar uma imagem do passado da maneira como ela se apresenta inesperadamente ao sujeito histórico, no momento do perigo. O perigo ameaça tanto a existência da tradição como os que a recebem. Ele é um e o mesmo para ambos: entregar-se às classes dominantes, como seu instrumento. Em cada época, é preciso tentar arrancar a tradição ao conformismo, que quer apoderar-se dela. Pois o Messias não vem apenas como redentor; ele vem também como o vencedor do Anticristo. O dom de despertar no passado as centelhas da esperança é *privilégio exclusivo* do historiador convencido de que tampouco os mortos estarão em segurança se o inimigo vencer. E esse inimigo não tem cessado de vencer.

7

> "Pensa na escuridão e no grande frio
> Desse vale, onde ressoam lamentos."

Brecht, Ópera dos três vinténs

Fustel de Coulanges recomenda ao historiador interessado em reviver uma época que esqueça tudo o que sabe sobre fases posteriores da história. Impossível caracterizar melhor o método com o qual rompeu o materialismo histórico. Esse método é o da empatia (*Einfühlung*). Sua origem é a inércia do coração, a *acedia*, que desanima de apropriar-se da autêntica imagem histórica, em seu relampejar fugaz. Para os teólogos medievais, a *acedia* era o primeiro fundamento da tristeza. Flaubert, que a conhecia, escreveu: "Peu de gens devineront combien il a fallu être triste pour ressusciter Carthage". A natureza dessa tristeza se tornará mais clara se nos perguntarmos com quem o investigador historicista estabelece propriamente uma relação de empatia. A resposta é inequívoca: com o vencedor. Ora, os que num momento dado dominam são os herdeiros de todos os que venceram antes. A empatia com o vencedor beneficia sempre, portanto, esses dominadores. Isso já diz o suficiente para o materialista histórico. Todos os que até agora venceram participam do cortejo triunfal, que os dominadores de hoje conduzem por sobre os corpos dos que hoje estão prostrados no chão. Os despojos são carregados no cortejo triunfal, como de praxe. Eles são chamados de bens culturais. O materialista histórico os observa com distanciamento. Pois todos os bens culturais que ele vê têm uma origem sobre a qual ele não pode refletir sem horror. Devem sua existência não somente ao esforço dos grandes gênios que os criaram, mas também à servidão anônima dos seus contemporâneos. Nunca houve um documento da cultura que não fosse simultaneamente um documento da barbárie. E, assim como o próprio bem cultural não é isento de barbárie, tampouco o é o processo de transmissão em que foi passado adiante. Por isso, o materialista histórico se desvia desse processo, na medida do possível. Ele considera sua tarefa escovar a história a contrapelo.

8

A tradição dos oprimidos nos ensina que o "estado de exceção" (*"Ausnahmezustand"*) em que vivemos é a regra. Precisamos construir um conceito de história que corresponda a esse ensinamento. Perceberemos, assim, que nossa tarefa é originar um verdadeiro estado de exceção; e com isso nossa posição ficará melhor na luta contra o fascismo. Este se beneficia da circunstância de que seus adversários o enfrentam em nome do progresso, considerado como uma norma histórica. — O assombro com o fato de que os episódios que vivemos no séculos XX "ainda" sejam possíveis, *não é um assombro filosófico*. Ele não gera nenhum conhecimento, a não ser o conhecimento de que a concepção de história em que se origina é insustentável.

9

> "Minha asa está pronta para o voo,
> preferiria retroceder pois se também eu seguisse
> como tempo vivo seria infeliz."
>
> *Gerhard Scholem*, Saudação do anjo

Há um quadro de Klee que se chama *Angelus Novus*. Nele está desenhado um anjo que parece estar na iminência de se afastar de algo que ele encara fixamente. Seus olhos estão escancarados, seu queixo caído e suas asas abertas. O anjo da história deve ter esse aspecto. Seu semblante está voltado para o passado. Onde *nós* vemos uma cadeia de acontecimentos, *ele* vê uma catástrofe única, que acumula incansavelmente ruína sobre ruína e as arremessa a seus pés. Ele gostaria de deter-se para acordar os mortos e juntar os fragmentos. Mas uma tempestade sopra do paraíso e prende-se em suas asas com tanta força que o anjo não pode mais fechá--las. Essa tempestade o impele irresistivelmente para o futuro, ao qual ele volta as costas, enquanto o amontoado de ruínas diante dele cresce até o céu. É a *essa tempestade* que chamamos progresso.

10

Os objetos que as regras do claustro impunham à meditação dos monges tinham como função desviá-los do mundo e de sua atividade. Nossas reflexões partem de uma finalidade semelhante. Elas têm a intenção de, neste momento, em que os políticos nos quais os adversários do fascismo tinham depositado as suas esperanças jazem por terra e agravam sua derrota com a traição à sua própria causa, arrancar a política das malhas em que havia sido enredada por eles. Partimos da consideração de que a obtusa fé no progresso desses políticos, sua confiança no "apoio das massas" e, finalmente, sua subordinação servil a um aparelho incontrolável têm sido três aspectos da mesma realidade. Estas reflexões tentam mostrar *o quão custoso* é a nossos hábitos mentais uma concepção da história que recuse toda cumplicidade com aquela à qual continuam aderindo esses políticos.

11

O conformismo, que sempre esteve em seu elemento na social-democracia, impregna não apenas suas táticas políticas, mas também suas ideias econômicas. É uma das causas do seu colapso posterior. Nada foi mais corruptor para a classe operária alemã do que a opinião de que era *ela* que nadava com a correnteza. O desenvolvimento técnico era visto como o declive da correnteza, na qual ela supunha estar nadando. Daí era apenas um passo para a ilusão de que o trabalho industrial, que aparecia sob os traços do progresso técnico, representava um feito político. A antiga moral protestante do trabalho festejava uma ressurreição secularizada na classe trabalhadora alemã. O Programa de Gotha[1] já continha elementos dessa confusão. Nele, o trabalho é definido como "a fonte de toda riqueza e de toda cultura". Pressentindo o pior, Marx replicou que o homem que não possui outra propriedade que a sua força de trabalho está condenado a ser "o escravo de outros homens, que se fizeram ... proprietários". Apesar disso, a confusão continuou a propagar-se, e pouco depois anunciava Josef Dietzgen: "O trabalho é o Salvador dos tempos modernos ... No aperfeiçoamento ... do trabalho reside a riqueza, que agora pode realizar o que não foi até o presente realizado por nenhum redentor". Esse conceito de trabalho, típico do marxismo vulgar, não examina a questão de como seus produtos podem beneficiar trabalhadores que não dispõem deles. Seu interesse dirige-se apenas aos progressos na dominação da natureza, e não aos retrocessos da sociedade. Já estão visíveis, nessa concepção, os traços tecnocráticos que mais tarde vão aflorar no fascismo. Entre eles, figura uma concepção da natureza que contrasta sinistramente com a das utopias socialistas anteriores a março de 1848. O trabalho, como a partir de então é compreendido, visa uma exploração da natureza, a qual é contraposta, com ingênua complacência, à exploração do proletariado. Comparadas a essa concepção positivista, as fantasias de um Fourier, tão ridicularizadas, revelam-se surpreendentemente razoáveis. Segundo Fourier, o trabalho social bem organizado teria entre seus efeitos que quatro luas iluminariam a noite, que o gelo se retiraria dos polos, que a água marinha deixaria de ser salgada e que os animais predatórios entrariam a serviço dos seres humanos. Essas fantasias ilustram um tipo de

---

1- O "Programa de Gotha" foi o resultado da fusão do Partido operário social democrata (*Sozialdemokratische Arbeiterpartei*, SDAP), dirigido por August Bebel e por Wilhelm Liebknecht, com a União Geral dos Operários alemães (*Allgemeiner Deutscher Arbeiterverein*, ADAV), que aconteceu na cidade de Gotha entre os dias 22 e 27 de maio de 1875. Essa fusão está na origem do Pardido Social democrata alemão (SPD). O programa redigido então foi enfaticamente criticado por Marx na sua *Crítica do Programa de Gotha*. (N.d.R.)

trabalho que, longe de explorar a natureza, é capaz de liberar as criações que dormitam, como possibilidades, em seu ventre. Ao conceito corrompido de trabalho corresponde, como seu complemento, *aquela* natureza que, segundo Dietzgen, "está aí, grátis".

12

> "Precisamos da História, mas não como precisam dela
> os mal acostumados ociosos que passeiam no jardim da ciência."
>
> *Nietzsche,* Vantagens e desvantagens da história para a vida

O sujeito do conhecimento histórico é a própria classe combatente e oprimida. Em Marx, ela aparece como a última classe escravizada, como a classe vingadora que consuma a tarefa de libertação em nome das gerações de derrotados. Essa consciência, reativada brevemente no movimento espartaquista, foi sempre inaceitável para a social-democracia. Em três decênios, ela quase conseguiu extinguir o nome de Blanqui, cujo eco abalara o século passado. Preferiu atribuir à classe operária o papel de redentora de gerações *futuras*. Com isso, ela cortou o nervo das suas melhores forças. A classe operária desaprendeu nessa escola tanto o ódio como o espírito de sacrifício. Porque ambos se alimentam da imagem dos antepassados escravizados, e não do ideal dos descendentes liberados.

13

> "Nossa causa está cada dia mais clara
> e o povo cada dia mais esclarecido."
>
> *Josef Dietzgen,* Filosofia social-democrata

A teoria e, mais ainda, a prática da social-democracia foram determinadas por um conceito dogmático de progresso sem qualquer vínculo com a realidade. Segundo os social-democratas, o progresso era, em primeiro lugar, um progresso da humanidade em si (e não apenas das suas capacidades e conhecimentos). Em segundo lugar, era um processo sem limites (correspondente a uma perfectibilidade infinita da humanidade). Em terceiro lugar, era visto como um processo essencialmente inexorável (percorrendo autonomamente uma trajetória em flecha ou em espiral). Cada um desses predicados é controverso e cada um deles poderia ser criticado. Mas, para ser rigorosa, a crítica precisa ir além deles e concentrar-se em algo que lhes seja comum. A ideia de um progresso da humanidade na história é inseparável da ideia de seu andamento no interior de um tempo vazio e homogêneo. A crítica da ideia desse andamento deve estar na base da crítica da ideia do progresso em geral.

14

"A origem é o alvo."

Karl Kraus, Palavras em verso

A história é objeto de uma construção cujo lugar não é o tempo homogêneo e vazio, mas o preenchido de "tempo de agora" (*Jetztzeit*). Assim, a Roma antiga era para Robespierre um passado carregado de "tempo de agora", que ele fez explodir para fora do *continuum* da história. A Revolução Francesa via-se como uma Roma ressurreta. Ela citava a Roma antiga como a moda cita um vestuário do passado. A moda tem um faro para o atual, onde quer que ele se oculte na folhagem do antigamente. Ela é um salto de tigre em direção ao passado. Ele se dá, porém, numa arena comandada pela classe dominante. O mesmo salto, sob o céu aberto da história, é o salto dialético da Revolução, como a concebeu Marx.

15

A consciência de fazer explodir o *continuum* da história é própria às classes revolucionárias no momento da sua ação. A Grande Revolução introduziu um novo calendário. O dia com o qual começa um novo calendário funciona como um acelerador histórico. No fundo, é sempre o mesmo dia que retorna sob a forma dos dias feriados, que são os dias da reminiscência. Assim, os calendários não marcam o tempo do mesmo modo que os relógios. Eles são monumentos de uma consciência histórica da qual não parece mais haver na Europa, há cem anos, o mínimo vestígio. A Revolução de julho de 1830 registrou ainda um incidente em que essa consciência se manifestou. Terminado o primeiro dia de combate, verificou-se que em vários bairros de Paris, independentes uns dos outros e na mesma hora, foram disparados tiros contra os relógios localizados nas torres. Uma testemunha ocular, que talvez deva à rima a sua intuição profética, escreveu:

> Qui le croirait! on dit qu'irrités contre l'heure
> De nouveaux Josués, au pied de chaque tour,
> Tiraient sur les cadrans pour arrêter le jour.

16

O materialista histórico não pode renunciar ao conceito de um presente que não é transição, mas no qual o tempo para e se imobiliza. Porque esse conceito define exatamente *aquele* presente em que ele escreve a história para sua própria pessoa. O historicismo apresenta a imagem "eterna" do passado, o materialista histórico faz desse passado uma experiência única. Ele deixa a outros a tarefa de se esgotar no bordel do historicismo, com a meretriz "era uma vez". Ele permanece senhor das suas forças, suficientemente viril para mandar pelos ares o *continuum* da história.

17

O historicismo culmina legitimamente na história universal. Em seu método, a historiografia materialista distancia-se dela talvez mais radicalmente do que de qualquer outra. A história universal não tem qualquer armação teórica. Seu procedimento é aditivo: ela utiliza a massa dos fatos, para com eles preencher o tempo homogêneo e vazio. A historiografia materialista, por outro lado, tem em sua base um princípio construtivo. Pensar não inclui apenas o movimento dos pensamentos, mas também sua imobilização. Quando o pensamento para, bruscamente, numa constelação saturada de tensões, ele lhe comunica um choque, através do qual ela se cristaliza numa mônada. O materialista histórico aproxima-se de um objeto histórico somente quando ele o confronta enquanto mônada. Nessa estrutura, ele reconhece o sinal de uma imobilização messiânica dos acontecimentos, ou, dito de outro modo, de uma oportunidade revolucionária na luta pelo passado oprimido. Ele aproveita essa oportunidade para explodir uma época determinada para fora do curso homogêneo da história; do mesmo modo, ele arranca à época uma vida determinada e, da obra composta durante essa vida, uma obra determinada. O resultado desse procedimento é que assim se preserva e transcende (*aufheben*) *na obra* o conjunto da obra, *no conjunto da obra* a época e *na época* a totalidade do processo histórico. O fruto nutritivo do que é compreendido historicamente contém, *em seu interior*, o tempo, como uma semente preciosa, mas insípida.

18

"Comparados com a história da vida orgânica na Terra", diz um biólogo contemporâneo, "os míseros 50 000 anos do *Homo sapiens* representam algo como dois segundos ao fim de um dia de 24 horas. Segundo essa escala, toda a história da humanidade civilizada preencheria um quinto do último segundo da última hora." O "tempo de agora", que como modelo do messiânico abrevia num resumo incomensurável a história de toda a humanidade, coincide rigorosamente com o lugar ocupado no universo pela história humana.

Apêndice

A

O historicismo contenta-se em estabelecer um nexo causal entre vários momentos da história. Mas nenhum fato, meramente por ser causa, é só por isso um fato histórico. Ele se transforma em fato histórico postumamente, graças a acontecimentos que podem estar dele separados por milênios. O historiador consciente disso renuncia a desfiar entre os dedos os acontecimentos, como as contas de um rosário. Ele capta a constelação em que sua própria época entrou em contato com uma época anterior, perfeitamente determinada. Com isso, ele funda um conceito do presente como um "tempo de agora" no qual se infiltraram estilhaços do messiânico.

B

Certamente, os adivinhos que interrogavam o tempo para saber o que ele ocultava em seu seio não o experimentavam nem como vazio nem como homogêneo. Quem tem em mente esse fato, poderá talvez ter uma ideia de como o tempo passado é vivido na reminiscência: a saber, exatamente desse modo. Sabe-se que era proibido aos judeus investigar o futuro. Ao contrário, a Torá e a prece ensinam a reminiscência. Essa última desencantava para eles o futuro, ao qual sucumbiam os que interrogavam os adivinhos. Mas nem por isso o futuro se converteu para os judeus num tempo homogêneo e vazio. Pois nele cada segundo era a porta estreita pela qual podia penetrar o Messias.

1940

APÊNDICES

LIVROS INFANTIS
ANTIGOS E ESQUECIDOS

"Por que o senhor coleciona livros?" — Alguém já fez essa pergunta a um bibliófilo, para induzi-lo à autorreflexão? Como seriam interessantes as respostas, pelo menos as sinceras! Pois apenas os não iniciados poderiam crer que não existe aqui o que dissimular ou atenuar. Arrogância, solidão, amargura — esse é o lado noturno de muitos colecionadores cultos e bem-sucedidos. Toda paixão revela de vez em quando os seus traços demoníacos, e nada confirma tão cabalmente essa verdade como a história da bibliofilia. — Não existe nada disso no credo de colecionador de Karl Hobrecker, cuja grande coleção de livros infantis é agora divulgada ao público, através de sua obra.[1] Para quem não se deixasse sensibilizar pela personalidade cordial e refinada do autor, nem pelo próprio livro, em cada uma das suas páginas, só poderíamos dizer o seguinte: esse tipo de coleção — livros infantis — só pode ser apreciado por quem se manteve fiel à alegria que experimentou quando criança, ao ler esses livros. Essa fidelidade está na origem de sua biblioteca, e toda coleção, para prosperar, precisará de algo semelhante. Um livro, ou mesmo uma página,

---

1- Hobrecker, K. *Alte vergessene Kinderbücher* (Livros infantis antigos e esquecidos). Berlim: Mauritius-Verlag, 1924. 160 p.

e até uma simples imagem num exemplar antiquado, talvez herdado da mãe ou da avó, podem ser o solo no qual esse impulso lançará suas primeiras e delicadas raízes. Pouco importa se a capa está solta, se faltam páginas ou se aqui e ali mãos inábeis amarrotaram as gravuras. A procura por belos exemplares tem sua legitimidade, mas, justamente nesse tipo de coleção, o pedante ficará perplexo. É uma boa coisa que a pátina depositada nas folhas por mãos infantis pouco asseadas mantenham à distância o bibliófilo esnobe.

Quando Hobrecker iniciou sua coleção, há 25 anos, os velhos livros infantis eram usados como papel de rascunho. Ele foi o primeiro a oferecer-lhes um asilo, por algum tempo, contra as fábricas de papel. Entre as milhares de obras que abarrotam suas estantes, há talvez centenas que têm nesse local seu último exemplar. Não é com pompa e dignidade profissional que esse primeiro arquivista dos livros infantis aparece em público. Ele não visa ao reconhecimento pelo seu trabalho, mas à participação do leitor na beleza que ele revelou. O aparelho erudito — principalmente um apêndice bibliográfico de cerca de duzentos dos títulos mais importantes — é bem-vindo para o colecionador, sem importunar o leigo. Segundo o autor, o livro infantil alemão nasceu com o Iluminismo. Era na pedagogia que os filantropos punham à prova o seu grande programa de remodelação da humanidade. Se o homem era por natureza piedoso, bom e sociável, devia ser possível fazer da criança, ente natural por excelência, um ser supremamente piedoso, bom e sociável. E como em todas as pedagogias teoricamente fundamentadas a técnica da influência pelos fatos só é descoberta mais tarde e a educação começa com as admoestações problemáticas, assim também o livro infantil em suas primeiras décadas é edificante e moralista, e constitui uma simples variante deísta do catecismo e da exegese. Hobrecker critica esses textos com severidade. Não podemos, com efeito, negar sua aridez e mesmo sua irrelevância para o leitor infantil. Mas essas falhas, já superadas, são insignificantes se comparadas com os equívocos que hoje estão em voga graças a uma suposta "empatia" com o espírito da criança: a jovialidade desconsolada das histórias em versos e as caretas de sorrisos amarelos desenhadas por pretensos "amigos das crianças" para ilustrar essas histórias. A criança exige dos adultos representações claras e inteligíveis, mas não infantis, e muito menos as que os adultos concebem como tais. A criança compreende perfeitamente coisas sérias, mesmo as mais abstratas e pesadas, desde que partam honesta e espontaneamente do coração e, por isso, algo pode ser dito a favor daqueles velhos textos. Ao lado da cartilha e do catecismo, encontram-se, na origem do livro infantil, a enciclopédia ilustrada, o dicionário ilustrado, ou como quer que se deseje chamar o *Orbis Pictus*, de Amos Comenius. O Iluminismo também cultivou esse gênero, à sua moda, produzindo a monumental *Obra elementar*, de Basedov. O livro é agradável em muitos aspectos, inclusive quanto ao texto. Pois lado a lado com um didaticismo universal, que segundo o espírito da época procurava mostrar a utilidade de todas as coisas — desde a matemática até o funambulismo —, havia histórias de moralismo tão radical que beiravam (não de todo involuntariamente) o cômico. Ao lado dessas duas obras mereceria menção o *Livro ilustrado para crianças*, publicado posteriormente. Abrange doze volumes, com cem gravuras coloridas cada um, e apareceu em Weimar, entre 1792 e 1847, sob a direção de F. J. Bertuch. Essa enciclopédia ilustrada demonstra, em seu cuidadoso acabamento, com que zelo se trabalhava então para as crianças. Hoje a maioria dos pais se horrorizariam com a ideia de colocar essa preciosidade nas mãos das crianças. Despreocupado, Bertuch aconselha em seu prefácio que os leitores recortem as imagens. Enfim, os contos de fadas e as canções, e até certo ponto também os livros populares e as fábulas, constituíam fontes para os textos dos livros infantis. Evidentemente, eram escolhidas as obras mais "puras". A atual literatura romanesca juvenil, criação sem raízes, por onde circula uma seiva opaca, nasceu no solo de um preconceito inteiramente moderno, segundo o qual as crianças são seres tão diferentes de nós, com uma existência tão incomensurável, que precisamos ser particularmente inventivos se quisermos distraí-las. No entanto nada é mais ocioso que a tentativa febril de produzir objetos — material ilustrativo, brinquedos ou livros — supostamente apropriados às crianças. Desde o Iluminismo, essa tem sido uma das preocupações mais estéreis dos pedagogos. Em seu preconceito, eles não veem que a terra está cheia de substâncias puras e infalsificadas, capazes de despertar a atenção infantil. Substâncias extremamente específicas. Pois as crianças têm um particular prazer em visitar oficinas onde se trabalha visivelmente com coisas. Elas se sentem atraídas irresistivelmente pelos detritos, onde quer que eles surjam — na construção de casas, na jardinagem, na carpintaria, na alfaiataria. Nesses detritos, elas reconhecem o rosto que o mundo das coisas assume para elas, e só para elas. Com tais detritos, não imitam o mundo dos adultos, mas colocam os restos e resíduos em uma relação nova e original. Assim, as próprias crianças constroem seu mundo de coisas, um microcosmo no macrocosmo. O conto de fadas é uma dessas criações compostas de detritos — talvez a mais poderosa na vida espiritual da humanidade, surgida no processo de produção e decadência da saga. A criança pode lidar com os elementos dos contos de fadas de modo tão soberano e imparcial quanto com retalhos e tijolos. Constrói seu mundo com os motivos desses contos, ou pelo menos os utiliza para ligar seus elementos. Algo semelhante ocorre com a canção. E com a fábula:

> A fábula, em seus melhores momentos, pode ser um produto espiritual de grande profundidade, mas só raramente seu valor é percebido pelas crianças. Podemos também duvidar de que os jovens leitores a apreciem por sua moral ou a utilizem para formar sua inteligência, como uma certa sabedoria que tudo ignora sobre a infância algumas vezes o supõe, ou, acima de tudo, deseja. Os pequenos divertem-se muito mais com os animais que falam e agem como os homens do que com os textos mais ricos de ideias.

Em outra passagem: "Uma coisa é certa: a literatura especificamente destinada aos jovens começou com um grande fiasco". Podemos acrescentar que em muitos casos ela permaneceu um fiasco.

Uma coisa salva até mesmo as obras mais antiquadas e tendenciosas dessa época: a ilustração. Esta escapou ao controle das teorias filantrópicas, e muito em breve os artistas chegaram a um entendimento com as crianças, ignorando os pedagogos. Não que os artistas tivessem trabalhado levando em conta exclusivamente os interesses infantis. Os fabulários mostram que esquemas aparentados reaparecem com pequenas variações nos mais diferentes contextos. Do mesmo modo, na representação das sete maravilhas do mundo, por exemplo, os livros ilustrados recorrem a gravuras do século XVII, ou mais antigas ainda. Podemos supor que as ilustrações dessas obras estejam em relação histórica com a emblemática barroca. Essas esferas não são tão estranhas uma à outra como se poderia imaginar. Ao final do século XVIII, aparecem livros ilustrados que reúnem, numa única página, uma grande variedade de coisas sem qualquer mediação figural. São objetos que começam com a mesma letra: amora, âncora, agricultor, atlas etc. Os vocábulos correspondentes são traduzidos em uma ou várias línguas estrangeiras. A tarefa do artista aqui era aparentada à do desenhista barroco quando combinava objetos alegóricos numa escrita visual, e em ambas as épocas surgiram soluções engenhosas e altamente significativas. Nada é mais sintomático do que o fato de que durante o século XIX, que cresceu em saber universal ao preço de abandonar muitos bens culturais do século precedente, o livro infantil não sofreu prejuízos, nem do ponto de vista do texto nem do material ilustrativo. Sem dúvida, depois de 1810 deixam de aparecer obras tão delicadamente elaboradas como as *Fábulas de Esopo* vienenses (segunda edição por H. F. Müller, Viena, sem data), que me orgulho de acrescentar à lista de Hobrecker. Mas não é no refinamento do traço e do colorido que o livro infantil do século XIX pode competir com seus antecessores. Boa parte de seu encanto encontra-se em seu caráter primitivo, na documentação de uma época em que a antiga manufatura começava a confrontar-se com as novas técnicas. A litografia predominou a partir de 1840, ao passo que, antes dela, na gravura em cobre, ainda encontramos frequentemente motivos do século XVIII. Só no colorido pode o período *Biedermeier*, os anos 1820 e 1830, ser considerado característico e novo.

Parece-me que na época do *Biedermeier* havia uma preferência pelo carmim, pelo laranja e pelo ultramarino; um verde brilhante é também muitas vezes usado. Ao lado dessas vestes cintilantes, desse céu de anil, dessas labaredas de vulcões e incêndios, onde ficam as simples gravuras em branco e preto, em cobre ou em pedra, que satisfaziam plenamente os tediosos adultos em geral? Onde, como nesses livros, florescem rosas assim, reluzem maçãs e rostos tão rubros, resplandecem hussardos tão garbosos, com seus dolmãs verdes e uniformes de ouro e púrpura? Mesmo a cartola simples e cinzenta do nobre pai e o chapéu amarelo da bela mãe despertam nossa admiração.

Esse mundo de cores, em sua ostentação auto-suficiente, é reservado ao livro infantil. A pintura beira aos efeitos vazios quando o colorido, a transparência ou a policromia vibrante dos tons prejudica a sua relação com os planos. Nas imagens dos livros infantis, contudo, o objeto e a autonomia do material gráfico não permitem pensar numa síntese da cor e do plano. Livre de qualquer responsabilidade, a fantasia pura entrega-se a esses jogos cromáticos. Pois os livros infantis não servem para introduzir imediatamente os seus leitores no mundo dos objetos, animais e homens — na chamada vida. Só gradualmente o seu sentido vai se reconstituindo no exterior, e apenas na medida em que lhes confiamos uma interioridade adequada. A interioridade dessa visão está na cor, e nela transcorre a vida sonhadora que as coisas vivem no espírito das crianças. Elas aprendem com o colorido. Pois é essencialmente na cor que a contemplação sensível, desprovida de qualquer desejo, se encontra em seu elemento.

Mas os fenômenos mais curiosos ocorrem por volta do fim do período *Biedermeier*, nos anos 1840, simultaneamente com a expansão da civilização técnica e com o nivelamento da cultura a ela relacionado. Àquela época já se consumara a desagregação das formas sociais estratificadas em esferas da Idade Média. Nesse processo, justamente as substâncias mais nobres e mais refinadas acabaram por localizar-se frequentemente nas camadas mais baixas, de modo que o observador perspicaz encontra exatamente nas áreas menos prestigiosas da criação literária e artística — como a literatura infantil — aqueles elementos que procura em vão nos documentos reconhecidos da cultura. A interpenetração de todas as camadas intelectuais e de todos os modos de ação evidencia-se plenamente na vida de um boêmio daquela época, o qual infelizmente não encontrou lugar na exposição de Hobrecker, embora ele tenha escrito alguns dos livros infantis mais perfeitos de todos os tempos, e também alguns dos mais estranhos. Trata-se de Johann Peter Lyser, jornalista, poeta, pintor e músico. *O Livro das fábulas*, com texto de A. L. Grimm e ilustrações de Lyser (Grimma, 1827), o *Livro dos contos de fadas para meninos e meninas das classes cultas* (Leipzig, 1834), com texto e ilustrações de Lyser, e o *Livro de contos de fadas de Lina* (Grimma, sem data), com texto de A. L. Grimm e ilustrações de Lyser — são três dos seus mais belos livros infantis. O colorido de suas litografias contrasta com as tonalidades ardentes do *Biedermeier* e adapta-se bem à expressão aflita e emaciada de muitos personagens, da paisagem sombria, da atmosfera de contos de fadas, que não é isenta de um toque irônico e satânico. O nível da colportagem em que essa arte tão original se desenvolveu é documentado com grande clareza na obra *As mil e uma noites do Ocidente*, em vários volumes, com litografias próprias. Trata-se de uma miscelânea de contos de fadas, sagas, lendas regionais e histórias de horror, desprovida de qualquer princípio diretor e baseada em fontes pouco claras, que apareceu nos anos 1830, em Meissen, na editora F. W. Goedsche. As cidades mais banais da Alemanha central — Meissen, Langensalza, Potschappel, Grimma, Neuhaldensleben — inscrevem-se para o compilador num contexto topográfico mágico. É possível que muitos professores de escola tenham participado da obra como escritores e ilustradores. Imaginemos um livrinho apresentando, em 32 páginas e 8 litografias, os deuses do Edda à juventude de Langensalza.

Mas o foco do interesse de Hobrecker não está tanto nesse período, mas nos anos 1840 a 1860, especificamente em Berlim, onde o desenhista Theodor Hosemann consagrava seu amável talento à ilustração de textos juvenis. Mesmos as páginas menos elaboradas contêm uma agradável frescura nas cores, uma sobriedade simpática na expressão das figuras, que dão a seu trabalho uma característica própria, apreciada por qualquer berlinense nato. É certo que os primeiros trabalhos do mestre, menos esquemáticos e mais raros, como as ilustrações encantadoras de *A boneca Wunderhold*, uma das mais belas peças da coleção de Hobrecker, são mais valiosas, para o conhecedor, do que os trabalhos posteriores, encontráveis em qualquer antiquário, com seu formato uniforme e com a indicação da editora: "Berlim, Winckelmann e Filhos". Além de Hosemann, trabalhavam Ramberg, Richter, Speckter, Pocci, para não citar os nomes secundários. Através de suas xilogravuras em branco e preto, abre-se um mundo próprio à percepção infantil. Sua importância é equivalente à das gravuras coloridas; desempenham uma função complementar a elas. A imagem colorida faz a fantasia infantil mergulhar sonhadoramente em si mesma. A gravura em branco e preto, a reprodução sóbria e prosaica, levam-na a sair de si. A imperiosa exigência de descrever contida nessas imagens estimula na criança a palavra. Mas, assim como ela *descreve* com palavras essas imagens, ela *escreve* nelas. Ela penetra nas imagens. Sua superfície não é, como a da gravura colorida, um *noli me tangere* — nem em si mesma, nem para a criança. Ela tem um caráter meramente alusivo e admite a cooperação da criança. A criança redige dentro da imagem. Por isso, ela não se limita a *descrever* as imagens: ela as *escreve*, no sentido mais literal. Ela as rabisca. Graças a elas, aprende ao mesmo tempo a linguagem oral e a linguagem escrita: a hieroglífica. A verdadeira significação desses livros infantis, com seus modestos grafismos, nada tem a ver, portanto, com o rigorismo tacanho que levou a pedagogia racionalista a recomendá-los. Também aqui se confirma que "o filisteu tem muitas vezes razão na coisa, mas jamais nos motivos". Pois essas imagens são mais eficazes que quaisquer outras na tarefa de iniciar a criança na linguagem e na escrita: convencidas dessa verdade, as velhas cartilhas forneciam, ao lado das primeiras palavras, o desenho do que elas significavam. As cartilhas coloridas, como elas existem hoje, são uma fonte de confusão. No reino das imagens incolores, a criança acorda; assim como, no reino das imagens coloridas, ela sonha seus sonhos até o fim.

O confronto acerca do passado recente é sempre polêmico em qualquer historiografia. O mesmo ocorre também na inofensiva história da literatura infantil. A divergência de opiniões é aqui mais frequente no que diz respeito ao último quartel do século XIX em diante. Ao condenar o tom pedante e didático desse período, é capaz que Hobrecker tenha sido indulgente com abusos menos visíveis. É verdade que não era essa sua intenção. Orgulhoso de seus conhecimentos psicológicos sobre a vida interior da criança (que, no entanto, não se podem comparar em profundidade e valor existencial com uma velha pedagogia como a *Levana*, de Jean-Paul), esse período engendrou uma literatura que, em seu esforço complacente por atrair a atenção do público, perdeu o conteúdo moral que confere dignidade até mesmo às experiências mais inconsistentes da pedagogia classicística. Em seu lugar entraram os estereótipos da imprensa diária. A cumplicidade secreta entre o artesão anônimo e a criança desaparece; escritores e ilustradores dirigem-se cada vez mais à criança através da mediação ilegítima de preocupações urgentes e modas predominantes. A atitude açucarada, apropriada não à criança, mas à concepção pervertida que dela se tem, adquire nas imagens direito de cidadania. O formato perde sua nobre discrição, tornando-se incômodo. É claro que em todo esse *kitsch* estão contidos alguns valiosos documentos histórico-culturais, mas eles são ainda demasiado novos para que possamos derivar deles um prazer integral.

Seja como for, reina na obra do próprio Hobrecker, tanto em sua forma interna como externa, o encanto característico dos livros infantis mais amáveis e românticos. Xilogravuras, ilustrações coloridas de página inteira, silhuetas e desenhos policrômicos acompanhando o texto a transformam num livro caseiro extremamente agradável, capaz de alegrar não somente os adultos, mas também de estimular as crianças de hoje, que poderiam muito bem soletrar nas velhas cartilhas ou copiar as ilustrações. A alegria do colecionador, porém, é toldada por uma única sombra: o medo de que os preços se elevem demasiadamente. Esse medo é compensado pela esperança de que um ou outro volume destinado à destruição possa ter sido salvo graças a essa obra.

1924

HISTÓRIA CULTURAL DO BRINQUEDO

No início da obra de Karl Gröber, *Brinquedos infantis dos velhos tempos*[1], está a modéstia. O autor se abstém de tratar da brincadeira infantil, para limitar-se a seu material objetivo, dedicando-se inteiramente à história do próprio brinquedo. Num procedimento imposto menos pela natureza de seu tema do que pela extraordinária solidez de seu projeto, Gröber concentra-se no círculo cultural europeu. Se a Alemanha ocupava o centro geográfico desse espaço, podemos dizer que, no que diz respeito ao brinquedo, ela ocupava também o seu centro espiritual. Pois podemos chamar uma boa parte dos mais belos brinquedos que ainda hoje ornam os museus e quartos infantis de um presente alemão à Europa. Nuremberg é a pátria dos soldadinhos de chumbo e dos garbosos animais da Arca de Noé; a casa de bonecas mais antiga de que temos conhecimento vem de Munique. Mas mesmo quem não se interessar por questões de prioridade, que de fato significam muito pouco, terá de admitir que as bonecas de madeira de Sonneberg (fig. 192), as "árvores de aparas de madeira" do Erzgebirge (fig. 190), a fortaleza de Oberammergau (fig. 165), os empórios e as chapelarias (fig. 274, 275, prancha X), e a festa da colheita em estanho de Hanôver (fig. 263), constituem modelos insuperáveis da mais despretensiosa beleza.

1- Gröber, Karl. *Kinderspielzeug aus alter Zeit*. Eine Geschichte des Spielzeugs (*Brinquedos infantis dos velhos tempos*. Uma história do brinquedo.) Berlim: Deutscher Kunstverlag, 1928. VII, 68 p., 306 reproduções, 12 pranchas coloridas.

No entanto, esses brinquedos não foram no início invenções de fabricantes especializados, mas surgiram primeiramente nas oficinas de entalhadores de madeira, de fundidores de estanho, etc. Somente no século XIX a produção de brinquedos irá tornar-se objeto de uma indústria específica. O estilo e a beleza dos tipos mais antigos só podem ser compreendidos se levarmos em conta a circunstância de que outrora os brinquedos eram subprodutos das atividades produtivas regulamentadas corporativamente, o que significava que cada oficina só podia fabricar o que correspondesse ao seu ramo. Quando durante o século XVIII começou a surgir uma fabricação especializada, ela teve que enfrentar em toda parte restrições corporativas. Essas restrições proibiam que os carpinteiros pintassem eles mesmos suas bonecas de madeira, e a produção de brinquedos de vários materiais obrigava diversas indústrias a dividirem entre si o trabalho mais simples, o que encarecia a mercadoria.

Com isso, fica praticamente evidente que no início também a venda ou pelo menos a distribuição a varejo dos brinquedos não estivesse afeta a comerciantes específicos. Os animais de madeira entalhada podiam ser encontrados no carpinteiro, os soldadinhos de chumbo no caldeireiro, as figuras de doce nos confeiteiros, as bonecas de cera no fabricante de velas. O mesmo não ocorria nos estabelecimentos de distribuição por atacado. Também eles apareceram primeiro em Nuremberg. Ali as firmas exportadoras começaram a comprar brinquedos produzidos nas manufaturas da cidade e principalmente na indústria artesanal dos arredores, e a distribuí-los ao comércio varejista. Na mesma época, o avanço da Reforma obrigou muitos artistas que costumavam trabalhar para a Igreja "a reorientarem sua produção em função da demanda por produtos artesanais", fabricando "pequenos objetos de arte para decoração caseira, ao invés de obras de grande formato". Foi assim que se deu a enorme difusão daquele mundo de coisas minúsculas, que alegrava as crianças nos armários de brinquedos e os adultos nas "câmaras de arte e maravilhas", consolidando-se, com a fama dessas "quinquilharias de Nuremberg", a hegemonia até hoje inquestionada dos brinquedos alemães no mercado mundial.

Considerando a história do brinquedo em seu conjunto, verifica-se que o formato tem nela um significado muito maior do que se supõe. Com efeito, quando, na segunda metade do século XIX, esses objetos começam a declinar progressivamente, observa-se que os brinquedos se tornam maiores, perdendo aos poucos seu aspecto discreto, minúsculo, sonhador. Não seria nessa época que a criança ganha um quarto de brinquedos especial, um armário especial, em que pode guardar seus livros separadamente dos que pertencem aos seus pais? Não resta dúvida de que os volumes mais antigos, em seu pequeno formato, exigiam de modo muito mais íntimo a presença da mãe, ao passo que os modernos livros *in quarto*, com sua ternura vaga e insípida, parecem ter como função manifestar seu descaso com a ausência materna. O brinquedo começa a emancipar-se: quanto mais avança a industrialização, mais ele se esquiva ao controle da família, tornando-se cada vez mais estranho não só às crianças, como também aos pais.

Na base dessa falsa simplicidade do novo brinquedo havia uma nostalgia genuína: o desejo de recuperar o contato com um mundo primitivo, com o estilo de uma indústria artesanal que, no entanto, justamente nessa época, travava, na Turíngia e no Erzgebirge, uma luta cada vez mais desesperada por sua sobrevivência. Quem examina as estatísticas dessas indústrias sabe que seu fim é inevitável. Isso é duplamente lamentável, se se tem em vista que de todos os materiais nenhum é mais apropriado ao brinquedo que a madeira, por sua resistência e por sua capacidade de absorver cores. É justamente essa perspectiva exterior — a questão da técnica e do material — que permite ao observador mergulhar mais profundamente no mundo dos brinquedos. Gröber apresenta essa perspectiva de um modo altamente plástico e instrutivo. Se além disso pensamos na criança que brinca, podemos falar numa relação antinômica. Por um lado, verifica-se que nada é mais próprio da criança que combinar imparcialmente em suas construções as substâncias mais heterogêneas — pedras, plastilina, madeira, papel. Por outro, ninguém é mais sóbrio com relação aos materiais que a criança: um simples fragmento de madeira, uma pinha ou uma pedra reúnem na solidez e na simplicidade de sua matéria toda uma plenitude das figuras mais diversas. E ao imaginar para crianças bonecas de bétula ou de palha, berços de vidro, navios de zinco, os adultos estão interpretando à sua moda a sensibilidade infantil. A madeira, os ossos, os tecidos, a argila, são os materiais mais importantes nesse microcosmos, e todos eles foram utilizados já em épocas patriarcais, nas quais o brinquedo era ainda um segmento do processo produtivo que conjugava pais e filhos. Mais tarde vieram os metais, o vidro, o papel, e até mesmo o alabastro. Somente as bonecas tiveram de fato aqueles bustos de alabastro cantados pelos poetas do século XVII, e muitas vezes pagaram esse privilégio com a fragilidade da sua existência.

Uma resenha como esta só pode aludir de passagem à densidade desse trabalho, a seu caráter exaustivo, à objetividade de sua apresentação. Quem não examinar atentamente essa obra ilustrada, tão bem executada inclusive do ponto de vista técnico, mal pode saber o que é um brinquedo, e muito menos o que ele significa. Pois essa última pergunta ultrapassa sua moldura original e leva a uma classificação filosófica do brinquedo. Durante a vigência de um naturalismo obstinado, não havia nenhuma perspectiva de revelar o verdadeiro rosto da criança que brinca. Hoje podemos ter talvez a esperança de superar o erro profundo segundo o qual o conteúdo representacional do brinquedo determinaria a brincadeira da criança, quando na realidade é o contrário que se verifica. A criança quer puxar alguma coisa e se transforma em cavalo, quer brincar com areia e se transforma em padeiro, quer se esconder e se transforma em bandido ou policial. Conhecemos bem alguns instrumentos de brincar extremamente arcaicos e alheios a qualquer máscara representacional (apesar de terem sido na origem, presumivelmente, de caráter ritual): bola, arco, cocar, papagaio — brinquedos autênticos, "tanto mais autênticos, quanto menos dizem aos adultos". Pois quanto mais atraentes são os brinquedos, no sentido usual, mais se afastam dos instrumentos de brincar; quanto mais eles imitam, mais longe eles estão da brincadeira viva. As várias casas de bonecas reproduzidas por Gröber ilustram esse fenômeno. Podemos formulá-lo da seguinte maneira: a imitação pertence à brincadeira, e não ao brinquedo.

Mas não entenderíamos o brinquedo, nem em sua realidade nem em seu conceito, se quiséssemos explicá-lo unicamente a partir do espírito infantil. A criança não é nenhum Robinson, nem constituem as crianças nenhuma comunidade separada, mas são partes do povo e da classe de que provêm. Por isso, tampouco o brinquedo infantil atesta a existência de uma vida autônoma e segregada, mas é um diálogo mudo, em signos, entre a criança e o povo. Um diálogo de signos para cuja decifração a obra de Gröber oferece um fundamento seguro.

1928

BRINQUEDO E BRINCADEIRA

OBSERVAÇÕES SOBRE UMA OBRA MONUMENTAL[1]

O leitor demorará até começar a ler este livro, tão fascinante é o espetáculo interminável dos brinquedos que lhe oferecem as ilustrações. Regimentos, carruagens, teatros, liteiras, louças — tudo reproduzido em dimensões liliputianas. Já era tempo de desenhar a árvore genealógica dos cavalinhos de balanço e dos soldados de chumbo, de escrever a arqueologia das lojas de brinquedo e dos quartos de bonecas. O texto do livro, o qual é tão importante quanto a parte ilustrada, realiza essas tarefas de modo plenamente científico e sem qualquer pedantismo de arquivista. É uma obra sólida, que nada revela sobre os esforços feitos para produzi-la, tão indispensável que não podemos entender como pudemos viver até hoje sem ela.

Aliás, a inclinação para tais pesquisas corresponde a uma tendência de nosso tempo. O Museu Alemão de Munique, o Museu de Brinquedos em Moscou, o departamento de brinquedos do Musée des Arts Décoratifs em Paris — criações atuais ou do passado recente — mostram que em toda parte, e por boas razões, desperta o interesse pelos verdadeiros brinquedos. Já passou a era das bonecas "realistas", em que os adultos invocavam supostas necessidades da criança para satisfazer suas pró-

---

1- Gröber, Karl. *Kinderspielzeug aus alter Zeit. Eine Geschichte des Spielzeugs (Brinquedos infantis dos velhos tempos. Uma história do brinquedo.)* Berlim: Deutscher Kunstverlag, 1928. VII, 68 p., 306 reproduções, 12 pranchas coloridas.

prias necessidades pueris; o individualismo esquemático do artesanato e a imagem da criança, baseada na psicologia individual, os quais no fundo tinham tantas afinidades, foram explodidos a partir de dentro. Ao mesmo tempo, ousava-se dar os primeiros passos além do âmbito da psicologia e do esteticismo. A arte popular e a concepção infantil do mundo queriam ser compreendidas como produtos da coletividade.

Em termos gerais, a presente obra corresponde a esse estágio atual da pesquisa, se é que podemos classificar segundo uma posição teórica trabalhos documentários desse gênero. Pois esse estágio deve, com efeito, fornecer a transição para uma fixação mais exata das coisas. O mundo perceptivo da criança está marcado pelos traços da geração anterior e confronta-se com eles; o mesmo ocorre com suas brincadeiras. É impossível situá-las num mundo de fantasia, na terra feérica da infância pura ou da arte pura. Mesmo quando não imita os utensílios dos adultos, o brinquedo é uma confrontação — e não tanto da criança com o adulto, como deste com a criança. Não são os adultos que dão em primeiro lugar os brinquedos às crianças? E, mesmo que a criança conserve uma certa liberdade de aceitar ou rejeitar essas coisas, muitos dos mais antigos brinquedos (bolas, arcos, cocar, papagaios) lhe são de certa maneira impostos como objeto de culto, que somente graças à sua imaginação se transformaram em brinquedos.

É, portanto, um grande equívoco supor que as próprias necessidades infantis determinam os brinquedos. É uma tolice a tentativa contida em uma obra recente, no conjunto meritória, de explicar o chocalho de recém-nascido com a afirmação de que "via de regra a audição é o primeiro sentido a ser exercitado". Pois desde os tempos mais remotos o chocalho é um instrumento para afastar os maus espíritos, que deve ser dado justamente aos recém-nascidos. E não terá o próprio autor desta obra se enganado nas reflexões seguintes: "A criança só deseja na sua boneca o que vê e reconhece no adulto. Por isso, até o século XIX a boneca vinha de preferência com roupas de adultos; o bebê com fraldas ou o bebê que hoje predomina no mercado dos brinquedos não existiam antes." Não, esse fato não se deve às crianças; para a criança que brinca, sua boneca é às vezes grande e às vezes pequena, e, como um ser mais fraco, mais frequentemente pequena que grande. O fato é que até o século XIX o bebê como ser inteligente era totalmente desconhecido, ao que se agrega o fato de que para o educador o adulto era o ideal segundo o qual tencionava moldar as crianças. De qualquer modo, esse racionalismo, hoje tão ridicularizado, que via na criança um pequeno adulto, tinha pelo menos o mérito de compreender que a seriedade é a esfera adequada à criança. Em contraste, com o advento dos grandes formatos, aparece no brinquedo o "humor" subalterno, como expressão daquela insegurança típica do burguês em seu convívio com as crianças. A jovialidade devida à consciência de culpa vem à tona nas ridículas distorções que exageram o tamanho dos brinquedos. Quem quiser ver o lado grotesco do capital mercantil precisa apenas pensar numa típica loja de brinquedos tal como ela existia há cinco anos e como continua existindo, via de regra, nas cidades pequenas. Animação infernal era sua atmosfera básica. Máscaras zombavam nas tampas dos jogos de salão ou nos rostos das bonecas, atraíam os incautos de dentro dos negros canos de canhão, riam nos engenhosos vagões programados para se desfazerem em acidentes ferroviários.

No entanto, mal a maldade militante havia desaparecido, o caráter de classe desse tipo de brinquedo veio à tona em outro lugar. A "simplicidade" tornou-se uma palavra de ordem das oficinas artesanais. A simplicidade, porém, não está realmente na forma dos brinquedos, e sim na transparência do seu processo de produção. Ela não pode, pois, ser avaliada segundo um cânone abstrato, mas varia segundo as distintas regiões e depende tão pouco de aspectos formais que muitos tipos de elaboração, principalmente o entalhe em madeira, podem aplicar num objeto tesouros de arbitrariedade caprichosa sem se tornarem com isso incompreensíveis. Assim como também outrora a verdadeira e espontânea simplicidade dos brinquedos não tinha a ver com sua construção formal, e sim com a sua técnica. Pois um traço característico de toda arte popular — imitação de técnicas refinadas, trabalhando com materiais preciosos, por uma arte que utiliza técnicas primitivas e materiais grosseiros — pode ser identificado com clareza justamente na produção dos brinquedos. Porcelanas das grandes manufaturas czaristas, perdidas nas aldeias russas, ofereceram modelos para bonecas e cenas de gênero talhadas em madeira. Os estudos sobre o folclore mais recentes já abandonaram há tempos a crença de que as formas mais primitivas são necessariamente as mais antigas. Muitas vezes, a chamada arte popular nada mais é que um bem cultural vulgarizado, procedente das classes dominantes, que se renova ao ser acolhido numa coletividade mais ampla.

Não é o menor dos méritos da obra de Gröber haver mostrado convincentemente esse condicionamento do brinquedo pela cultura econômica e principalmente pela cultura técnica das coletividades. Se até hoje o *brinquedo* tem sido visto demasiadamente como produção para a criança, se não da criança, a *brincadeira*, por sua vez, é vista excessivamente na perspectiva do adulto, e exclusivamente do ponto de vista da imitação. Não se pode negar que estávamos apenas à espera dessa enciclopédia do brinquedo para renovar a teoria da brincadeira, que não voltou a ser tratada como um todo desde que Karl Gross publicou em 1899 a importante obra *Spiele der Menschen* (*Jogos humanos*). Ela teria que se ocupar em primeira instância com aquela "doutrina gestáltica dos gestos lúdicos", dos quais os três mais importantes foram há pouco (18 de maio de 1928) enumerados por Willy Haas. São eles: em primeiro lugar, o do gato e rato (toda brincadeira de perseguição); em segundo lugar, o do animal-mãe que defende seu ninho com os filhotes (por exemplo, o goleiro, o tenista); e, em terceiro lugar, o da luta entre dois animais pela presa, pelos ossos ou pelo objeto de amor (futebol, polo etc.). Caberia ainda a essa teoria investigar a misteriosa dualidade do bastão e do arco, do pião e do barbante, da bola e do taco, e o magnetismo que se estabelece entre as duas partes. É possível que aconteça o seguinte: antes que o estar fora de si de amor nos faça penetrar na existência e nos ritmos frequentemente hostis, impenetráveis, de um ser humano estranho, ensaiamos primeiro com os ritmos originais que se manifestam, em suas formas mais simples, nesses jogos com coisas inanimadas. Ou antes, é justamente através desses ritmos que nos tornamos senhores de nós mesmos.

Enfim, esse estudo deveria investigar a grande lei que, além de todas as regras e ritmos individuais, rege o mundo da brincadeira em sua totalidade: a lei da repetição. Sabemos que a repetição é para a criança a essência da brincadeira, que nada lhe dá tanto prazer como "brincar outra vez". O obscuro ímpeto de repetição não é menos violento nem menos astuto na brincadeira do que o impulso sexual no amor. Não é por acaso que Freud acreditava ter descoberto nesse impulso um "além do princípio do prazer". Com efeito, toda experiência profunda deseja, insaciavelmente, até o fim de todas as coisas, repetição e retorno, restauração de uma situação original, que foi seu ponto de partida. "Tudo se arranjaria, / Se pudéssemos fazer duas vezes as coisas" — a criança age segundo esse pequeno ditado de Goethe. Apenas que para ela não bastam duas vezes, mas sempre de novo, cem e mil vezes. Não se trata apenas de assenhorear-se de experiências terríveis e primordiais pelo amortecimento gradual, pela invocação proposital, pela paródia; trata-se também de saborear repetidamente, do modo mais intenso, as mesmas vitórias e triunfos. O adulto alivia seu coração do medo e goza duplamente sua felicidade quando narra sua experiência. A criança a recria, começa sempre tudo de novo, desde o início. Talvez seja esta a raiz mais profunda do duplo sentido da palavra alemã *Spielen* [brincar e representar]: repetir o mesmo seria seu elemento comum. A essência da representação, como da brincadeira, não é "fazer como se", mas "fazer sempre de novo", é a transformação em hábito de uma experiência devastadora.

Pois é a brincadeira, e nada mais, que está na origem de todos os hábitos. Comer, dormir, vestir-se, lavar-se, devem ser inculcados no pequeno e agitado ser através de brincadeiras, acompanhadas pelo ritmo de versos e canções. É da brincadeira que nasce o hábito, e mesmo em sua forma mais rígida o hábito conserva até o fim alguns resíduos da brincadeira. Os hábitos são formas petrificadas, irreconhecíveis, de nossa primeira felicidade e de nosso primeiro terror. E mesmo o pedante mais árido brinca, sem o saber — não de modo infantil, mas simplesmente pueril —, e tanto mais, quanto mais pedante for. Ele apenas não se lembra de suas brincadeiras; somente para ele uma obra como esta permaneceria muda. Um poeta moderno disse que para cada homem existe uma imagem que faz o mundo inteiro desaparecer; para quantas pessoas essa imagem não surge de dentro de uma velha caixa de brinquedos?

1928

WALTER BENJAMIN

OBRAS ESCOLHIDAS
VOLUME I